U0937046

纪念改革开放40周年
推动者系列

守望精神家园

刘未鸣／主编
王蒙　冯骥才等／著

中国文史出版社

图书在版编目（CIP）数据

守望精神家园 / 王蒙等著 . —北京：中国文史出版社，2018.5
（纪念改革开放 40 周年 · 推动者系列）
ISBN 978-7-5205-0248-1

Ⅰ . ①守…　Ⅱ . ①王…　Ⅲ . ①文化事业—研究—中国　Ⅳ . ① G12

中国版本图书馆 CIP 数据核字（2018）第 088076 号

责任编辑： 李晓薇　梁玉梅

出版发行：**中国文史出版社**
社　　址：北京市西城区太平桥大街 23 号　邮编：100811
电　　话：010-66173572　66168268　66192736（发行部）
传　　真：010-66192703
印　　装：北京温林源印刷有限公司
经　　销：全国新华书店
开　　本：787 × 1092　　1/16
印　　张：22
字　　数：323 千字
版　　次：2018 年 6 月北京第 1 版
印　　次：2018 年 6 月第 1 次印刷
定　　价：66.00 元

纪念改革开放40周年·推动者系列

历史将记住这个名字

刘未鸣

我们为这套丛书取名“推动者”。

因为，中国改革开放40年是中国人的奋斗史，也是思想史。13亿中国人是改革开放的参与者，也是推动者。

而曾经活跃或正活跃在改革开放舞台上的各领域的标志性人物，以其深刻的思想、艰苦的求索和卓越的成就，成为推动者的代表，他们的名字将连同那些标志性的事件写进中国改革开放的历史。

中国的改革开放发轫于农村。只要谈及农村的改革，就自然会想到小岗村，想到严俊昌，正是这位村领头人的勇敢，小岗村的包产到户才成为农村家庭承包责任制的序曲；就自然会想到被誉为“中国农村改革之父”的杜润生、“杂交水稻之父”的袁隆平、“中国农民伟人”的吴仁宝，以及含泪给朱镕基总理写信直言农民疾苦的乡官李昌平。

中国改革开放的纵深地带在经济领域。只要谈到经济领域的改革，就自然会想到于光远，作为中国改革开放的重要参与者和见证人，于光远为转型中国所提出的真知灼见，影响深远；就自然会想到董辅礽、高尚全、吴敬琏、厉以宁、萧灼基、周其仁，以及林毅夫、钱颖一和李稻葵，他们的名字与经济领域的重大改革举措息息关连。

经过40年的洗礼，科技引领未来、教育改变中国的观念已根植人心，也因此这些名字被越来越多的人所熟知：吴良镛、孙家栋、金怡濂、屠呦呦、戚发轫、胡启恒、潘建伟，李希贵、柳斌、刘道玉、朱永新、陶西平，以及俞敏洪、徐永光。

经过40年的洗礼，依法治国、依法行政、依法经商、做守法公民的观念日渐深入人心。而在驶向法治中国的进程中，王铁崖、高铭暄、郭道晖、许崇德、巫昌祯、江平、李步云、应松年、王利明这些名字将会被人们牢牢记住，这些法学家们以他们的家国情怀和专业精神，推动着法制改革。

40年改革开放，中国大地上孕育出许多新的群体，农民工、律师、会计师、北漂、白领、海归，而企业家无疑是这些群体中十分耀眼的一个，这个群体中的佼佼者如柳传志、任正非、鲁冠球、曹德旺、张瑞敏、马蔚华、刘永好，以及许家印、李书福、马化腾等，以敢为天下先的改革、创新精神和义利兼顾的情怀诠释了中国当代企业家的精神。

40年间，不论物质生活的方式如何变化与创新，人们对精神生活的追求、对传统文化的眷念从来没有中止过，而侯仁之、吴冠中、张君秋、谢晋、李学勤、王蒙、傅庚辰、冯骥才、刘心武、叶小钢等，则无疑是我们精神家园的守望者，他们关于文化大国建设的思考、对于文化自信与自觉的探求，启迪亦感动了无数人。

40年间，即便在一些地方为追求经济高速发展而不惜过度消耗资源、伤及生态环境的时候，依然有人执著于青山绿水的守护。曲格平、梁从诫、李文华、张新时、牛文元、解振华、廖晓义、王文彪，他们不仅让世界了解了中国传统文化中“人与自然和谐共生”的价值观，也让国际社会看到了当代中国人为实现这一价值观所做出的不懈努力。

……

这套丛书收录了80位改革开放的标志性人物和他们深刻思考改革开放、艰难探索发展路径的精品力作。我们深知，中国的改革开放是全方位的，涉及所有领域、所有群体，但限于时间和精力，我们只选择了7个领域和1个群体。我们同样深知，所选7个领域和1个群体中改革开放的标志性人物远不止丛书所列举的这80位，还有很多如告别铅与火的王选、中国第一商贩年广久、国企改革试水者步鑫生，以及以一首《致橡树》开启诗歌新流派的舒婷、问鼎诺贝尔文学奖的莫言，等等，因为篇幅等原因，未能收录进来，我们谨在此向他们致敬。

我们相信，历史将记住这80个名字。

历史也将记住更多的名字。

更重要的是，历史将记住这个名字：推动者。

目　录

叶小钢

侯仁之

侯仁之（1911—2012），男，河北枣强人。1940 年毕业于燕京大学，1949 年获英国利物浦大学博士学位。中国著名历史地理学家，中国科学院院士。历任北京大学地质地理系主任，北京大学副教务长，北京大学城市与环境学院教授等。1999 年获何梁何利基金科学与技术成就奖，同年获美国地理学会“乔治·戴维森勋章”。

城市规划应该体现社会主义的时代精神

城市规划是一项综合性很强的工作，它融合工程技术、经济地理、建筑艺术、经济、计划、人文科学等多学科于一体。作为规划，它属于未来学，是上层建筑的范畴。我们搞城市规划，也是一种很复杂的艺术创作，应该有一个突出的主题思想，这就是要体现时代精神。

在我国和外国的历史上，都有一些规划得较好、强烈地反映各该时代精神面貌的城市。如北京旧城，作为封建帝王的统治中心，它的城市规划得到国内外的普遍赞扬。傍依湖泊建紫禁城，雄踞全城中央，从钟鼓楼、景山、故宫，到正阳门、永定门，有一条纵贯南北长达八公里的中轴线。整体布局谨严，基本符合《周礼·考工记》所说的“前朝后市、左祖右社”。从正阳门进城，沿着狭长的红墙夹道，进天安门、端门和午门，直到太和殿，显示封建帝王的无上尊严。原先的宫廷广场——天安门广场是封闭的，紫禁城也是封闭的。这个全城总平面设计和空间艺术格局，突出了“普天之下，唯我独尊”的主题，在艺术成就上达到了相当的高度。

美国的华盛顿，作为资本主义上升时期的政治中心，它的城市规划也是很成功的。从林肯纪念堂到国会大厦，再向东延伸，有一条很长的中轴线。两旁有大片开阔的绿地，任人游憩其间。身临其境，给人一种感觉，好像它在说话：民有，民治，民享（林肯语）。这个城市规划，突出了资产阶级个人主义的自由、民主的主题，显示了资本主义上升时期的时代精神。

今天，我们应该站在创造无产阶级文化的高度上，来搞我国的城市规划。特别是祖国的政治中心，北京的城市规划，结合旧城改造，要突出体现社会主义的时代精神。列宁说："只有确切地了解人类全部发展过程所创造的文化，只有对这种文化加以改造，才能去建设无产阶级的文化。""无产阶级的文化应当是人类在资本主义社会、地主社会和官僚社会压迫下创造出来的全部知识，合乎规律的发展。""马克思主义……并没有抛弃资产阶级时代最宝贵的成就，相反地却吸收和改造了两千多年来人类思想和文化发展中一切有价值的东西。"总之，我们对待历史文化遗产，既不能全盘否定，也不能无条件地吸收。应该批判地继承，取其精华，去其糟粕，古为今用，推陈出新，创造出新时代的新文化。

北京旧城同样属于历史文化的遗产，也必须进行批判性的继承。新中国成立后，北京旧城的改造，在许多方面是成功的。天安门广场的改造即是一例。天安门城楼，是劳动人民的艺术创造，天安门广场上多次点燃起革命的熊熊烈火，天安门庄严壮丽的形象出现在新中国的国徽上，成为新中国的象征，也就是古老文明新生的象征。原来天安门广场三面有红墙环绕，封建时代严禁人民群众涉足其间，新中国成立之初仍然限制了人民群众的政治活动，理应拆除。在扩大天安门广场的同时，又开拓了东西长安街，形成一条新的东西向的轴线，一条几十公里长的开阔的人民大道，这就把紫禁城推向"后院"的地位。广场上新建了人民英雄纪念碑、人民大会堂、革命历史博物馆、毛主席纪念堂。修饰一新的正阳门城楼，把喧嚣的闹市和庄严的广场分隔开来，起到了很好的作用。一位国际友人曾这样说过：来到天安门广场，举目四望，雄伟的建筑物蔚为壮观，左右对称，给人以庄重、稳定的平衡感。

但是，在北京旧城改造的过程中，拆城墙、填护城河，已经造成不可挽救的损失，这是一个教训。北京城墙的存废，是有争论的。存，如何利用？废，有何理由？学术见解上的争论，不应当和政治问题联系起来。主张保留城墙，怎么会是"保皇"呢？！在封建时代，城墙起了封建堡垒的作用，今天看来是糟粕。但是，发挥艺术的创造能力，也可以把糟粕化为精华，变腐朽为神奇。旧日的城墙，在今天也是大可改造和很好地利用的。即使拆了城墙，为什么一定要填护城河呢？如果在前门外的东西大街处，保留着旧日的河道并加以绿化，一溪清流的南北两岸，绿草如茵，百花争艳，既可以净化空气，美化环境，又可以改变城市小气候，给人民以充分的享受，岂不很好！在这个人民当家做主的新时代，我们要吸取经验教训，大大发挥艺术创造的才能，为人民规划设计出一座座高度民主、高度文明、富有社会主义时代精神的新城市。

（此文系作者在1980年全国城市规划工作会议全体会议上的发言摘要，发表在1980年第6期《城市规划》）

北京：它是古老的，又是新生的

北京，我们伟大的社会主义祖国的首都，30 年来，年年出现日新月异的变化。今天，首都到处洋溢着蓬勃的朝气，焕发着青春的光辉。

北京是十亿人民政治生活的心脏，是古老的文明获得新生的象征。

它是古老的，又是新生的。

一

远在四五十万年前，北京西南郊的周口店地区已经有中国猿人生活在那里，这就是举世周知的“北京人”。

在“北京人”居住过的山麓洞穴里，发现了埋葬丰富的原始人类的遗骨和他们使用过的工具以及动物化石，还发现“北京人”用火的遗迹。这些发现为研究人类起源和发展提供了非常重要的科学依据。

经过了几十万年的漫长岁月，一直到原始社会末期，也就是大约四千年前，在北京近郊的平原上开始出现了一些最初形成的小居民点，这是最早的农民和牧民集居的地方，他们已经从迁移不定的采集和狩猎生活过渡到以农牧业为主的定居生活。这些最早的农民和牧民，正是开发北京地区的先驱。

还在 3000 多年以前，即中国奴隶社会的前期，北京的原始聚落已经存在。那时中国的主要统治者，是已经发明了文字记事的商代。

约在公元前 11 世纪中，周朝灭商，建立了一个更加发展了的奴隶制国家，并分封诸侯到一些边远地区。沿着古代太行山东麓的南北大道向北方分封最远的，有燕国和蓟国。蓟的统治中心在今北京城广安门附近，燕的统治中心则在蓟城西南约 45 公里，也就是现在的琉璃河附近。后来燕国强盛，灭了蓟国，并迁都到蓟城。蓟城正当古代太行山东麓南北大道的顶点，从此再向北去，大道开始分歧，因此它乃是南北交通的枢纽。燕国迁都蓟城之后，势力日渐扩张，到了战国时代，南向争霸中原，号称七雄之一。至于燕国故都所在，史无明文。近年在琉璃河附近发掘出商周时代的古城残址一处，在相距不远的墓葬区出土文物中，还发现青铜大鼎一件，造型庄重，纹饰古朴，内壁有铭文 26 字，其中有“太保”和“燕侯”字样。“太保”即最初分封到这里的召公奭，“燕侯”即召公子，也就是燕国第一代的诸侯。过去所发现的带“燕侯”铭文的青铜器不止一件，这次新发现的一件，明确地印证了召公奭分封的事实和燕国故都的所在，因此特别可贵，它还使我们获得了对北京城的悠久历史的一种真实感。

二

比起上述青铜器，足以给我们带来更为丰富、更为浓厚的历史真实感的，还是古代北京城存在的本身。

自从燕国和其他原属周朝的诸侯国在公元前 3 世纪初先后为秦始皇所统一的时候，中国已经进入封建社会时期。从秦朝开始，封建王朝相继更迭，一直到 1911 年清朝的灭亡，前后共计 2100 多年。在这期间，中国统一时期的政治中心虽然有过几次迁移，但是真正称得上是全国最大、最重要的政治中心的，只有两个，在前期是长安，在后期就是北京。

从公元 10 世纪开始，北京在全国中的政治地位已经日见重要。首先是辽朝在这里建立了陪都，也就是它的第二政治中心，叫作燕京。相继兴起的金朝，又在这里正式建立都城，改称中都。燕京和中都，都是在古代蓟城的旧址上发展起来的，其位置相当于现在北京市内的西南部分。另外，金朝还曾利用当时城北的一带湖泊，兴建离宫，其中心位置就在今天北京城内北海公园湖泊东岸和靠近东岸的琼岛一带。

到了13世纪中叶，元朝相继在这里建都的时候，又以金朝离宫的旧址为中心，经过全面规划，创建了一座新城，命名大都。大都城开始兴建后七年，欧洲中世纪有名的意大利旅行家马可·波罗经过长途跋涉来到这里，大都城规模的宏伟和布局的严整，给他留下了深刻的印象，这就是后来他在《游记》中所极口称赞的汗八里城（Khanblig，意即大可汗之城）。大都建成后不到百年，元朝灭亡，15世纪初明朝经过重新设计，又进一步改造了大都城，16世纪中叶加筑外城，清朝因袭不变。这就是保留到新中国成立前夕的古代北京长期演变的一个简单过程，这个城可以叫作旧北京城。

这个旧北京城具有完整的城市规划，它的突出特点，就是纵贯全城的中轴线，以及建立在中轴线上的封建皇宫紫禁城。紫禁城四周绕以皇城，皇城外面又加筑大城。大城通称内城，因为包筑在它正南一面的还有外城。纵贯全城的中轴线，从外城永定门（正南门）开始，向北经过正阳门（内城正南门，又称前门）、天安门（皇城南门），穿过紫禁城的正中心，越过人工培筑的景山中峰，最后止于内城北部两座造型稳重的大建筑物：鼓楼和钟楼，全长近八公里。紫禁城中的全部宫殿建筑，只有象征封建皇帝权力中心的前朝三大殿和皇帝日常活动的后三殿，才被兴建在这条中轴线上。其他建筑，都严格按照对称排列的原则，布置在这条中轴线的左右两侧。不仅如此，就是紫禁城外为封建皇帝祭神的主要庙坛，例如天安门内东西两侧的太庙（今劳动人民文化宫）和社稷坛（今中山公园）、永定门内东西两侧的天坛和先农坛，也都一律采取对称的方式排列在这条中轴线的两边，这些庙坛都是封建皇帝利用神权以巩固自己统治地位的标志。在决定了中轴线上的紫禁城和紫禁城外最主要的庙坛建筑的全部布局之后，才规划了大城以内南北正交的街道系统，从而形成了旧北京城几何图案式的城市平面图。

这座具有明显的中轴线，同时又有层层城墙包围的旧北京城，是一座巨大的封建堡垒。层层城墙用以保卫居住在最中心的封建皇帝，中轴线上的全部建筑物，也都是为封建皇帝服务的。在这些建筑物中最突出的就是天安门和三大殿。天安门实际上是建筑在城墙台基上的一座庄严壮丽的殿堂，形式巍峨，气象凝重。三大殿是紫禁城里最高大的建筑，全部坐落在三层叠起、崇高竣固的白色玉石台基上，周围绕以白色玉石栏杆，因此，显得格外雄伟、格外华贵。这三大殿雄踞于全城之上，在旧日，城内任何房屋都不得超越它的高度。

总之，北京旧城从平面设计到全部宫殿庙坛的建筑物结合起来，强有力地宣扬了一个主题思想，即封建皇帝的“唯我独尊”。从这一点来说，在中国封建时代一切都城的建设中，旧北京城算是最为突出的一个典型。在这里可以看到，中国封建社会里的皇权统治已经达到了何等严酷的地步。

但是，也正是这种封建皇权严酷统治下的劳动人民，创造了灿烂的古代文化。北京城里所保留下来的具有高度艺术价值的宫殿和庙坛建筑，就是证明。这些雄伟壮观的建筑，从设计施工一直到艺术造型，无一不是劳动人民一手创造的，这就充分反映了劳动人民的高度智慧和才能。根据史书记载，距今 550 多年前的那些最初参加修建紫禁城的劳动人民，单是各种工匠就有 10 万人，一般夫役多至 100 万人。他们在极其恶劣的条件下，被迫参加劳役，通过自己的双手，创造出如此巨大规模和如此富丽堂皇的古建筑群，到今天还巍然屹立在我们面前，这难道不比任何一件古器物所带给我们的历史真实感更为丰富、更为浓厚吗?

与此同时，我们还看到历史真实的另一个方面，那就是严酷的封建统治，必然激起农民的反抗。即以紫禁城建筑以来的事实为例，还在 15 世纪初紫禁城开始兴建的时候，南方的农民为了抗拒替皇家采伐木料，就展开过激烈的斗争。紫禁城建成后的几百年间，仅据有文字记载的较大规模的农民反抗封建压迫和剥削的斗争，就有上百次。17 世纪中叶，一次声势浩大的农民起义军，竟然打进北京城，直捣皇宫，推翻了明王朝。19 世纪初，也就是帝国主义入侵中国的前夕，在北京近郊起义的一支农民军也曾杀进紫禁城，给腐朽的清朝统治者以沉重打击。只是由于没有新的阶级力量和先进政党的领导，历史上接连不断的农民起义都失败了。但是，这些农民革命战争却在不同程度上打击了封建统治，推动了社会生产力的发展。

今天，那些残酷暴虐的封建皇帝早已被丢进了历史的垃圾堆，而劳动人民在封建皇帝的奴役下所建成的宫殿庙坛，却在北京城里被完好地保存下来。这就是历史的辩证法的发展，是无可否认的事实。

三

北京作为社会主义新时代的人民首都，正在经历着一次极为深刻的变革。当前的重要任务之一，就是在改造旧城的过程中，对于古代北京的一切历史遗产，必须坚持批判继承的原则，以求达到“古为今用”的目的。凡属封建性的糟粕，必须彻底清除或加以根本改造。至于劳动人民一切优秀的艺术创造和卓越的技术成就，则不仅要加以保护，而且还要发挥它们在今天的人民生活中所能起的一切积极作用。

采取了这样的措施，今天在人民首都，我们不仅可以看到古代北京的那些最优秀的东西正在发挥着前所未有的作用，而且还会发现那些封建糟粕，或者已被彻底清除，或者经过根本改造而呈现出崭新的面貌。

天安门以及天安门前的人民广场，就是这一深刻变革的一个具体说明。

天安门这座古老建筑，在残暴的帝国主义者入侵中国并使中国社会陷入半殖民地半封建的深重灾难之后，遭受了1900年帝国主义侵略军的炮火袭击，但仍然屹立无恙。封建王朝最后崩溃了，而皇权统治时期天安门前的一片禁地，却成为北京城里革命群众反帝反封建的游行示威场所，并从这里开始点燃了新民主主义革命的熊熊烈火。

1949年1月，北京城解放了，新民主主义革命在伟大的中国共产党的领导下，经过长期艰苦卓绝的反帝反封建的斗争，相继取得了最后的胜利。同年10月1日，毛主席正是在天安门上向全世界庄严地宣告了中华人民共和国的诞生，这又标志了社会主义革命和社会主义建设的新时代的开始。这时，古代劳动人民所赋予天安门的庄严壮丽的形象终于出现在中华人民共和国的国徽上。从此以后，一个完全新的传统，在北京、在全国人民的政治生活里，迅速成长。每逢重大节日或纪念日，首都以至全国人民的心向往着天安门，向往着北京城。

天安门前原来的一片禁地，今天已被扩建为气象宏伟、平坦浩荡的人民广场。广场中央耸立着高大的人民英雄纪念碑，碑上有毛主席亲手书写的“人民英雄永垂不朽”八个大字和周恩来总理以中国人民政治协商会议第一届全体会议的名义，亲手书写的令人永志不忘的纪念词。广场两侧遥遥相对的是新中国成立10周年时所新建的气势雄伟的人民大会堂和中国革命历史博物馆。人民广场上的这一切，“才是创造世界历史的动力”。

由于人民广场的出现，旧日雄踞全城中心的紫禁城，今天已经退居到“后院”的次要地位，并被利用来作为向人民群众进行阶级教育的大课堂。这一组伟大瑰丽的古建筑以及收藏在这里的各种古代艺术珍品，雄辩地证明了在封建社会里，“只有农民和手工业工人是创造财富和创造文化的基本的阶级”。

原来作为支配全城平面布局的那条中轴线，今天不再显得那么突出了，代替它的则是一条更加有现实意义的新轴线。它从天安门前广场两侧，分别向东西两方延伸下去，一直穿过新开辟的市区，这是现在北京城里最宽阔、最坦荡的林荫大道，是横贯全市的交通大动脉。

环绕着古代北京的凸字形的旧城墙不见了，但是远在它的外围、包围着旧城以外的部分新市区，却出现了一条新环路，它以传统的几何图案的美，为扩建中的新北京画出了一个轮廓鲜明的新图样。

总之，今天在北京城中，很多古代最优秀、最美好的东西，已被保留下来，但是它们并不是孤立地存在着，它们已经被赋予新的意义和新的生命，它们已经成为社会主义新时代的人民首都正在创造着的新面貌中不可缺少的组成部分。

（此文收录在《漫步神州》，1982年出版）

关于中国申请加入《保护世界文化和自然遗产公约》的建议

联合国教科文组织在1972年第17届会议期间，于11月16日通过了一项国际公约，即《保护世界文化和自然遗产公约》，其目的在于通过国际合作，更积极更有效地保存和保护对全人类具有重大价值的文化遗产和自然遗产。该组织列有予以保存和保护的世界文化遗产和自然遗产名单。前者包括人类历史文化中具有突出的普遍价值的古建筑、古遗迹和其他古代的艺术创作（不包括可以移动的收藏品）；后者包括具有突出的普遍价值的天然名胜、自然景观以及遭受绝种威胁并严格划定的动物和植物的栖息地区等。现在批准该公约的教科文组织成员国已有76个。公约国每两年开一次大会，讨论计划、预算，以专家会议的形式交流经验，培训人才。发动某项重要遗产的国际保护运动（如埃及因筑阿斯旺水坝而迁移的神庙的保护），经选举产生的"世界遗产委员会"，主要功能是管理基金（多由西方发达国家捐助）。缔约国交费金额为教科文会员国会费的百分之一，为数不多。

就我国来说，我国为文明古国，地大物博，无论是在上述的文化遗产还是在自然遗产中所拥有的具有世界性重大价值的，而且是应该积极予以保存和保护的对象，数量众多，其中为举世所公认并已得到国际友人主动赞助进行维修和保护的，如万里长城和卧龙熊猫自然保护区，即分别属于上述的文化遗产和自然遗产两大类别之中。但是我国迄今尚未参加《保护世界文化和自然遗产公约》，因此也不能享受由缔约国所应该享受的一切权益，更无助于推动这项有益于全人类的国际文化合作事业。

据悉，我教科文组织全国委员会为了考虑参加《保护世界文化和自然遗产公约》，已经做了不少的准备工作。我文化部、科学院、人与生物圈国家委员会、城乡建设环境保护部、林业部等单位也已进行过研究，只是尚未作出最后决定。现在我国实行开放政策，除去注意引进有利于我国建设物质文明的各种技术、设备和资金外，也应该积极参加并推动既有益于我国，也有益于世界人民精神文明的国际文化科学事业。因此建议我国尽早参加《保护世界文化和自然遗产公约》，并准备争取参加“世界遗产委员会”。

办法：由我教科文组织全国委员会会同文化部、科学院和人与生物圈国家委员会、城乡建设环境保护部、林业部、外交部等有关部门，准备有关《保护世界文化和自然遗产公约》的文件，并备文说明参加该公约所应具备的条件和有关事项，报呈国务院和全国人民代表大会常务委员会审核批准。

（此为1985年全国政协六届三次会议提案。提案人：侯仁之、阳含熙、郑孝燮、罗哲文）

古代北京运河的开凿和衰落

公元10世纪初叶以后，北京逐步发展为一个全国性的政治中心。最初是辽朝于太宗会同元年（938年）在这里建立陪都，号曰南京，但是并没有把南京作为真正的统治中心。到了公元1153年金海陵王才真正在这里建都，改称中都。此后，元、明、清三个朝代也都相继建都于此，其间虽有暂时的中断，但在北京城整个发展的历史上并没有很大的影响。

金中都城是因袭辽城旧址而扩建的，元朝初年另筑新城，叫作大都。明朝初年再加改造，正式命名北京，这就是现在北京的内城。中叶以后更筑外城，最后完成了今日北京内外城凸字形的轮廓。清朝一代完全因袭明城，没有改变。

北京建都之后，历金、元、明、清四朝，城址虽有迁移，对于增辟水源却存在着共同的要求。首先是为了配合都市设计、辟治苑林，不得不寻求水源；其次为了开凿河道、运输漕粮，更不得不寻求水源。这一切都是为了满足封建统治中心的要求，而农田的灌溉反而降到次要的地位。

一、金中都城运河的开凿

（一）宫苑流水的导引

金中都城是在北京早期的城址上所建立起来的最为壮丽的一座大城，金海陵王天德二年（1150年）动工扩建。在扩建过程中，首先考虑的是都城以内开辟宫廷苑林的用水。在我国的城市建筑史上，历代封建帝都的设计，宫苑布置占有极其重要的位置。宫苑必须具有美丽的风景，而构成美丽风景的重要因素之一就是水。例如在汉、唐长安与隋、唐洛阳城的设计中，都曾大量引用流水点缀宫苑，其中尤以唐长安城最为典型。在封建帝国国都的设计上，宫苑流水的导引既已成为一种传统，因而被导引的水流也就逐渐获得了固定的名称，如金水河、太液池一类名称，不但见于元、明以来的北京城，而且见于古代帝王的都城。金朝的统治者是一个在文化上比较落后的部族，事事仿效汉族制度，都城的设计也不例外。当时为了解决宫苑用水，就在扩建旧城时，把原在西郊一条名叫洗马沟的小河，有计划地圈入城内，并且流贯皇城西部，造成一个极其重要的苑林区，名叫同乐园，又称西华潭或鱼藻池，也就是中都城中的太液池。下游流经皇城南面正门（宣阳门）前龙津桥下，斜穿出城，流为南护城河。南护城河西段，别有水源，出中都城西南近郊流泉，傍中都南墙东往，即今凉水河之上源。

洗马沟的上源，古称西湖，《水经注》中有很好的一段描写说：

> 洗马沟……水上承蓟水，西注大湖，湖有二源，流结西湖。湖东西二里，南北三里，盖燕之旧池也。绿水澄澹，川亭望远，亦为游瞩之胜所也。湖水东流为洗马沟，侧城南门东注。

这里所说“侧城南门东注”者，所指是北魏时蓟城的南门，至金则已包在中都城内。洗马沟的上源既然早已成为蓟城西郊的一个名胜，那么它的下游被圈入宫苑，也是很自然的。其后元朝改建大都城，这一带地方又成郊外，演变至今，虽已历六百余年，但是旧日河湖痕迹，也还依稀可见。以地理位置推求，古时西湖即是今之莲花池，由莲花池东南流之小河，即是古之洗马沟，不过其下游已被导入今日外城西护城河，与今日之凉水河不复相通。今环城铁路广安门站以西有一带浅湖，当即金皇城内之西华潭遗迹。

（二）近郊运河的开凿

宫苑用水，数量有限，还是比较容易解决的。但是为了开凿运河，如何寻求水源，却是一个极其困难的问题。在我国封建社会时期，首都运河的主要任务，就是要聚敛全国农田赋税中一部分食粮，集中到都城，用以供应封建帝王的挥霍，及其庞大的官僚统治机构的开支，这就叫作漕运。其次才是各种货物的运输，主要也是供给都城的消费。金朝在中国的统治虽只限于淮河、秦岭以上的部分地区，但还是想尽了办法把华北大平原北部的粮食，经由今卫河、滏阳、滹沱、子牙、大清诸河，汇集到当时的海滨，然后再遵潮白河（即潞水），逆流而上，输送到通州。每年漕粮的数字，少则数十万石，多则百余万石，不由水运，实在很难完成运输的任务。沿途漕河都是利用天然河道，只是从通州西至中都，约 25 公里，不得不开凿人工运河。中都城平均海拔高出通州约 20 米，因此，潮白河水不能西引，必须在中都城一端寻找水源，才能顺地形高下流至通州以接潮白河。但是中都附近缺乏足够的水源，这就成了一个必须解决的难题。

根据前人开凿车箱渠的经验，中都以西的卢沟河（今永定河）虽然可以导引，但是由于工程技术的限制，却也有很大困难，而且容易导致水灾。金初可能是已经考虑到这些问题，因此在最初并没有引用卢沟桥河水，只是引用高梁河水，凿渠东下，直至通州，注入潮白河。但是高梁河原是一条小河，水量有限，不得不增补水源。大约就在这时开始考虑到高梁河上源西北七八公里处，有一座小山平地崛起，山麓有泉，潴为小湖。湖西一公里半又有玉泉山诸泉，其下游一支，亦来相汇。元时这座小山叫作瓮山，就是今日的万寿山；山麓小湖，叫作瓮山泊，就是今日昆明湖的前身。以地形推测，那时小湖的下游，当有一条小河，径向东北，合今万泉庄北来之水，流注清河。这条小河与高梁河上源之间，有一带高地，可以叫作“海淀台地”，地形微微隆起，形成了两者之间的一小分水岭。或许就在这时，第一次用人工打开了这个小分水岭，导引小湖之水，转而南流，合高梁河，同注于运河，以至通州。但是由于地形比降甚大，因此沿河设闸八座，以节流水，因此又称闸河。此外，也可能即在这一时期，高梁河上游另一分支，经由人工开凿之引水渠，注入中都城之北护城河，然后把北护城河稍许向东引长，以与闸河相接。这样，通州粮船，便可直达城下。大概因为这个原因，高梁河的下游，从此断流。

这里应该附带说明的，就是中都城的东北郊外，相去约二三公里，原有一片低洼地带，为高梁河水所灌注，形成一片浅湖，后经人工改造，遂成为近郊一风景区。从金大定十九年（1179 年）起，金朝统治者在这里营建大宁离宫，扩大湖泊面积，并以浚湖之土，筑为琼华岛，这就是今日北京城内北海公园的前身。大宁宫的营建，和日后元朝大都城的奠址大有关系，下文再讲。

金初导西北诸东南流注高梁河，是北京近郊流水系的一个重要改变，但终因流量有限，闸河难免浅滞。由通州至中都，虽只四五十里，船行动需十余日，有时且不得不兼用陆挽。由于上述原因，故金朝一代又重开卢沟河水源的意见。

《金史·河渠志》曰："世宗大定十年（1170 年），决议卢沟以通京师漕运，上忻然曰：如此则诸路之物，可径达京师，利孰大焉，命计之，当役千里民夫……"

时值山东岁饥，议而未行。转年十二月，"省臣奏复开之，自金口疏导，至京城北入濠，而东至通州之北入潞水，计工可八十日"。这就是后日所谓金口河。但是动工的结果，并未能达到预期的目的。其原因，《金史·河渠志》也说得十分明白："……及渠成，以地势高峻，水性浑浊，峻则奔流漩洄，啮岸善崩；浊则泥淖淤塞，积滓成浅，不能胜舟。"

到了最后卢沟桥水既不可能用，旧闸河又不畅通，结果只好依靠陆运。所以终金一代，运河水源始终没有得到很好的解决。

二、元大都城运河的开凿

（一）新城的奠定与水道的关系

蒙古太祖十年（1215年）出兵攻破中都，皇城宫阙，为兵火所毁。此后又半世纪，忽必烈即帝位后，才决定从蒙古高原上迁都到这里，并在中都旧城东北郊外，另筑新城，这就是大都城。

大都城的建筑，说明了北京的城址已经从莲花池的下游，转移到高梁河上来。这一转移，为宫苑给水获得了更为良好的条件。远在12世纪后半叶，金朝的统治者已经利用高梁河水所灌注的一片湖泊作为中心，建造了一座大宁离宫，已如上述。这时忽必烈又选择了大宁离宫作为中心，建造了一座崭新的大都城。大宁离宫中这片湖泊，可能就在这时又经过进一步的开挑，逐渐接近了今日北海与中海的形势，并且获得了太液池的名称。大都城的宫殿，就分布在太液池的东西两岸，周围绕以萧墙，这就是旧日所谓皇城。皇城以外，再建大城，从此高梁河的中游就圈入了城中。

还在金朝初年，今日万寿山山麓的流泉，兼有玉泉山诸泉下游的一支，就已经被导入高梁河的上源，流入闸河，已见上文。这时这条水道仍被保留下来，专作漕粮的运输，这在下文还要细讲，此不多赘。这里应当说明的就是，皇城以内太液池的水源，如何解决。本来这也是高梁河所灌注，不过现在这一片湖泊已在宫禁之内，给水的情形也就与前不同了。根据所获得的一些片段记载，可以推断从大都初建时起，玉泉山诸泉之水就经过专辟的渠道，从和义门（今西直门）南水门引入城中，流经宫苑，注入太液池，其下游绕出宫禁前方以与运河相会，名曰金水河。现在北京城内天安门前有“外金水河”，即是旧制的蜕余。但是金水河上游以及入城之道，湮废已久，故迹难寻，现在只有玉泉山前一段，尚保留有“金河”的名称，其下游在昆明湖以前，已与长河（玉河）汇流。但在元朝，金水河一直是独流入城，不得与他水相混。在遇有其他水道的地方，都要架槽引水，横过其上，名为“跨河跳槽”，而且“金水河濯手有禁”，悬为明令。这一切都在说明，从元朝初年起，玉泉山诸泉之水已为皇家宫苑所独专。

（二）新水源的开发与旧闸河的改造

大都宫苑用水的问题既已交代清楚，其次就应该来研究运河水源的问题了。

忽必烈灭了南宋，统一了全中国，其统治范围远远超过了金朝，而大都城对于漕粮的依赖，也已数倍于中都。元朝不但积极开辟南北大运河，而且还大力发展海运。无论河运还是海运的漕粮都是先到通州，再转输京师。

还在大都未建之前，当时杰出的水利工程师郭守敬，就曾建议引用玉泉山水以通漕:“中统三年（1262 年）……公（郭守敬）面陈水利六事，其一:中都旧漕河，东至通州，灌以玉泉水，引入行舟，岁可省僦车钱六万缗。”

但是这个计划未得实现，因为五年以后新建大都城，玉泉山水已专为宫苑之用。因此，要想引水济漕，还必须另寻水源。

在水源未得解决之前，从通州到大都的漕粮，只好陆运，但是劳费甚大，郭守敬说每年僦车费达六万缗，《元史・本传》曾记道:“通州至大都陆运官粮岁若干万石，方秋霖雨，驴畜死者不可胜计。”

因此，恢复河运，仍然是非常必要的。一直到了至元二十八年（1291年），郭守敬才又第二次建议，另用昌平白浮泉水，引入旧闸河以济漕运，他的原文是这样的:“……大都运粮河，不用一亩旧源，别引北山白浮泉水，西折而南，经瓮山泊，自西水门入城，环流于积水潭，复东折而南，出南水门，合入旧运粮河，每十里置一闸，比至通州，凡为闸七。距闸里许，上重置斗门，互为提瘀，以过舟止水。”

这一段话非常重要，不但说明了引水的来源和经过的路线，而且说明了建立水闸和设置斗门的作用。这样的水闸和斗门实际上就是现在所谓船闸，既可节水，又便于行舟，这是很值得注意的。

郭守敬这次建议不但被采纳了，而且得到了空前未有的效果。至元二十九年（1292 年）河道告成，粮船可从通州以南高丽庄经闸河径入都城，一直停泊在积水潭，史文有“舳舻蔽水”的描写，可以想见当时的盛况。为此，这条闸河被命名为“通惠”，这个名称一直保留到今天。

但是通惠河的上源，自白浮泉以下以至瓮山泊，这一段很难维持长久。原因是这一段引水渠道与西山大致平行，每当雨季，山洪暴发，引水渠道必为所毁。元朝虽然设有专官修守，但由于工程技术的限制，也未能克服山洪的威胁。因此，终元一代，通惠河的运输，仍难免遭到水源的困难。

最值得注意的一点是，在郭守敬的引水计划中，他充分掌握了“北京湾”西部微小地形的变化，因此他并没有把昌平白浮泉的水，自西北而东南沿一条直线引向大都。相反地，他却首先把水引而向西，然后再沿西山山麓南转，经由瓮山泊注入大都城，山麓诸泉以及南北沙河的上源，都被截流南下。当时所以绕行偌大一个圈子，完全是为了利用天然地形的坡度，因为白浮泉的海拔约 60 米，仅仅高出大都城平均海拔 10 余米，如果由白浮泉采取直线引水向东南入大都，其间所经沙河与清河河谷的高度还都不足 40 米，也就是说还在大都城的平均海拔以下，因此白浮泉水一旦引入沙河或清河，势必顺流东下，不可能再引入大都。郭守敬所采取的引水路线，虽然向西绕行了一个圈子，却正好保持了渠道坡度在海拔 50 米以上的山麓带逐渐下降的趋势，一直到入城之处，这才开始下降到海拔 50 米以下。这条引水渠道在瓮山泊以北，紧傍西山山麓南行，因为自此以东，即是清河河谷的上游，其海拔高度皆在 50 米以下，瓮山泊本身也正好处于 50 米等高线上。郭守敬远自昌平引入而一定要经过瓮山，就是这个道理。今后要从“北京湾”的北部引入首都，其引水路线除非另有设计，可以跨越沙河与清河的河谷外，还必须参考白浮堰的故事。在这一点上，我们对于古人掌握微小地形的精确程度，不能不表示惊异。

（三）恢复旧水源的努力

最后还需讲到，在大都尚未建成之前，因郭守敬的建议，还曾一度恢复了金口河，主要的不是为济漕，而是为运送西山的木材与石料，以供应都城的建设。但是后来水灾的威胁，又把它堵塞了。到了元朝末叶，大概由于通惠河水源不畅，因此又有重开金口引浑河（即金之卢沟河）济漕的议论。首先是在文宗至顺元年（1330 年）行都水监郭道寿有此主张，但经过工部等负责部门实地勘察之后，以为不可行，未有动工。此后又过了 12 年（顺帝至正二年，1342 年），中书参议孛罗帖木儿、都水傅佐，再度上疏，不但主张重开金口，而且建议自大都以下，别开新河，其疏曰："……起自通州南高丽庄，直至西山石峡铁板，开水古金口一百二十余里，创开新河一道，深五丈，广二十丈，放西山金口水东流，至高丽庄合御河（即潞水亦即潮白河），接引海漕，至大都城内输纳。"当时廷臣以为不可，但中书右丞相脱脱力排众议，坚持执行，两月工毕，结果用力虽大，却是徒劳无功，孛罗帖木儿与傅佐还因此得罪伏诛。

关于其失败的情况，《元史 · 河渠志》有如下的记载："……起闸放金口水，流湍势急，沙泥壅塞，船不可行，而开挑之际，毁民庐舍坟茔，夫丁死伤甚重，又费用不赀，卒以无功。"这次开河虽不成功，却留下了一条明显的河床痕迹。在西郊，这就是石景山以东、八宝山以北的旱河，当地人民讹称为金钩河（应是金口河），这一段河道实际上就是古代车箱渠的延续。在东郊，从今外城东南角经十里河至通州以南大高丽庄，也是旱河一道，在近高丽庄处，当地人民称之为萧太后河，实际上也就是元朝末年所开金口新河的下游。只有中间一段，正当今日外城东部，由于明朝中叶以来民居市井日益繁盛，河道旧迹遂逐渐湮废。但是根据外城未筑以前（1553 年以前）的明人记载，还可以比较准确地推求出当时河道，乃是从今正阳门以东水关附近，转而南下，经由天坛以北三里河便东南行，由左安门东出城，以接十里河之旧河床。明朝初年还曾利用过这条河流，排泄过护城河内过涨之水。以情理推测，这段河道在今正阳门水关以内，还应该向北延长约半公里余，以与通惠河相接。这样，按照当时的计划，就可使粮船直入京城。

在近郊水源的开发上，元朝占了极其重要的地位，凡所经营，多是创举，小者如金水河的分流，运石大河的利用；大者如白浮泉的导引，以及金口新河的开凿。无论成功还是失败，总的来讲，在开发水源的努力上，可以说是达到了封建统治时期的最高峰。

三、明清时期北京运河的衰落

（一）明北京城的改造与水道的变迁

元顺帝至正二十八年亦即明太祖洪武元年（1368 年），明兵入大都，元亡。当时明太祖（朱元璋）定都应天，为南京，以开封为北京，大都改称北平。其后皇子朱棣受封为燕王，驻守北平。惠帝建文四年（1402 年），朱棣兵破南京，夺得统治权。次年（永乐元年，1403 年），改北平为北京，这是北京得名之始。永乐十八年（1420 年）正式迁都北京。

明初既不建都北京，对于水源也就没有什么特殊的要求。但在正式迁都之后，问题就又发生了。这里必须补充说明的，即自 1368 年至 1420 年，前后 50 多年之间，北京城又经过了一系列的改建工程。先是在明兵初入大都的时候，为易于防守起见，曾将大城北墙南移 2 公里半，到了 1419 年正式迁都之前，又把大城南墙向南扩展了半公里有余，也就是从现在东西长安街一条线上，迁移到内城南墙的现址。但对河道影响最大的，还不是大城的改建，而是皇城的改建。在明成祖建都之前，曾经大兴土木，修建北京宫阙，同时还把元朝的皇城（萧墙），向东西南三面，各自开拓了一些距离，其结果，原来是绕经旧日皇城东北及正东一面的运河竟被圈入城中，粮船从此就再没有入城的可能了。现在我们可以把元、明两代城址变迁与河道之间的相对位置，作图比较就会发现，就是元朝从玉泉山独流入太液池的金水河已经废弃，其来源专靠什刹海的分流。同时太液池加凿南海，遂有三海之称。从北海分流之水，绕经景山之西，注入紫禁城的护城河，并从护城河的西北隅引入紫禁城内，沿西墙而南，出太和门之前，转入护城河的东南隅，这叫作内金水河，以与天安门前的外金水河相对称。对紫禁城来说，内金水河的开凿，还不只是为了点缀宫廷，更重要的乃是为了排泄暴雨，并为扑救火灾供给水源。从南海分流，穿过社稷坛（今中山公园），经天安门前，在御河桥附近注入运河，这就是上文所说的外金水河。这种情况，经过清朝相沿至今，没有改变。

此外，元朝由丽正门（南面正门）左东南流的运河，顺明城南墙外移的结果，也被包入城中，逐渐湮废。今崇文门内船板胡同，原当运河北岸，因此亦成由西北斜向东南的形势。不久以前还存在的内城东南隅的泡子河，则是旧日运河的残迹。

（二）明北京城水源的枯竭

明朝北京城内的河道不但有了改变，近郊的水源也与元朝大不相同。这主要是由于白浮断流，水源枯竭，金水河上游因此弃而不用，玉泉山水汇注西湖景（或称西湖，即元瓮山泊）后，由白浮下游旧道入德胜门水关，至什刹海，一支经西不压桥流注三海，一支经后门桥流为通惠河。这样，明朝北京城的宫苑给水，与城郊运河同出一源，并合为一流，这与金、元情况迥不相同，却为后日相沿，再无改变，一直到今天。

早在永乐五年（1407年），北京尚未正式建都之前，当事者曾奏请疏浚白浮渠道，可见元时旧迹尚未全湮。不过当时引水的目的不在漕运，而是为了利用通惠河运输建筑木材。因为当时北京为准备建都，正在进行着大规模的土木工程，所需大木，多半采自长江上游，经过南北大运河，浮运到京，此外别无更为便捷的来路。

北京正式建都之后，才又发生漕运的问题。但是由于水源的枯竭，通惠河不能行舟，而且日就湮塞。因此，从通州以南张家湾运河码头到京师，主要全靠陆运，所费不赀。一直到了成化年间才又有重浚通惠河的建议。成化六年（1470年）漕运总兵都督杨茂上疏说："……看得通州至京城四十余里，古有通惠河故事，石闸尚存，永乐间曾于此河搬运大木，以此度之，船亦可行。"

转年户部尚书杨鼎、工部侍郎乔毅经过实地勘察之后，认为白浮泉水既不可引，运河一段也已圈在皇城之中，粮船不能进城，建议专用玉泉山诸之水，以为通惠河（当时亦称大通河）之上源，并利用城濠通漕，以便近仓交纳。成化十二年（1476年）平江伯陈锐再议疏浚通惠河。众议所归，遂即动工，转年告成。但因水源有限，未能达到预期的结果，《宪宗实录》所记如下："……八月浚通惠河，自都城东大桥至张家湾潞河口六十里，兴卒七千人，费城砖二十万，石灰一百五十万斤，闸板桩木四万余，麻铁桐油炭各数万。计浚泉三、增闸四，凡十月而毕，漕舟稍通，都人聚观。是河之源，在元时引昌平县之三泉，俱不深广。今三泉俱有故难引，独引西湖一泉，又仅分其半（按另半入太液池），河制窄狭，漕舟首尾相衔，仅数十艘而已。舟无停泊处，河多沙，水易淤，不逾二载，而浅涩如旧，舟不复通。"

此后，正德年间（1506—1521），又两次挑浚，亦未成功。最后，嘉靖六年（1527年）巡仓御史吴仲又请重浚通惠河，经户部侍郎王等会勘结果，建议通惠河不自张家湾而另由通州城北入白河，转年完工。这就是今日通州城北的运河故道。实际上，这次疏浚通惠河，也只是开挑了局部河道，对于全河的通航，并没有很大帮助。终明一代，屡次疏浚通惠河，屡次失败，最后产生了一种消极看法，以为天然地势所限，非人力所能为功，嘉靖年间礼部尚书桂萼的奏议，可为代表："盖京师之地，西北高峻，自大通桥下视通州，势若建瓴，而强为之，未免有害，非徒无益而已。"

这是典型的失败论者。通惠河地形比降较大，这是事实，但明人疏浚不能成功，主要的还是因为水源的缺乏。不从开源着想，单从疏导下游用力，不能奏效，原是理所当然的。

（此文发表在2001年第4期《北京规划建设》）

对话侯仁之：我一生都在研究北京城

曾　涛

引导他走向历史地理研究的是洪煨莲、顾颉刚

曾涛：侯先生，您一生都在研究北京，您第一次见到北京城的时候是什么样子？

侯仁之：那是我在中学的最后一年，1931 年的初秋，我从南方来到了北京城，夕阳西下的时候，走出北京东站。那时东站在前门外的东边。灯火辉煌之中，我看见正阳门的箭楼，雄伟矗立在那儿，雄伟的建筑，深厚的城墙，给我留下了非常深刻的印象。

1932 年，侯仁之进入燕京大学学习，此后的 70 多年中，他一直生活在这片湖光塔影、风景如画的校园中。也许正是从这片校园开始，侯仁之先生开始了他的北京历史地理的研究生涯。

今天的北京大学所在的这片地方，是与清朝王室有着密切关系的著名的园林区，在洪业（洪煨莲）教授的引导下，侯仁之开始了对北京郊区园林区的实地考察，进而扩大到对整个北京地区的开发过程的研究。本科毕业后，侯仁之留校担任著名历史学家顾颉刚的助教，带领学生实地考察北京的古代遗址。

曾涛：洪业先生给您的影响是什么呢？

侯仁之：太深刻了。你问这个问题我很高兴，洪煨莲老师的课主要是讲史学方法。研究历史，要拿到第一手资料，然后才能做出成果。他的课一个学期讲了一半，有一天早上他进来了，一进门儿就给我们做了一个鬼脸，看着我们笑。他把书包放下，回头在黑板上写字，一个一个题目写下来，分配我一个题目，“历史上最爱藏书的是谁？”下一个题目我还记得，“第一个造墨的是谁？”分配完了以后，他说你们到图书馆去查资料，每人都去查。这对我影响很大。一个学期的一半时间上图书馆找书，按照他讲的这个方法，我学会了怎么找第一手资料。我找了三个，最后选了一个，最爱藏书的是明朝胡应麟。学期论文写好了，我就写胡应麟是最爱藏书的人，从他的诗集考证。我老师看了以后给我批了两个字——“佳甚”，好得很。

最重要的影响是他对校园做了深刻的研究。这个校园从哪儿来的？海淀是怎么起来的？所以他对我的影响非常大。研究北京的兴趣是从研究燕京大学校园、海淀周围园林的开发过程开始。

曾涛：您当时在燕京大学刚刚毕业，以后就留校任教？

侯仁之：对。这段时间对我的教育也非常重要。我毕业之后留校，顾颉刚老师把我留校的，让我来研究北京城。他开一门课，叫“古迹古物调查实习”。每隔两个星期的星期六，他都要把学生带出去参观，什么天坛了、周口店了，有时候还到郊外去，更远的地方如宣化、大同都去过。他不光让学生看书本，更要实际考察。这对我影响很大。可以说，引导我走向地理的是顾颉刚，洪煨莲老师的影响是另一方面。

在取保开释的时间里，他写成了《北京金水河考》

1941年12月8日，日本突然偷袭美国珍珠港海军基地，发动了太平洋战争。也就在这一天清晨，日本宪兵包围并进占了燕京大学，将美籍教员关押进了集中营，校长司徒雷登也被捕，部分教职员工也同时被捕，侯仁之是被捕的最年轻的中国教员。当时，与侯仁之一同关押在牢房中的，还有一位青年学生，他就是后来成为著名演员的孙道临。

曾涛：我看到您曾经在回忆录里面讲，20 世纪 40 年代被日本宪兵抓走、关在监狱里的时候，和孙道临关在一起?

侯仁之：我是后被捕的，孙道临先被捕。在地下的牢里头，有老师，也有同学。把我抓进去，打开笼子让我钻进去，一看，孙道临在里头，我放心了。为什么呢?因为他哥哥是我介绍送到解放区的。不久，孙道临就被释放了，我被送到日本军事法庭，要去判决。我的罪名是什么?现在想起来真可笑，是"以心传心，抗日反日"，没有实际行动，以心传心。审问我好几次，我就不说。没办法我又在监狱里待了半年，判我一年监禁，三年缓刑，可以取保开释。于是找个保人开释，我就出来了，半夜回了天津。

我从日本监狱出来之后，没有迁居旅行自由，我干什么?我用一年写成了《北京金水河考》。这本东西我老师看了以后，非常高兴。他说里头还有问题可以继续研究。他也不告诉我不许发表，日本占领期间不能发表，他不这样说。他说你还没搞完，还得继续研究，过几年再说。等日本投降后燕京大学复学，那年暑假我去英国之前发表了，发表在《燕京学报》上。这件事情对我的教育意义非常大。所以，绝不能虚度时光，一定要做有意义的工作，做学术研究。

抗战胜利以后，侯仁之前往英国利物浦大学，受教于达比教授，他的博士论文就是有关北京的历史地理。在以后的岁月里，侯仁之将北京的历史地理研究推进到了更深的层次。他主持完成的北京历史地图集，是中国历史地理的一项杰出成就。有专家指出，将古代地理更新为科学的历史地理学，并纳入近代地理学体系的首创者，是侯仁之。

曾涛：侯先生，把地理变成历史地理，您是一个首创者，是不是和您在英国的学习有很大的关系?

侯仁之：有关系。抗战胜利后，我到英国去留学，师从达比教授，我受他影响很大。他不研究中国，他研究英国，研究英国的历史地理。一个城市不仅仅用名称的改变来说明城市的信息，还必须用它的地理条件，如当时的地理条件下怎么形成的？等。可是他对北京城没有研究，但他对英国的研究对我大有启发，于是我转过来研究北京城。

北京850多年的建城史，在侯仁之先生那里是一部敞开的“大书”

侯仁之先生从新中国成立之初就参与北京的城市建设工作，对北京城的历史和未来发展有着深刻的认识。北京建城已有850多年了，这850多年的历史在侯先生那里是一部敞开的大书。

曾涛：对今天的北大、清华和海淀这个地方的研究，几乎延续了您的一生。这个地方的历史重要性究竟是什么？

侯仁之：这个一言难尽。简单说，最早的北京城，莲花池是它的上源，就是现在的北京西站往南、往东一点的地方，原来北京城在那儿。当时北京城最重要之处在于，它是中原和北方来往的关要。中国的文化其实就是汉族和少数民族文化不断交融而发展起来的。那时候从中国内地到北方去，走哪条路呢？就是先到今天北京建城850周年的地方，那时现在北京城还没有，从那儿一直向北走，斜向东北，正好走进了苏州街。海淀那个时候太低，往西边就低下去了。沿苏州街贴着高低的边缘一直往北走，出南口。中国“吃早点”的地方就是海淀。所以海淀是原来的北京城和北方塞外关系来往的必经之路。元朝后因为莲花池很小，水源不够，北京城就往东北迁了一点。一直到清朝，北京城的发展全部力量都在西郊，以海淀为中心开始。

曾涛：中轴线也是您非常钟情的一个地方。

侯仁之：原来没有中轴线。元朝时因为莲花池的水源不够，就把城市往东北迁，迁到现在的什刹海。沿现在的什刹海一条轴线下来了。所以后门桥（现在叫万宁桥），最早的名字叫万宁桥，后来叫后门桥，后门已经没有了，拆掉了，这个中心、这条线的确定的确为今天的北京城奠定了基础。选择现在钟鼓楼所在的地方作为全城的中心，一直向南发展，于是中轴线就形成了。现在，这个准则一直保留到今天，紫禁城也就是现在的中轴线。中轴线选定之后北京一直向南发展，明朝往南迁，又加了外城，形成内城、外城两个城，而紫禁城正好在中轴线上。

曾涛：为什么？

侯仁之：这件事情在世界上任何其他国家都是没有的。最深的起源可以追溯到很早的时代，《周礼·考工记》讲到过。那时还没有统一中国，但是在人的思想中，认为应该有一个统一的形式。统一王朝的所在，应该是什么？四条，左祖右社，左边是太庙，右边是社稷坛，面朝或者面向南方是朝廷，背后是市场。过去是这样，现在还是这样。紫禁城前面，东边是太庙，即现在的劳动人民文化宫；西边是社稷坛，即现在的中山公园。所以面南而王的思想和中国的地理关系非常重要。面朝后市、左祖右社，《周礼·考工记》就是这样说的。北京城的设计是从元朝大都城时就定下位置，明朝进一步发展，一直保留到今天。

曾涛：还有一个大家觉得非常有意思的问题，就是北京这个城市发展不是往南发展，而是往北发展的，是这样的吗？

侯仁之：过去的北京城一直向南发展，封建王朝统治的时候，明朝开始建设现在的北京城，先建内城后建外城，天坛、先农坛，这个轴线一直是向南的。这是封建时代面南而王的思想，面向正南，统治天下，不管背后。这一思想是什么时候打破的？是亚运会，这很了不起。奥林匹克体育中心，也是向正北发展吧，那儿开阔空旷，人也很少，所以以往一直都向南，现在决定向北发展，这个决定极其重要。因为历史上都是向南，面南而王，统治天下，那是封建的思想，现在国际活动要开了，中国要走向世界了，从亚运会到奥运会，北京城向北发展了，标志着中国开始走向国际、走向世界。北京城的发展史的象征意义太重要了，任何国家都没有。

侯仁之力主保护莲花池

20 世纪 90 年代初期，在修建北京西客站时，当侯先生听说有一个方案是要放弃莲花池，他坚决反对，并且在夫人的搀扶下，登上了西客站附近的顶楼，观察莲花池的地势，写报告呼吁政府完整地保留莲花池。

曾涛：最近十年，您提了一个很重要的建议，就是莲花池的保护，其重要意义是什么呢?

侯仁之：对于北京是怎么来的，争论很大，大家还有不同的意见。因为有一个地方，叫燕，在河的西边，在那儿发现了古城的遗址。不是蓟，蓟和燕是两个，蓟就在莲花池旁边，蓟没有遗址留下来，因为河水冲得太厉害了。那时燕是强盛的，过了河吞并了蓟，迁都到蓟，这才叫燕都蓟城，所以北京真正的起源是在蓟，蓟的起源是靠莲花池的水。

曾涛：这是北京真正的最早的一个起点?

侯仁之：对，真正的起源是蓟。它的来源，必须有水啊，没水不能发展，这就是莲花池的重要意义。所以我建议一定要恢复莲花池。因为那时正要盖北京西站，他们说这是北京的大门，往南可以直通香港。当时莲花池的水干了，便要占用它。我一个学生管这个事儿，跑来告诉我，我说不行，绝对不能占用莲花池，要保留下来，把你们车站往旁边移一移。我说车站建起来之后，旁边有大的湖泊，而且这个湖泊是历史性的，是一个标志北京城起源的很重要的湖泊，既有历史底蕴，又有自然风光，大门旁边有一个大湖，多好啊！后来上级终于接受意见了。可是西站修建过程中，还没修完，我爬到楼顶一看，他们把好多东西堆在莲花池里头，没人恢复它，我又提意见了。一直到前几年，汪光焘很关心这个问题，他很早就和我有联系了，我说一定要把莲花池保留下来，他做了最后的决断，保留莲花池，重新修了那个后门桥，并改为原来的名字——万宁桥。这样，一条水系完成了，莲花池出现了。

无论是在校园内还是在社会上，无论是在国外还是在国内，侯先生都享有极高的知名度。在人们眼中，他是北京的热情宣传者，是北京城的知音，他让历史地理学这门偏僻的学科走向了社会，更多的人因为他领略了北京这座辉煌城市的魅力。

曾涛：您一生都在研究北京。对于北京这个城市，与别人相比您一定有非常不同的情怀在其中？

侯仁之：我一生都在研究北京城。北京城的发展有非常重要的三个里程碑，代表不同时代、不同方向，都在中轴线上，所以中轴线重要就重要在这儿。它的第一个里程碑是故宫博物院。世界上哪儿有一个城市，里面的封建时代帝王的首都建筑如此宏伟？没有第二个。而且紫禁城的设计，左祖右社、面南后市，将中国历史上最早的理想实现了。紫禁城把它化为现实。都想这样做，但都没有做得像北京这样好，这是第一个里程碑，代表了封建时代的北京走向了世界，它的建筑完整地保留下来了。第二个里程碑是天安门广场。新中国成立了，封建时代结束了，新时代开始了。在哪儿举行开国大典？天安门。天安门广场开辟之后，东西大道也开通了。所以天安门城楼、天安门广场是第二个里程碑。西面是人民大会堂，东面是革命历史博物馆，史无前例，哪个国家也没有，现在还在进一步完善，这说明中国已经到了民主时代了。第三个里程碑是奥林匹克中心，当时考虑来考虑去还是选择北边，因为北边空着，什么公园开始的时候都要选择一个空旷的地方，人比较少的，奠定基础，打下基础。更重要的是到 2008 年，北京奥运会在此举行，这说明什么？说明北京进一步走向国际、走向世界。三个里程碑，标志着封建时代的、新中国的和开始走向世界的北京城。

曾涛：那么在您的心目当中，北京的未来是一个什么样子？

侯仁之：成为世界有名的大城市，任何城市都不能和中国北京相比。不过，现在也遇到一些问题，比如四合院拆得太厉害了，不应该。我对四合院没有研究，但是整个紫禁城保留下来了。在城里，要保护皇城，整个城市保护不了，但皇城要保护下来。高楼大厦，这是建筑学的问题，我从地理上做不了什么评论了。

曾涛：96年的人生，您经历了太多的人生磨炼和波折，您对自己的人生有什么样的总结吗？

侯仁之：逆水行舟，不进则退。我这一辈子两次逆水行舟，一次从日本监狱出来三年，当时在天津；一次是“文革”期间，我没有放弃我的学习，没有放弃我的研究，虽然当时不能工作，但我继续坚持我的学习。逆水行舟，不进则退，绝对不能退。

（原文刊载于2017年11月12日《北京日报》）

吴冠中

吴冠中（1919—2010），男，江苏宜兴人。著名画家、美术教育家。20世纪50至70年代，他致力于风景油画创作，并进行油画民族化的探索。他力图把欧洲油画描绘自然的直观生动性、油画色彩的丰富细腻性与中国传统艺术精神、审美理想融合到一起。从70年代起，兼事中国画创作。他力图运用中国传统材料工具表现现代精神，并探求中国画的革新。油画代表作有《长江三峡》《北国风光》《小鸟天堂》《黄山松》《鲁迅的故乡》等；中国画代表作有《春雪》《狮子林》《长城》等；出版有《吴冠中画集》《吴冠中画选》《天南地北》《吴冠中素描、色彩画选》《吴冠中散文选》《我负丹青》等。

绘画的形式美

美与漂亮

我曾在山西见过一件不大的木雕佛像，半躺着，姿态生动，结构严谨，节奏感强，设色华丽而沉着，实在美极了！我无能考证这是哪一朝的作品，当然是件相当古老的文物，拿到眼前细看，满身都是虫蛀的小孔，肉麻可怕。我说这件作品美，但不漂亮。没有必要咬文嚼字来区别美与漂亮，但美与漂亮在造型艺术领域里确是两个完全不同的概念。漂亮一般是缘于渲染得细腻、柔和、光挺，或质地材料的贵重如金银、珠宝、翡翠、象牙等；而美感之产生多半缘于形象结构或色彩组织的艺术效果。

你总不愿意穿极不合身的漂亮丝绸衣服吧，宁可穿粗布的大方合身的朴素服装，这说明美比漂亮的价值高。泥巴不漂亮，但塑成《收租院》或《农奴愤》是美的。不值钱的石头凿成了云冈、龙门的千古杰作。我见过一件石雕工艺品，是雕大盆瓜果什物，大瓜小果、瓜叶瓜柄，材料本身是漂亮的，雕工也精细，但猛一看，像是开膛后见到的一堆肝肠心肺，丑极了！我当学生时，拿作品给老师看，如老师说:“哼！漂亮呵！”我立即感到难受，那是贬词呵！当然既美又漂亮的作品不少，那很好，不漂亮而美的作品也丝毫不损其伟大，只是漂亮而不美的庸俗作品倒往往依旧是“四人帮”流毒中的宠儿。

美术中的悲剧作品一般是美而不漂亮的，如珂勒惠支的版画，如梵·高的《轮转中的囚徒们》……鲁迅说悲剧是将有价值的东西毁灭给人看。为什么美术创作就不能冲破悲剧这禁区呢！

创作与习作

新中国成立以来，我们将创作与习作分得很清楚，很机械，甚至很对立。我刚回国时，听到这种区分很反感，认为毫无道理，是不符合美术创作规律的，是错误的。艺术劳动是一个整体，创作与习作无非是两个概念，可作为一事之两面来理解。而我们的实际情况呢，凡是写生、描写或刻画具体对象的都被称为习作（正因为是习作，你可以无动于衷地描摹对象）。只有描摹一个事件，一个什么情节、故事，这才算“创作”。造型艺术除了“表现什么”之外，“如何表现”的问题实在是千千万万艺术家们在苦心探索的重大课题，亦是美术史中的明确标杆。印象派在色彩上的推进作用是任何人否认不了的，你能说他们这些写生画只是习作吗？那些装腔作势的蹩脚故事情节画称它为习作，倒也已是善意的鼓励了！

当然我们盼望看到艺术性强的表现重大题材的杰作。但《阿Q正传》或贾宝玉故事又何尝不是我们的国宝。在造型艺术的形象思维中，说得更具体一点，是形式思维。形式美是美术创作中关键的一环，是我们为人民服务的独特手法。我有一回在绍兴田野写生，遇到一个小小的池塘，其间红萍绿藻，被一夜东风吹卷成极有韵律感的纹样，撒上厚薄不匀的油菜花，加以深色的倒影，幽美意境令我神往，久久不肯离去。但这种“无标题美术”我画了，岂不被批个狗血喷头！归途中一路沉思，忽然想到一个窍门：设法在倒影远处一角画入劳动的人群和红旗，点题“岸上东风吹遍”不就能对付批判了吗！翌晨，我急急忙忙背着画箱赶到那池塘边。天哪！一夜西风，摧毁了水面文章。还是那些红萍、绿藻、黄花……内容未改，但组织关系改变了，形式变了，失去了韵律感，失去了美感！我再也不想画了！

我并不认为外国的月亮比中国的圆，但介绍一点他们的创作方法作为参考总也可允许吧！那是50年代初，我在巴黎学习时，我们工作室接受巴黎音乐学院的四幅壁画：古典音乐、中世纪音乐、浪漫主义音乐和现代音乐。创作草图时，是先起草这四种音乐特色的形线抽象构图，比方以均衡和谐的布局来表现古典的典雅，以奔放动荡的线组来歌颂浪漫的热情……然后组织人物形象：舞蹈的姑娘、弄琴的乐师、诗人荷马……而这些人物形象的组合，其高、低、横、斜、曲、直的相互关系必须紧密适应形式在先的抽象形线构图，以保证突出各幅作品的节奏特点。

个人感受与风格

儿童作画主要凭感受与感觉。感觉中有一个极可贵的因素，就是错觉。大眼睛、黑辫子、苍松与小鸟，这些具特色的对象在儿童的心目中形象分外鲜明，他们所感受到与表现出来的往往超过了客观的尺度，因此也可说是“错觉”。但它却经常被某些拿着所谓客观真实棍棒的美术教师打击、扼杀。

我常喜欢画鳞次栉比密密麻麻的城市房屋或参差错落的稠密山村，美就美在鳞次栉比和参差错落。有时碰上时间宽裕，呵！这次我要严格准确地画个精确，但结果反而不如凭感觉表现出来的效果更显得丰富而多变化，因为后者某些部位是强调了参差，重复了层次，如用摄影和透视法来比较检查，那是远远出格的了。

情与理不仅是相对的，往往是对立的。我属科班出身，初学素描时也会用目测、量比、垂线检查等方法要求严格地描画对象。画家当然起码要具备描画物象的能力，但关键问题是能否敏锐地捕捉住对象的美。理，要求客观，纯客观；情，偏于自我感受，孕育着错觉。严格要求描写客观的训练并不就是通往艺术的道路，有时反而是歧途、迷途，甚至与艺术背道而驰！

我当学生时，有一次画女裸体，那是个身躯硕大的中年妇女，坐着显得特别稳重，头较小。老师说，他从这对象上感到的是巴黎圣母院。他指的是中世纪哥谛克建筑的造型感。这一句话，确启示了学生们的感觉与错觉。

个人感受之差异，也是个人风格形成的因素之一。毕沙罗与塞尚有一回肩碰肩画同一对象，两个路过的法国农民停下来看了好久，临走给了一句评语：“一个在凿（指毕沙罗），另一个在切（指塞尚）。”而我们几十个学生的课堂作业就不许出现半点不同的手法，这已是长期的现象了吧！

风格之形成绝非出于做作，是长期实践中忠实于自己感受的自然结果。个人感受、个人爱好，往往形成作者最拿手的题材。人们喜爱周信芳追、跑、打、杀的强烈表情，也喜爱凄凄惨惨戚戚的程腔。潘天寿的钢筋水泥构成与林风眠的宇宙一体都出于数十年的修道。

风格是可贵的，但它往往使作者成为荣誉的囚犯，为风格所束缚而不敢创造新境。

古代和现代，东方和西方

原始时代人类的绘画，东方和西方是没有多大区别的。表现手法的差异主要缘于西方科学的兴起。解剖、透视、立体感等技法的发现使绘画能充分表现对象的客观真实性，接近摄影。照相机发明之前，手工摄影实际上便是绘画的主要社会功能。我一向认为伦勃朗、委拉斯贵兹、哈尔斯等西方古代大师们其实就是他们社会当时杰出的摄影师。这样说，并非抹杀他们作品中除“像”以外的艺术价值。伟大的古代杰作除具备多种社会价值外，其中必有美之因素，也是最基本、最主要的因素。很“像”，很“真实”，或很精致的古代作品不知有千千万万，如果不美，它们决无美术价值。现代美术家明悟、理解、分析透了古代绘画作品中的美的因素及其条件，发展了这些因素和条件，扬弃了今天已不必要的被动地拘谨地对对象的描摹，从画“像”工作的桎梏中解放出来，尽情发挥与创造美的领域，这是绘画发展中的飞跃。如果说西方古代艺术的主体是客观真实，其中潜伏着一些美感，那么现代绘画则是在客观物象中扬弃不必要的物件叙说，集中精力捕捉潜伏其中的美，而将它奉为绘画的至尊者。毕加索从古希腊艺术中提炼出许多造型新意，他又从德拉克罗瓦的《阿尔及利亚妇女》一画翻新，改画成一组新作，好比将一篇古文译成各种文体的现代作品。这种例子在现代绘画史中并不少见，仿佛鲁迅的《故事新编》。

我国的绘画没有受到西方文艺复兴技法的洗礼，表现手法固有独到处，相对说又是较狭窄、贫乏的。但主流始终要表现对象的美感，这一条美感路线似乎倒被干扰得少些。现代西方画家重视、珍视我们的传统绘画，这是必然的。古代东方和现代西方并不遥远，已是近邻，他们间不仅一见钟情，发生初恋，而必然要结成姻亲，育出一代新人。东山魁夷就属这一代新人！展开周昉的《簪花仕女图》和波提切利的《春》，尤脱利罗的《巴黎雪景》和杨柳青年画的《瑞雪丰年》，马蒂斯和蔚县剪纸，宋徽宗的《祥龙石》与抽象派……他们之间有着许多共同感受，像哑巴夫妻，即使语言隔阂，却默默地深深地相爱着！

美，形式美，已是科学，是可分析、解剖的。对具有独特成就的作者或作品造型手法的分析，在西方美术学院中早已成为平常的讲授内容，但在我国的美术院校中尚属禁区，青年学生对这一主要专业知识的无知程度是惊人的！法国19世纪农村风景画的展出在美术界引起的不满足是值得重视的，为什么在卫星上天的今天，还只能展出外国的蒸汽机呢！广大美术工作者希望开放欧洲现代绘画，要大谈特谈形式美的科学性。这是造型艺术的显微镜和解剖刀，要用它来总结我们的传统，丰富发展我们的传统。油画必须民族化，中国画必须现代化，似乎看了东山魁夷的探索之后我们对东方和西方结合的问题才开始有点清醒。

意境与无题

造型艺术成功地表现了动人心魄的重大题材或可歌可泣的史诗，如霍去病墓前的石雕《马踏匈奴》、罗丹的《加莱义民》、德拉克罗瓦的《希阿岛的屠杀》……中外美术史中不胜枚举。美术与政治、文学等直接地、紧密地配合，如宣传画、插图、连环画……成功的例子也比比皆是，它们起到了巨大的社会作用。同时我也希望看到更多独立的美术作品，它们有自己的造型美意境，而并不负有向你说教的额外任务。当我看到法国画家夏凡纳的一些壁画，被画中宁静的形象世界所吸引：其间有丛林、沉思的人们、羊群，或轻舟正缓缓驶过小河……我完全记不得每幅作品的题目，当时也就根本不想去了解是什么题目，只令我陶醉在作者的形象意境中了。我将这些作品名为“无题”。我国诗词中也有不少作品标为“无题”的。“无题”并非无思想性，只是意味深远的诗境难用简单的一个题目来概括而已。绘画作品的无题当更易理解，因形象之美往往非语言所能代替，何必一定要用言语来干扰无言之美呢！

初学者之路

数十年来，我作为一个美术教师确曾教过不少学生，但我担心的是又曾毒害过多少青年！美术教师主要是教美之术，讲授形式美的规律与法则。数十年来，在谈及形式便被批为形式主义的恶劣环境中谁又愿当普罗米修斯呵！教学内容无非是比着对象描画的“画术”，堂而皇之所谓“写实主义”者也！好心的教师认为到高年级可谈点形式，这好比吃饱饭后才可尝杯咖啡或冰激凌！但我不知道从抄袭对象的“写实”到表达情绪的艺术美之间有没有吊桥！我认为形式美是美术教学的主要内容，描画对象的能力只是绘画手法之一，它始终是辅助捕捉对象美感的手段，居于从属地位。而如何认识、理解对象的美感，分析并掌握构成其美感的形式因素，应是美术教学的一个重要环节、美术院校学生的主食！

（此文发表在1979年第5期《美术》）

内容决定形式?

有一条不成文的法则，“内容决定形式”，数十年来我们美术工作者不敢越过这雷池一步。

实事求是，讲究实际，“内容决定形式”应是一般工作中的指导思想。内容是实质，形式是依附的，是由此派生的。造房子，要求实用、经济、美观，美观是形式问题，排行老三。在我们今天贫穷的条件下，我赞同这样的提法。形式之所以只能被内容决定，因为它被认为是次要的，是装点装点而已，甚至是可有可无的。事实上也确是如此，首先要办完年货，有余钱再买年画；如果布料有限，便不能随意剪裁多褶的衣裙。已经习惯了，“形式主义”是贬词，是批评讲究次要的形式而影响或忽视了主要的内容，我也极讨厌那些虚张声势或装腔作势的形式主义作风。

然而造型艺术，是形式的科学，是运用形式这一唯一的手段来为人民服务的，要专门讲形式，要大讲特讲。美术家呕心沥血探索形式，仿佛向蜂房寻觅蜂蜜，还须时刻警惕着被蜂蜇，这“形式主义”之一蜇，也颇不轻呵！形式主义应到处被赶得像丧家之犬，唯在造型艺术之家是合法的，是咱家专利！空山鸟语人人爱听，也许鸟们是在谈爱情吧，人们听不懂，但人们还是能欣赏，音乐是通过听觉为人民服务的，也可以说就是为听觉服务的。咱们美术是为视觉服务的，大楼盖起来了，有了墙面，画家们于是忙起来。音乐和美术是世界语，即使不懂内容，人们亦能欣赏。

很多情况下，被理解了的对象确乎能被更好地感受到，但也并不都是这样绝对的。有一回我进入贵州一个犀牛洞，在昏暗的灯光中，在匆匆一瞥中，我感到了类似哥特式建筑群的形式结构美，那是钟乳石在朦胧中形成的。后来，我念念不忘这一美感，特意又一次进洞去仔细描绘，我分析、刻画、弄清了构成那钟乳石的各个局部，然而我白白做了两个小时的努力，完全没有捕捉到我头一次的美感，远不如我头一次凭记忆感受用一刻钟所作的素描，那素描是建立在并未完全理解对象时的感受基础上的，其间有错觉吧，那是可贵的错觉！另一次，在飞驰的汽车中看到远处盛开的白玉兰极美，其实那是前景的枯枝与背景坡上的白色废纸片组成的假象。当我发现了无情的真实后，我并不嘲笑自己的错觉，只感到失去了那美好的错觉而惆怅，应将这错觉永远冰冻到艺术形象中去！

问题的实质还在内容与形式的关系。根据我们的习惯理解，内容是指故事与情节，多半是属于政治范畴或文学领域的。看图识字，图画为特定的思维概念服务，这是由来如此的，也是应该的，对连环画、宣传画、插图、科普美术……美术是做了大量的服务工作的，今后也还要在这方面发展下去。但正因如此，美术也就被认为只是永远听从“内容”指使的手段。美术为这些有现实需要的工作服务，当然是名正言顺、堂而皇之的。如果它只是为了被独立欣赏呢？在穷困的家庭里，欣赏曾被认为是一种奢侈。奢侈，那是属于资产阶级的。“情人眼里出西施”，“战地黄花分外香”，人们对美的认识和发展是往往与社会内容分不开的，这是一种情况。另一种情况呢？形式美又有独立性。我这回到大鱼岛，看到许多新砌院落的照壁上都爱画老虎，在摆地摊卖的民间年画中也必定有老虎。可怕的老虎是美的，人们喜欢看，并不是因为今天发现了虎骨、虎胆都是宝。养猪是有利的，宣传画画猪的很多，但老乡家里不爱挂，张贴在公共食堂里，叫人瞧着这模样吃饭真有点不舒服。“四人帮”禁止别人欣赏山水花鸟，人们还要画牡丹、枸杞子……找到一个“内容决定形式”的借口：中草药。

我们这些美术手艺人，我们工作的主要方面是形式，我们的苦难也在形式之中。不是说不要思想，不要内容，不要意境；我们的思想、内容、意境……是结合在自己形式的骨髓之中的，是随着形式的诞生而诞生的，也随着形式的被破坏而消失，那不同于为之做注脚的文字的内容。文学、戏剧、电影、美术、音乐、舞蹈……文艺姊妹间有着很大的共同性，互相渗透是十分有益的。但，隔行如隔山，这是实践者的经验之谈。要体会某一行当的甘苦，若不认真钻进去，不做认真艰苦的实践，便只能停留在泛泛的理解上，而且往往由此得出错误的结论。左拉为印象派画家及其艺术写了不少介绍文章，他与塞尚从中学时代便是同学，保持着长久的友谊。可是左拉全不了解塞尚在艺术中的探索，他以塞尚作为无才能的失败画家的模特儿写了部小说，书一出版，两人永远断绝了关系。他俩的绝交已是故事，但文学和绘画间隔行如隔山的阻碍令人惆怅！内容不宜决定形式，它利用形式，要求形式，向形式求爱，但不能施行夫唱妇随的夫权主义。

在广阔无垠的视觉世界中，物象是错综复杂的，美好的形象、形式比矿藏更丰富，等待美术工作者去采选、利用。“随方就圆”是指做人处世之道吧，我对此不加褒贬，但对造型艺术讲，这却是极有价值的金玉之言。要尊重方与圆的形式独立价值，要“随”着点，要“就”着点，不要乱砍滥伐。长江上的神女峰，黄山里的“猴子望太平”，幸而没有被审查掉，形式先存在，神女和猴子是形式的追随者。诗歌、音乐都经常要采风，我们要采形。我说采形，不同于物象资料的记录。具体特征的人物形象，各类少数民族的服饰，品种繁多的杜鹃，各式各样的船只……固然要收集记录，但照片资料已一大比一天丰富，不必全都由个人自己去采集。我的意思是要采组成形式美的点、线、面、色等的构成体或其条件。“苍山似海”，因那山与海之间存在着波涛起伏的、重重叠叠的或一色苍苍的构成同一类美感的相似条件，如将山脉、山峰及其地理位置的远近都画得正确无误时，山是不会似海的。对这种山海之间抽象的形式美条件的观察、发现与捕捉，并不相同于对泰山、黄山或华山的写真，当然并不等于说就排斥对泰山、黄山或华山的写真。有一次在海滨看退潮，潮退得特别远，遥远的海底的礁石群显露出来了，人们像发现了什么古代城池似的赶前去看。那黑沉沉的、湿漉漉的、圆通通的石头或卧或伏，像海龟、像海盗，流沙绕着它们转，那是静中流露着动的美，那是“奔流”与“冲击”的形象记录。它们突兀，然而和谐，因为浪的规律的运动拍击那群突兀的怪石，万万年来它们之间有了协调的节奏，这运动中的力与美雕凿了具象的痕迹，这是抽象美术品！然而这种节奏感、韵律感、丰富的抽象美并不是易于凭空想象和创造出来的，捕捉住其要素，可能为某一内容、某一构图要求起形象主角的大作用。画家要丰富形式积累，正如作家要丰富语言积累。画家和作家的构思方式是不同的，后者在时空中耕耘，前者在平面上推敲。如果画家只遵循内容决定形式的法则，他的形式从何而来？内容是工、农、兵，于是千篇一律的概念的工农兵图像泛滥全国！缺乏形式感的画家，一如没有武器的战士！

“栩栩如生”，几乎成为我们赞扬美术作品的至高标准了！我并不笼统地反对模仿客观外貌真实的栩栩如生的要求，但这不是造型艺术的最高标准，更不是唯一标准，艺术贵在无中生有。酒是粮食或果子酿的，但已不是粮食和果子，酒也可说是无中生有吧！画农民革命的作品很多，珂勒惠支的就特别动人，人们介绍她画中深刻的情节构思，但其作品打动人的决定性因素还是独特的形式感。三百六十行，各行有各行关系到自身存亡的大问题。美术有无存在的必要，依赖于形式美能否独立存在的客观实际。在欣赏性范畴的美术作品中，我强调形式美的独立性，希望尽量发挥形式手段，不能安分于“内容决定形式”的窠臼里。但是我个人并不喜爱缺乏意境的形式，也不认为形式就是归宿。松抱槐是偶然的自然现象，而形式中蕴藏意境却是作者苦心孤诣、着意经营的成果。四川大足露天石刻释迦牟尼之死，个儿小小的佛门弟子哀悼安详地躺卧着的巨大的佛，灌木杂树从坡上俯垂，半掩着佛的头部，涓涓流水从佛的身后绕到了身前。我立即被吸引、陶醉了！我不信基督教，也不信佛教，我去寻访达·芬奇的《最后的晚餐》和大足石刻，都并非为了对其内容感兴趣，二者相比，我更爱大足卧佛，其形式感强多了。刚离开大足，途中遇到对越自卫反击战胜利归来的英雄们，我们鼓掌，激动得落泪，我立即联想到牺牲了的永不再归来的战士，眼前顿时出现了一幅画：在我们国境的大地上，一个偌大的牺牲了的青年战士安详地睡了，广西、云南边境是亚热带，边民们几乎是半裸体的，妇、幼、老、少趴在战士身上哭泣，战士与边民们身躯大小比例之悬殊，正如卧佛与其弟子们的差距，从战士绿色戎装的身后吐出一条细细的鲜红血流是牺牲的标志！我已多年不画人物，因不愿总去碰“内容决定形式”的壁，所以平时也不去构思人物创作了。这回，首先是形式刺激了我，不由自已地复活了人物创作的欲念，但，为时太晚，我早改行搞风景画了！

我没有理论水平，不能阐明“内容”一词的含义和范畴，如果作者的情绪和感受，甚至形式本身也都是造型艺术的内容，那么形式是不是内容决定的问题我是无意去探究的。但愿我们不再认为唯“故事”“情节”之类才算内容，并以此来决定形式，命令形式为之图解，这对美术工作者是致命的灾难，它毁灭美！

（此文发表在1981年第3期《美术》）

横站生涯五十年

伦敦，1949 年。公共汽车上售票员胸前挂个袋，将售票所得的钱往袋里扔，一如北京常见现象。我买了票，付的是硬币，售票员接过硬币，尚未及扔入袋，便立即找给我邻座一位绅士模样的先生，他付的是纸币，须找他钱。但他断然拒绝接受售票员刚从我手里收的硬币，售票员于是在袋中另换一枚硬币找他。我被歧视，我手中的英国硬币也被英国人拒收。巴黎，在街头排队等候公共汽车，车来了，很空，排队的人亦寥寥，我在排尾，前面的人都上车了，我正要跨步上车，车飞快开走，甩下我这个黄脸人。中午，美术学院的学生大都在就近餐厅用餐，每人托个菜盘，付餐券后，由工作人员给分一份菜，分给我的肉总比别人的小，或者仅是一块骨头。后来几个中国同学碰面聊天，原来大家的待遇正相同。在课室里，老师、同学很友好，甚至热情，艺术学习中无国籍了，艺术中感情的真伪一目了然。是西方艺术的魅力吸引我漂洋过海，负笈天涯。为了到西方留学，我付出了全部精力，甚至身家性命，这个美梦终于实现了，但现实的巴黎不是梦中的巴黎，错把梁园认家园，我虽属法国政府的公费留学生，但却是一个异国的灵魂失落者。学习，美好的学习，醉人的学习，但不知不觉间，我带着敌情观念在学习。我不属于法兰西，我的土壤在祖国，我不信在祖国土壤上成长的树矮于大洋彼岸的树。“中国的巨人只能在中国土地上成长，只有中国的巨人才能同外国的巨人较量”，这是我的偏激之言、肺腑之言。

北京，1950 年。大概由于也吃过那么多苦，常常想起玄奘，珍惜玄奘取来的经典。我将取来的经传给美术学院的学生，从此我被确认为资产阶级形式主义者，承受各式各样的批判。从童年到青年，我认识的祖国是苦难的祖国，我想在作品中铭刻这深重的苦难。冰冻三尺，非一日之寒，新中国成立初期的锣鼓和彩旗岂能掩饰百年的贫穷真实？但我构思的作品一幅也不许可诞生，胎死腹中。最近我发表了短文《死胎》，抒写 50 年前胎死腹中的母亲的沉重。无法触及深层的社会题材，我改弦易辙，改行作风景画，歌颂山河，夹杂长歌当哭的心态。离开巴黎，我对西方的敌情观念并未消减，反而更为强烈。每作画，往往考虑到背后有两个观众，一个是我的老乡，一个是西方的专家，能同时感染他们吗？难，我以我这一生拼搏在这个“难”字上了。

我经常参加全国性的大型美展之评选。“内容决定形式”成了美术创作的法律，于是作品成了政治口号的图解，许多年轻人很用功，很认真，赤胆忠心，但不理解造型美的基本规律，制作了大批无美感的图画。我自己在教学中仍悄悄给学生们灌输形式美的营养，冒着毒害青年的罪名。果然有一位学生被直接毒害了，他的毕业创作我评 5 分，但系里用集体评分办法改评为 2 分，不及格，影响毕业。1979 年是大手笔在中国大地上划出的一条历史分界线，我有幸被划入 80 年代。从 1979 年起，我公开发表在教室里对学生的悄悄话：“绘画的形式美”，“内容决定形式？”“关于抽象美”。毫不掩饰地说，我发表这些必然引火烧身的文章，确是怀了救救中国美术的心情，救救中国美术是为了与外国美术较量，我的敌情观念始终没有淡化，虽然自己倒站在了中国美术界主流派的敌对方位，成为众矢之的。

与外国的交流多起来，形式美、抽象美等早都成了流行语，时髦话，但天下永不太平，我又惹了是非，是对待笔墨和传统的立场问题了。

祖先的辉煌不是子孙的光环，近代陈陈相因、千篇一律的“中国画”确如李小山呼吁的将走入穷途末路。我听老师的话，大量临摹过近代水墨画，深感近亲婚姻的恶果。因之从 70 年代中期起彻底抛弃旧程式，探索中国画的现代化。所谓现代化其实就是结合现代人的生活、审美口味，而现代的生活与审美口味是缘于受了外来的影响。现代中国人与现代外国人有距离，但现代中国人与古代中国人距离更遥远。要在传统基础上发展现代化，话很正确，并表达了民族的感情，但实践中情况却复杂得多。传统本身在不断变化，传谁的统？反传统，反反传统，反反反传统，在反反反反反中形成了大传统。叛逆不一定是创造，但创造中必有叛逆，如果遇上传统与创新间发生不可调和的矛盾，则创新重于传统。从达·芬奇到马蒂斯，从吴道子到梁楷，都证实是反反反的结果。中国近代画家中有思想有创造性者首推石涛，他的“一画之法”阐明了他对“法”的观念，认为法服从感受，每次感受不同，法（也可说笔墨）随之而变，故曰“一法贯众法”“无法而法乃为至法”。别人攻击他没有古人笔墨，他的《画语录》可说是针对性的反击：即使笔不笔，墨不墨，画不画，自有我在。

“笔墨”误了终生，误了中国绘画的前程，因为反本求末，以“笔墨”之优劣当作了评画的标准。笔墨属于技巧，技巧包含笔墨，笔墨却不能包括技巧，何况技巧还只是表达作者感情的手段和奴才。针对以上情况，我发表了“笔墨等于零”的观点，这个零，是指笔墨价值的统一标准，故开宗明义，我强调：“脱离了具体画面，孤立谈笔墨的价值，其价值等于零。”我自己同时在油彩和墨彩中探索，竭力想在纸上的墨彩中开辟宽广的大道，因不少西方人士认为纸上的中国画没有前途了。由于敌情观念和不服气吧，愿纸上的新中国画能与油画较量，以独特的面貌屹立于世界艺术之林。从这个角度看，我对中国画不是革命党，倒属保皇党了。

鲁迅先生说过因腹背受敌，必须横站，格外吃力。我自己感到一直横站在中、西之间，古、今之间，但居然横站了50年，存在了50年，缘于祖国正在大步前进，文艺作家享受到日益宽容的氛围。今值大庆之年，以此短文回顾昨日，祝贺今天和明朝。

（此文发表在1999年第12期《艺术探索》）

探听艺术与科学的呼应

科学揭示宇宙物质之一切奥秘，艺术揭示情感的深层奥秘。揭秘工作，其艰苦、欢乐当相似。

我中学时代在浙江大学高工学电机科，后改行学艺，觉得拐了180度的弯，从此分道扬镳，与科学永不相干了。近几年听李政道教授多次谈论科学与艺术的相互影响，促使我反思在艺术实践中的甘苦，感情的甘苦，而这些甘苦正是剖析艺术中科学性的原始资料。有关这方面的探索和感受，我曾发表过一些短文，引起不少争议。在此我将之归纳为三个方面的问题，求教于科学家和艺术家。

错觉

法国浪漫派大师热里柯（Gericault，1791—1824）的《赛马》早已成为世界名画，人们赞扬那奔腾的马的英姿。然而照相发达后，摄影师拍摄了奔跑的马的连续镜头，发现热里柯的奔跑的马的姿势不符合真实。画家笔底的马的两条前腿合力冲向前方或一同缩回，而拍摄出来的真实情况却是一伸一缩的。画家错了，但其作品予人的感受之魅力并不因此而消失。当看到桂林山水重重叠叠，其倒影连绵不绝，我淹没在山与影联袂挥写的线之波浪中了，拿出相机连续拍摄数十张，冲洗出来，张张一目了然，却都只记录了有限的山石与倒影，或近大远小的乏味图像，比之我感受中的迷人胜影，可说是面目全非了。我所见的前山后山、近山远山、山高山低，彼此间俯仰招呼，秋波往返，早就超越了透视学的规律。往往，小小远山，其体形神态分外活跃，她毫不谦逊地奔向眼前来，而近处傻乎乎的山石不得不让步。这“活跃”、这“让步”，显然是作者眼里、作者情怀中的活跃与让步，于是不同作者的所见及其不同的情怀营造了不同的画面。绘画与摄影分道扬镳了。其后，摄影也进入了艺术领域，作者竭力将主观意识输入机器，命令机器，虐待机器，机器成了作者的奴才。也可以说，摄影师想引诱机器出错觉。

画家写生时的激情往往由错觉引发，同时，也由于敏感与激情才引发错觉。并非人人都放任错觉，有人所见，一是一，十是十。同照相机镜头反映的真实感很接近，而与艺术的升华无缘。从艺 60 余年，写生 60 余年，我深深感到“错觉”是绘画之母，“错觉”唤醒了作者的情窦，透露了作者品位的倾向及其素质。儿童画的动人之处正是淋漓尽致地表达了天真的直觉感知。直觉包含了错觉。所谓视而不见，因一味着眼于自己偏爱的形象，陶醉了，便不及其余。“情人眼里出西施”“六宫粉黛无颜色”，别人看来是带偏见，但艺术中的偏见与偏爱，却是创作的酒曲。陈老莲的人物倔傲、周昉的侍女丰满、贾科梅蒂骨瘦如柴的结构、莫迪里阿尼倾斜脖子的惑人韵致……统统都是作者的自我感受，源于直觉中的错觉。

据说现在学画的年轻人大多不爱写生了，方便的照相机替代了写生的艰苦。我欣羡时代的前进，也用相机辅助过写生，但在拍回的一大堆照片素材中，往往选不出有用的资料，甚至全部作废，反不如寥寥数笔的速写对创作有助。因高质量的速写之诞生是通过了错觉、综合、扬弃等创作历程，其实已是作品的胚胎了。我期望绘画工作者仍用大量工夫写生，只有身处大自然中，才能发生千变万化的错觉，面对已定型的照片，感受已很少回旋余地。错觉，是被感情驱使而呈现之真形，是艺术之神灵。但别忘了打假，由于缺乏基本功，根本掌握不准形象，自诩变形，错觉被利用作伪劣假冒的幌子。

“对称”被公认为是美的一种因素，我国传统艺术处理中更大量运用对称手法。但对称中却隐藏着错觉，即对称而并非绝对对称才能体现美。弘仁（1610—1664）一幅名作山水基本运用了几何对称手法，李政道教授将这幅作品劈为左右各半，将右半边的正、反面合拼成一幅镜像组合，这回绝对地对称了，但证实这样便失去了艺术魅力。李政道教授大概是揭开了科学中对称含不对称的秘密而联系到艺术中的共性原理。

错觉的科学性，应是艺术中感情的科学因素。

艺与技

石涛（1642—1718）十分重视自己的感受，竭力主张每次依据不同的感受创造相适应的绘画技法，这就是他所谓“一画之法”的基本观点。别人批评他的画没有古人笔墨，他拒绝将古人的须眉长到自己的脸面上，凡主张创新的人们都引用他的名言：笔墨当随时代。他珍视艺术的整体效果，画面的局部绝对服从全局的需求，他大胆用拖泥带水皴、邋遢透明点，有意将自己的作品命名为“万点恶墨图”。艺术规律没有国界，不分古今，只是人们认识规律有早晚，有过程，有深浅。威尼斯画家弗洛内兹（Veronese，1528—1588）以色彩绚丽闻名，有一次面对着雨后泥泞的人行道，他说：我可以用这泥浆色调表现一个金发少女。他阐明了一个真理：绘画中色彩之美诞生于色与色的相互关系中。某一块色彩孤立看，也许是脏的，但它被组建在一幅杰作中时，则任何艳丽的色彩都无法替代其功能。同样，点、线、面、笔墨、笔触等技法优劣的标准，都不能脱离具体作品来作孤立的品评。缘此，多年前我写过一篇短文“笔墨等于零”，强调脱离了具体画面的孤立的笔墨，其价值等于零。

笔墨、宣纸或绢、国画颜料，其材质具独特的优点，同时有极大的局限，难于铺覆巨大面积。我自己长期探索用点、线、面，黑、白、灰及红、黄、绿有限数种元素来构成千变万化的画面，展拓画幅，在点、线的疏密组合中体现空间效应。我有不少作品题名“春如线”“点、线迎春”，都源于想凭这些有限元素的错综组合来抒写无限情怀。不意，物理学中复杂性对简单性正是一个新课题，自然中许多极复杂的现象却由最简单的因素构成。就因那次复杂性对简单性的国际学术研讨会李政道教授选了我这方面的一幅作品用作招贴画，令我听到科学与艺术之间的呼应。

最近在清华大学生物研究所看微观世界，那些细菌、病毒、蛋白等各类原始生命状貌被放大后映在屏幕上，千姿百态，繁杂而具结构规律，仿佛是出人意料的现代抽象艺术大展，大多很美，远胜于装腔作势的蹩脚美展。讲解的生物学教授们也感到很美，他们发现了深藏于科学内核的艺术世界，引起他们捕捉、分析科学中艺术身影的欲望。看完细菌、病毒等形象，大家有同感：美诞生于生命，诞生于生长，诞生于运动，诞生于发展。舞蹈和体育之美主要体现在运动。艺术创作之激情就因身心都已处于运动之中，"醉后挥毫"早就是中国传统中的经验之谈。激情中创作的作品必然铭记了作者心跳的烙印，所以从笔触、笔墨之中能够按到作者的脉搏，从其人的书法或绘画中可感受到此人的品位，这躲不过心电图的测试。

我们看到的病毒包括癌症、艾滋病等诸多恶症，单看它们活跃之美，并不能认识其恶毒的本质。真、善、美是人类社会的理想，我们为之提倡，但实际上，这三位一体的典型并不多，美的并不一定是善的，剧恶的艳花岂止罂粟，这当是美学家和社会学家们的课题了。

新的艺术情思催生出新的艺术样式、新的艺术技法。但材质、科技等的迅速发展却又启示了新的艺术技法，甚至促进了艺术大革新，这个严酷的现实冲击不是死抱着祖宗的家传秘方者们所能抵挡的。技、艺之间，相互促进，但此艺此技必然是随着时代的发展而发展的。

我写过一篇短文《夕阳与晨曦》，谈到夕阳与晨曦的氛围易混淆，然而人生的晨曦与夕阳却是那么分明，会有人错认青春与迟暮吗？由这感受我作了一幅画，画面乌黑的天空中有月亮的各种身影：满月、月半、月如钩——想暗示时间流逝之轨迹。处处闪烁着星星，但画面最下边却显露出半轮红日，谁也无法确认她是夕阳或晨曦。李政道教授见此画后，谈到屈原在《天问》中已发现地球是圆的，这促使我将此画改作成《天问》，以参加艺术与科学国际作品展，自己并写了画外话：

月亮嬗变脸，多姿多态。千里共婵娟，千里外的月亮倒都是同一面貌。

夕阳矣晨曦，今天的晨曦本是昨天的夕阳，原来只有一个太阳。夜郎自大，我们先以为太阳绕着地球转，其实地球一向绕着太阳转。

李政道教授发现屈原在《天问》中已感知地球是圆的、椭圆的。屈原推理：九天之际，安放安属？隅隈多有，谁知其数——就是说假定天空的形状是半球，若地是平的，天地交接处必将充满奇怪的边边角角。因此，地和天必不能互相交接，两者必须都是圆的，天像蛋壳，地像蛋黄（其间没有蛋白），各自都能独立地转动，这天地的转动间当构成无尽美妙的图画。

诗画恩怨

大漠孤烟直，表现大漠空无所有，只需一线横跨画面；无风，孤烟上升，形成一道纵直线。长河落日圆，长河是一道弯弯的长曲线，落日是一个圆圈。王维这两句诗书写大漠的苍茫、浩瀚且华丽，发挥了形式美中直与曲的对照魅力。苏东坡品味出王维的诗中画和画中诗，但王维的画上却从不题诗，诗不是画的注脚，画不是诗的插图。后世在画面上直接题诗了，所谓诗画相得益彰，但，从何处相得？它们难得彼此知己，相逢对饮千杯少？遗憾多数情况却是同床异梦，话不投机半句多。画上题诗绝不等于画中有诗，甚至是诗画相悖，媒妁婚姻，彼此缺乏了解，谈不上水乳交融的爱情。贾岛以苦吟闻名，他的诗中潜藏着形式美感，他之苦吟也许苦于极难找到诗与画的交汇点。他的推敲之苦成了后人钻研艺术的一盏明灯。鸟宿池边树，鸟宿，是收缩的形象，近似一个圆圈；僧推月下门，推开门是一道线状的展开，展开的线状与收缩的圈状是形象对比，是绘画之美。僧敲月下门，敲门出声响，则联想到鸟宿悄无声，是动与静的对照，属音乐之美的范畴了。故推之敲之的问题是采用绘画美还是音乐美的选择，贾岛自己当时也许并未意识到这种区别，因而为之彷徨、推敲。

诗、书、画三绝是传统中追求的目标，三绝结合在同一幅画中更属综合型的艺术珍品，但这样的珍品实属凤毛麟角。其反面，倒是画上乱题诗，诗情非画意，或误导了画境。画面题跋中也是精辟之论不多，废话不少。绘画是分割和利用平面的科学，画中任何一块面积都价值连城，不可轻易浪费。马蒂斯说，画面上没有可有可无的部分，如不起积极作用，必起破坏作用。故传统绘画中的空白部分亦系整体构成中的组成因素，所谓计白当黑。如果要题诗，这诗和题诗的面积都早设计在整体布局中，而习惯性地为补白而题诗、题款，都缘于画面已铸成缺陷。

不依赖文字的阐释，造型本身的诗和意境如何表达，这是美术家的专业，这个专业里的科学性须待更深的挖掘。德国的莱辛（Lessing，1729 — 1781）通过对雕刻“拉奥孔”和诗歌“拉奥孔”的比较，明确前者属空间构成，后者系时间节律。我感到这亦是对画与诗血淋淋地解剖。

结语

人类生活在科学与艺术中，对这两者的关系本来是和谐一体的，典型的例子是达·芬奇。徐霞客是文学家？科学家？都是。隋代李春建造的赵州桥是科学创举，更是艺术杰作。梁思成先生讲中国建筑史时，曾猜测河底里可能还有另一半拱形建筑，与水上的拱形会成一个“鸡蛋”，因而这个椭圆结构特别坚固。梁先生的这一思考本身就十分引人入胜。据科学家们说，当他们掌握大量客观素材后，往往会突然觉察其间的特殊规律，一朝明悟，因而发明新的科学论据，这情况正如艺术家一时灵感的喷发，其实都缘于长期积累、一朝呈现，证明了真理的普遍性。

不知从什么时候，艺术与科学逐步远离，对峙，尤其在中国，两者间几乎河水不犯井水，老死不相往来。错了，变了，新世纪的门前科学和艺术将发现谁也离不开谁。印象派在美术史上创造了划时代的辉煌业绩，正缘于发现了色彩中的科学性；塞尚奠定了近代造型艺术的基石，当获益于几何学的普及。模仿不是创造，而创造离不开科学，其实创造本身便属于科学范畴。中国几百年来科学落后，影响到艺术停滞不前，甚至不进则退。传统画家中像石涛、八大山人、虚谷等，才华和悟性极高，但缺乏社会生活中的科学温床，其创造性未能获得更翻天覆地的发挥。这次艺术与科学的国际作品展及研讨会是盛大的联姻佳节，新生代将远比父母辈更壮健，智商更上层楼。

（此文发表在 2001 年 5 月 15 日《文汇报》）

百年美术

20 世纪，是中华民族历史上空前伟大的世纪。在这个世纪里，古代中国转向现代，走向新生与建设，走向改革与开放，以蓬勃发展的中国特色社会主义的形象屹立于世界东方。20 世纪的中国美术也和着这历史的节拍，继承优秀民族传统，借鉴外来艺术营养，贴近中国现实生活，谱写了新的篇章。同此前任何一个世纪相比，它将毫不逊色地以其成就和时代精神书写在中国美术史册上。

中国美术馆建馆 40 周年庆典暨改造装修工程竣工重新开馆，于 7 月 23 日在北京中国美术馆举行隆重的仪式。装饰一新的国家美术馆新馆姿容和馆藏陈列、大型展览同时开幕，与广大观众见面。

本次开馆隆重推出大小五个藏品陈列常设展、一个大型展览。二楼、三楼六个展厅作为美术作品固定陈列厅展出第一个常设展《百年美术——中国美术馆藏精品陈列》，以 100 位老一辈名家 100 余幅馆藏精品，将中国 20 世纪的美术发展脉络分为四个部分展现给观众，只在国画、油画、版画、雕塑藏品中选择了不同题材、各种风格流派、多种表现手法的美术佳作汇成五彩斑斓的历史状貌，并附加 20 世纪大事记和百位名家的照片与简介，使观众从历史的角度认识中国美术百年来的光辉成就和杰出的创造者，给人以时代的震撼与艺术审美的冲击力。同时陈列的还有《中国美术馆藏民间剪纸陈列》《中国美术馆藏无锡彩塑陈列》《刘开渠捐赠作品陈列》《中国美术馆藏德国路德维希夫妇捐赠国际艺术品陈列》，从而多角度反映馆藏作品的风貌并对艺术家的捐赠义举给予褒扬。在中国美术馆馆藏两万余件中国现代美术作品和 4 万余件民间美术作品的优势中，选择其极小的一部分精品，组成新的格局，确定固定陈列，凸显博物馆性质，从而掀开中国美术馆历史性新的一页，预示着美术馆在四十不惑之年向成熟期迈开了有力的一步。

《开放的时代》大型美术作品展，用一楼 9 个展厅，征集全国 1940 年以后出生的 126 位画家的具有代表性的作品，集中展示自 20 世纪 80 年代至今的美术创作的状况和佳绩。按 5 个学术观点分段，选取国、油、版、雕以及影视、装置等形式的作品，从而展示改革开放以来美术创作的繁荣景象与崭新面貌。

1900—1930

这是个古今转换与过渡的阶段。

清王朝的终结，辛亥革命和五四运动的爆发，把古老的中国推向了现代的历程。

西画的传入，美育的提出，科学与民主精神的提倡，“美术革命”的发起，使传统的中国美术遇到了空前的冲击，并由此发生了相关的论争。

在新思潮的刺激下，中国画发生了渐变，形成了以北京、上海、广州为中心的画家集群；吴昌硕发扬海派革新精神，成为这个时代的代表；齐白石衰年变法，渐跃出画坛；岭南派参用西法，当时称折中派；大批传统派画家在中国画自身基础上风格渐趋独立。

20 世纪初叶，科举废除，新学兴起，西洋画被列入艺术院校的课程，中国艺术青年主动到西方或日本学习西洋画，油画等西洋画种遂落根中土并开花结果。李铁夫、李叔同、徐悲鸿、林风眠、颜文樑等人为中国油画的先驱。

“美术”概念的引入，当年包括中西绘画、雕塑、书法与篆刻、工艺美术、建筑艺术在内的“大美术”概念的认同，以及现代创作版画、漫画、连环画艺术的滥觞，初步确立了中国现代美术的新格局。

1930—1949

这是个在忧患与奋争中美术本体深化的年代。

内忧外患，民不聊生，激发了如火如荼的抗日战争和国内革命战争。革命的、进步的美术青年组织了各种各样的美术社团，走出了“象牙之塔”，走向了十字街头，走向了抗日洪流，走向了为民主而奋斗的前沿。

30 年代初，鲁迅亲自倡导的新兴木刻运动催生了革命美术的幼芽；1942 年，毛泽东的《在延安文艺座谈会上的讲话》指明了艺术的新方向，版画进一步以其大众化、民族化的艺术语言发出了最有力的呐喊。

中国画，以“南黄北齐”进一步走向成熟为代表，显示了它在自身基础上演化仍具有生命的活力；徐悲鸿、林风眠、蒋兆和等则融合中西之长创造了一条新途。当年年轻的一代国画家、油画家、雕塑家纷纷走向民间，切近人生，其作品增强了现实生活气息、民族忧患意识和为民主理想奋争的力度，写实主义为此获得了特殊的机遇。

这风云际会的 20 年，是艺术本体深入的收获时期，也是艺术大规模地从书斋雅赏转向直面人生，为民族、为民主而奋争的年代。

1949—1978

此为新中国之新美术的探索阶段。

1949 年，中华人民共和国成立，20 世纪的中国历史揭开了新的篇章。毛泽东在延安时期提出的为人民大众服务的方向成为全中国美术家共同的目标。美术家们纷纷深入工农兵的生活，表现工农兵在社会主义建设中的主人公形象，表现新时代的巨大变化，表现革命历史及英雄人物，并努力进行艺术形式的探索，新中国的新美术初步展现出全面繁荣的景象。为群众喜闻乐见的年画、连环画等大众美术首先得到蓬勃发展；中国画告别了文人画的冷逸格调，转向了新中国人民大众火热的生活现实；油画、雕塑在大众化、民族化的探索中取得了可喜的成绩；昔日以黑白为宗的版画翻开了五彩斑斓的一页。自 1949 年至 1966 年的 17 年，美术界致力于艺术方向与艺术规律的统一，一大批美术家走向艺术盛期，这是新中国最好的时期之一。

但极“左”的政治路线尤其“以阶级斗争为纲”的理论曾干扰艺术的规律。新中国美术在曲折中前进的 30 年，为历史留下了辉煌的业绩、宝贵的经验，也留下了沉重的教训。

1978—2000

最近的二十几年，是改革、开放、拓展的新时期。

1978 年召开的中共十一届三中全会，宣告了“左”倾时代的结束，共和国迎来一个最好的时期。在邓小平理论引导下，艺术家思想解放，勇于创新，继承优秀民族传统，吞吐世界艺术风云，美术事业出现了空前活跃的局面。

在新时期，伴随着文化反思的伤痕美术、乡土风情美术，恢复了曾经被扭曲的现实主义精神；形式的自觉和个性的自觉，使美术的思维空间、语言、材料获得了空前的自由；怎样认识传统，怎样认识西方艺术，怎样推陈出新，什么是中国美术的民族性与现代性，不同价值观念引起的思想激荡形成了百家争鸣的局面；老艺术家恢复青春，中年美术家群体成熟，青年一代滚滚而来，一个多层次的美术梯队日益壮大；美术博物馆事业的兴盛，广大群众对美术的渴求，与美术创作形成了良好的互动关系。

当我们跨入了新的世纪，如何科学地总结 20 世纪中国美术的历史经验，如何更好地把握先进文化的前进方向，坚持“二为”方向和“双百”方针，弘扬主旋律，提倡多样化，如何为人民奉献更多无愧于时代的作品，树立中国特色社会主义的美术形象，是我们共同的课题。

（此文发表在 2003 年 8 月 1 日《人民日报·海外版》）

对话吴冠中:“文化战争”与艺术创新

李文儒

李文儒:很高兴有这个机会,向吴老请教一些问题。

首先,现在我们经常提到全球化的概念,世界各国间的接触也是越来越频繁。交流中有竞争,竞争中有交流。而当今社会的竞争,是经济实力的比拼,是综合国力的较量,但归根结底应该说还是文化的竞争。我特别注意到,吴老曾提出了“文化战争”这一概念,这对我震动很大。竞争与战争在涵义上、程度上都有所不同。国与国之间、民族与民族之间和平地相处和交流,各种文化相互促进、相互竞争和交融,共建和谐世界,应该成为我们的共同追求。而您怎么会想到,要用“战争”这样一个比较沉重的词汇来形容文化间的竞争?

吴冠中:前不久,我听香港一位政务官员讲过一句话,他说,“新闻和通讯的力量不亚于部队”。这种说法,也是把文化和战争联系起来了。我之所以提出“文化战争”,是有切身感触和体会的。20世纪40年代我在法国留学,那时候我们国家还非常落后,在世界舞台上的地位也很低,身居在外,我常常会感受到那种强烈的民族歧视。有一次我在卢浮宫看展览,正在欣赏那件著名的断臂维纳斯雕塑,一个大腹便便的管理员走过来,用很高傲的口气对我说:“你们国家没有这些好东西吧。”我当时正年轻,反应也快,立刻反击他:“这是希腊的艺术品,不是法国的,是被强盗抢来的。”我们中国也有很多好东西,也被你们抢来了,你去吉美博物馆看看那些被你们抢来的中国珍宝吧。当然,这是几十年前的事了。

在异国求学时，经常受到这样的待遇。于是我想，我们的国家应该和西方强国有同样的地位，只不过当时国运不济罢了。我正视这种落后，虚心来学习，目的是要发展我们自己民族的艺术。所以，我的留学生活有了一种“深入敌营”的感觉。

我回国之后，发现我在法国学到的一些理论和我喜爱的一些现代艺术，我周围的人，父母、兄弟、朋友，他们都不理解。那么我学这些干什么呢？这种东西方文化观念的差异，更刺激我自觉地重视中国文化。我感到自己有责任将传统文化的精髓与西方艺术相结合，这样才能有力地发扬我们民族的文化。

李文儒：看来，您异国求学的经历让您对“文化战争”有了深刻的体会。我感觉用“战争”表述文化方面的实质精神，是很有力量也很有现实意义的。中国五千年文明有很多是值得我们骄傲的，但传统文化和文明的现实价值体现在哪里？传统在现代社会中发挥了怎样的作用？这可能更重要。“战争”的意义或许也正在于此。比如五四时期的新、旧文化之争，可以说就是一场激烈的文化战争。在这场战争中，判断一种文化的优劣、新旧，要看它到底是要“现在”和“未来”的人是生还是死，“存在”得更好还是“存在”得更糟，看它是让人类走向光明还是将人类拖入黑暗，这是个重要的标准。

吴冠中：这是现代社会对待传统文化的态度问题。我们国家有很多好东西都值得保留（比如故宫，就保留了大量的古代艺术珍品），但时下的所谓保存历史遗存，有的已经走向了一种误区。如何对待传统文化，的确值得我们深思。对于传统的概念，中国人大都以为只要传统的都应该是好的，没人敢说不好。唯有一个人，敢于面对中国传统文化中落后的一面，敢于正视中国的传统文化，这就是鲁迅。所以我很佩服鲁迅，我觉得他身上具有真正的民族责任感。

我认为要全面、辩证地看待传统。发展与保存之间要相互联系、相互协调。对于传统文化，在继承时，应该有所选择地保留，保留它更多具有文化价值、具有现实意义的方面。在保留的基础上，还要进行一些改进和创造。如果只是一味保留，就变成了抄袭，一代抄一代，一代不如一代，最后只能像阿Q一样，用“我的祖先比你阔”这样的精神胜利法来自我安慰。所以说，传统要继承，更要发展。

李文儒：我的理解，您是说我们更应该做的事情是继承传统的同时进行创新，在传统中吸收优秀的、精华的因素，进行新的创造，创造出我们这个时代的新文化。

然而，创造一个时代的新文化，不是一个人的力量所能完成的。“文化战争”也不是一个人的战争，而是一个国家、一个民族、一个时代的战争。这需要有一个群体队伍，要有领军人物，比如您刚刚提到的鲁迅，被我们称为是新文化运动的主将、旗手。那么您在自己定义下的这样一场“文化战争”中，扮演了怎么样的角色，或者说起到了哪些作用？

吴冠中：我举个例子。赵无极、朱德群都是我早年留法时的同学，他们一直留在法国，一直想融入法国的主流艺术群。他们常在自己的作品中加入一些中国元素，希望在法国的艺术花园中开出一朵中国玫瑰。这种用东方神韵丰富西方绘画的做法，取得了一定成功，但很难说能够被西方艺术界完全接受。现在他们想回国，但已感到为时晚矣。我当年在法国，找不到自己艺术上的出路，如今他们面对中国，也有了同样的感觉。

我刚刚回国的时候，与国内整个的艺术氛围差异很大，文艺观点上也有隔阂。我一方面要消化西方的现代艺术，一方面要重新认识传统艺术，夹在中间的滋味不好受，要面对来自各方面的压力和不理解，可以说是腹背受敌。我写文章形容自己的艺术生活是“横站生涯”。我后来能够在艺术上搞出一些东西来，我想是经历东、西两种文化背景，新、旧中国两个时代的结果。这种历史条件和机遇是得天独厚的，对我的艺术发展有很大帮助。正是依靠这样的时代和经历，我才能勉强谋生。

李文儒：不能说是勉强谋生吧，您是希望通过这种意志力创造出一种世界上前所未有的艺术。我们注意到，文化竞争中最重要的工具，或者说最能说明问题的是文化创新。而敢于进行文化创新的文化人，大都兼具两种不同的文化背景。像五四时期的鲁迅，作为新文化运动中冲锋陷阵的主将，他就是新、旧文化功底都很深的人。在新旧文化的战争中，他战胜了自我，“新我”战胜了“旧我”。这种勇于自我否定甚至自我牺牲的精神，值得我们敬佩，更应该引起我们的思考。

吴冠中：李政道讲过，中国的科技若要创新，必须要重视基础科学。这个基础，包括中国的和外国的，不能偏向其中任何一方。如果只讲本国的传统，在这样的传统下进行创新，肯定是片面的。讲句玩笑话，是“近亲结婚”，不会取得好结果。所以说，创新本身就意味着要接受不同的传统文化，进而对传统进行改造，这本身就是战胜自我的过程。

（原文刊载于 2000 年第 Z1 期《紫禁城》）

张君秋

张君秋（1920—1997），男，祖籍江苏丹徒，生于北京。13岁拜李凌枫为师，学习京剧青衣表演。中国京剧表演艺术家，四小名旦之一。历任中国戏曲学院副院长、中国文学艺术界联合会副主席、中国戏剧家协会副主席、《中国京剧音配像精粹》艺术总顾问，第五至第八届全国政协委员。代表剧作有《西厢记》《望江亭》《赵氏孤儿》《状元媒》《秦香莲》等。1989年获第一届中国金唱片奖，1990年获美国林肯艺术中心和纽约美华艺术协会终身艺术成就奖。

关于打开戏曲工作新局面的三点意见

具有历史意义的五届人大五次会议胜利闭幕了。这次会议所提倡的积极进取、埋头苦干的精神，给予我很大的鼓舞。现在各行各业都在考虑怎样搞好本行工作，为实现“六五”计划做出贡献。作为一个戏曲工作者，我也坐不住了，我们应该积极行动起来，为开创戏曲工作的新局面而努力。

戏曲事业近几年的成绩很大，这是事实，我就不多讲了。这里，我要着重谈的是存在的问题。因为只有解决存在的问题，局面才能打开。总的来讲，我认为，戏曲事业的现状是落后于整个形势的，诸如剧团思想比较混乱、机构臃肿、剧目少、演出质量不够理想、演员中间存在不团结的现象，等。这些现象是众所周知的，如果要发牢骚，我想，大家都会有一些话讲。但是，光发牢骚也不能改变这个现状。当前我们的任务是，要想出一些解决这些问题的方法，向党中央献计献策，群策群力，把工作搞好。我想了几个问题，考虑得还不成熟，很可能有错误的地方，算是抛砖引玉，不对的地方，请大家纠正。

第一个问题，就是加强戏曲剧团的政治思想工作。根据我了解的情况，我觉得，当前戏曲团体的思想政治工作还比较薄弱。现在剧团存在不正之风，有的还很严重，诸如演员之间争名夺利，互不服气，稍有一点名气的就不愿当配演，一定要分出去演主角。还有的搞艺术专利，把自己演过的戏据为己有，不许别人演，有的甚至千方百计地阻挠艺术院校毕业生来团工作，怕这些毕业生抢了他们的戏等。就拿北京的两个在党培养下最有希望的青年剧团来说吧，也受不正之风的干扰，这两个团体都是在50年代由国家艺术院校培养出来的毕业生组成的。那时候，党在戏曲团体里的政治思想工作抓得很紧，这两个剧团都演出了不少阵容整齐、受广大观众欢迎的戏，如四团的《杨门女将》，实验京剧团的《雏凤凌空》《箭杆河边》等。现在由于不正之风的干扰，再要把以前的阵容、剧目拿出来演出，达到原来的水平，恐怕就不太容易了。我所说的有不正之风的演员当中，有的就是我的学生，我听到这种情况，感到很痛心。回想起我当初培养他们的时候，目的只有一个，就是想让京剧后继有人。现在他们有了一定的成绩，反而害怕年轻的同志来学习、继承他们的艺术，这的确令人深思。所以我十分希望剧团的领导同志一定要下决心，加强对中青年演员的思想教育工作。

我听说，某些剧团的领导同志面对这种不正之风，常常是躲着矛盾走，怕见群众。到问题闹得不可开交的时候，他就采取迁就、姑息的方法，和稀泥，甚至劝说别人不要演旁人演过的戏，使艺术专利主义合法化。据说还有某些领导怕得罪演员，怕他们“通天”，弄不好要犯“错误”。什么叫犯错误？我觉得，不坚持原则，是非不分，助长不正之风，才叫犯错误。他做得不对，你批评他，他不服气，甚至“上告”，也没有什么可怕的。他有一告，你还可以有一诉呢。只要坚持真理，你就要相信党会支持你的、群众会拥护你的。作为党的干部，一要相信党，二要相信群众，这应该是我们的坚定信念。忘记了这两条，我们的工作就做不好。我记得“文革”前，我在北京市京剧团工作时，剧团领导就很积极主动地做思想教育工作。许多从旧社会过来的演员，像马连良、谭富英、裘盛戎和我，要讲争名利，在旧社会都各有各的一套，花样可不少。但是，我们在党的教育下团结得很好，在许多大型剧目的演出中，都能做到不计较角色大小、戏的轻重，这就是党领导剧团、做思想教育工作的结果。党的思想教育工作，既然能使我们这些经历复杂的老演员团结在一起，我就不相信，对于现在由党一手培养、教育出来的中青年演员，就没有办法使他们团结起来。所以，我希望，剧团领导应该理直气壮、耐心细致地抓好政治思想工作，迅速改变领导班子软弱无力的状况。

第二个问题，我想谈谈戏曲界工作人员按劳取酬的问题。这个问题多少年都在提，主要就是在工资、奖金等劳动报酬上存在着严重的平均主义。

我想强调的就是，我们应该十分珍惜经党一手培育出来的中青年演员当中的主要演员。演员当中的优秀人才是十分难得的，他们在演出中付出的劳动量最大，日常的学习、练功以及家务劳动都很重，而他们的工资却和同期毕业的其他演员一般平，最低的才五六十元。定工资、长工资都不是按水平高低、贡献大小加以区分，而是按年头，搞“一刀切”。这种平均主义的做法不利于他们今后业务的提高。还有艺术院校的青年教师，情况也是如此，如我们学院大专班的年级主任、青年教师，他们每周有 20 多节课，还要给学生课外辅导、排戏，做思想工作，劳动量很大。但他们的工资才 50 多元，而经他们的手教出来的大学生，一毕业工资就是 50 多元，这说明在工资制度上还存在很多问题，急需进行改革。

现有剧团的一些奖金制度，以及录音、录像等其他报酬的分配，也都存在着平均主义的问题。譬如发奖金，有的剧团是按演出的场次而不按劳动量的大小评奖，结果跑龙套的往往评一等奖，主演却被评为三等奖。录音、录像报酬的分配上存在平均主义的问题，不管主次和劳动量的大小，按照人数平均分配，这就影响了担任主要工作的同志的积极性，使得工作不能顺利进行。

当然，我所说的按劳分配问题，并不是主张单纯为了钱去工作。对于那些只计较报酬、不安心工作的同志还是应该加强思想教育工作。但是，既然有奖金等报酬的分配，就应该使它合理，真正做到按劳取酬。现在农村搞了生产责任制，不仅使一部分人首先富了起来，同时也大大改变了整个农业的面貌，使大家的生活水平有了普遍的提高。我想，我们戏曲界也应该按照这个原则，制订出我们自己的演出责任制，真正做到按劳付酬，这对发展戏曲事业是有很大好处的。

第三个问题，就是机构臃肿、人浮于事的问题。这是多年加在戏曲团体身上的一个沉重包袱，而且越背越沉。一般而言，一个演出团体有六七十人就够了，现在有些外地来京演出的剧团，或是出国访问的剧团，编制也多在六七十人。过去我所在的北京市京剧三团也是这样的编制。即使是包括四个团的大剧院团体，也应该是二三百人。目前七八百人的编制太大了。结果是一巡回演出，就出动一百五六十人，光是开销就是一笔很大的负担。所以有的剧团出去演出走不长，走不远。长此下去，演员的实践机会少，艺术得不到提高，还要给国家造成经济上的损失。听说文化部要实行演员的业务考核制度，我认为这个办法实行得越早越好。通过业务考核，对于那些不适合做演员工作的同志，尽早地让他们转到舞美、制作等其他工作部门中工作。这样对国家有利，对同志也是负责的。

经过业务考核进行精简后，有些人员过于庞大的团体，不一定就能立刻缩小到理想的编制，可能还会有主演多的情况。对于这样的情况，可以采取同一些中小城市剧团订合同，暂时借到那里去演出的办法。最近我去了一趟蚌埠市，适值上海京剧院张学津、黄汝平、孙爱珍几位同志和当地京剧团合作演出。他们就是临时借出去的，演出收入由两个剧团分账。这个办法，不但可以节约开支，增加剧团的收入，同时也丰富了当地的演出。

我从事演出工作有几十年，经历过私人班社、集体制剧团及国营剧团等各种类型的所有制团体，对于怎样能使演出团体精练而又能为国家增加收入，我有一些亲身的体验。我愿意在有机会时，再详细把我所知道的情况做一些介绍，这里就不详述了。

总之，我希望戏曲界的同志们进一步团结起来，坚持原则，千方百计把戏曲工作搞上去。

（此文发表在 1983 年第 1 期《中国戏剧》）

剧团体制到了非改革不可的时候了

这次，我出席了全国政协六届二次会议，又列席了六届全国人大二次会议，受到了极大的鼓舞。我是个戏曲演员，联系这次会议的精神，我想到戏曲界的事。我认为目前戏曲要发展，非要进行体制改革不可。这里我提出几点看法和建议：

坚持改革的方针

最近几年，一些戏曲团体采用了承包的办法进行体制改革，我认为方向是对头的。它的好处就是能够调动演员的积极性，增加了演出的场次。但也还存在一些问题，其中最突出的就是有些搞承包的剧团不太重视思想政治工作，因为承包是农业体制改革的名词，一些同志对剧团搞承包的理解容易发生偏向，可能会只着眼在“钱”字上，甚至某些领导错误地用多分钱来动员大家，一旦在分配上发生了一点矛盾，就会不团结，产生分裂。应该看到，这些问题不是因为进行了体制改革才产生的，而是因为在改革之前没有正确的思想基础。因此在改革前必须制定出一些原则和具体的措施，加强思想政治工作。

需要建立勇于改革的领导班子

要进行体制改革，必须首先建立一个勇于改革的领导班子。这些年的戏曲团体中，特别是在一些大城市的大团体中，浪费人才、扼杀人才的现象是十分令人痛心的。数一数我们真正优秀的中青年表演人才每年、每月究竟有几场演出？想一想我们一些新培养出来的十几岁、二十来岁的好苗子怎么一分配到剧团就无声无息了呢？有一个事业心很强、业务上不错的毕业生分配到一个国家剧院当演员后，最近放弃了专业，结婚离开了剧团，她痛哭流涕地对自己的学友说:“如果能让我演戏，我也绝不会走的。”我不明白，我们剧团的领导面对这些痛心的事实，为什么长期以来就那么无动于衷、心安理得?

选拔、任命新的领导成员不宜只考虑干部的资历、级别，最重要的是看干部的领导才能，看他能否勇于改革，看他能否有新的作为。有的文艺团体确实换了领导，但因为只考虑资历、级别，50 多岁当第一把手，虽然他比原来的领导年岁小了点，但他的思想还是旧的，胆小怕事，习惯走老路，没有作为，结果大家很失望。所以，我建议，选拔、任命剧团的新领导也应采取某些工厂贴榜招贤、毛遂自荐的办法。剧团里有的中青年演员不适宜演出了，但他有组织能力，了解剧团状况，熟悉业务，如果他的事业心很强，能提出一套剧团改革的施政方案，受到群众的拥护，这样的同志就可以被任命当领导。

要确定真正的主演

落实知识分子政策，在剧团里最重要的一条就是落实中青年演员的工作，要让他们多演戏。特别是要关心几个最有才华、最受群众欢迎的青年演员，让他们有最多的实践机会。

有的戏曲团体，由于过去搞平均主义，造成了“头牌演员”十分多的局面。一个剧团有十几块“头牌”，都要当主演，剧团领导很大的精力都花在搞平衡上。与此相应的是工资搞平均，奖金搞平均，福利待遇包括夜餐补助都搞平均，体现不出社会主义按劳分配的原则，这就严重影响了剧团业务的正常开展。要打破剧团的“大锅饭”，首先就得把剧团里最好的主演确定下来。谁是真正的好主演？不是自己说了算的，也不是靠走后门、拉关系让领导恩准。关键要看舞台上的表演，能够做到观众满意、同行心服，这样的演员就可以当主演。为此，我建议剧团用公开演出的方式对演员进行业务考核，让观众来评判。有愿意当主演的同志，先给安排演出，公开卖票，不发内部票，看看这个主演能叫几成座。这就很容易把主演、配演及一般演员区分、明确出来。

演员的主次都有了明确的区分，就能为工资的改革以及奖金、福利的分配提供依据。在工资还没有全面改革之前，我想，应该用浮动工资的办法来提高他们的工资。浮动工资就要根据每个演员担任主演，或配演，或一般群众角色的不同的工作量，以及演出质量的高低、演出场次的多少而定，要充分体现社会主义按劳分配的原则。业务上不适合的演员，要让他们转业。根据他们的特长，在剧团内部调整；内部调整解决不了的，就应该帮助他们另寻职业。

要把培养的重点放在青年演员身上

要把培养演员的重点放在十几岁、二十几岁的青年演员身上。一个剧团的事业兴旺与否，最显著的标志就是看看这个剧团有没有十几岁、二十几岁的优秀青年演员，举凡有成就、有影响的演员，无论哪个行当，大都在20岁上下成名。近年来，山西、浙江等地陆续来了一些颇有光彩的十几岁的小演员。相比之下，北京的以中老年演员为主要力量的演出剧团就黯然失色了。不是我们没有20岁上下的青年演员，而是他们始终轮不上被培养，他们要等老演员下了台，然后再等中年演员变成了老演员后才能被培养。而到了那时候，他们也就成了40岁上下的中年演员了。有才华的、观众公认的中年演员当然应该重视，但我们不能为了照顾某些中年演员，为了弥补他们在“文革”中的损失，而再去耽误第三代的青年演员。这样耽误下去，戏曲队伍越来越老化，戏曲才真正叫作有危机。

要提倡老演员让台

为了重点培养20岁以下的青年演员，应该提倡老演员让台。有些评论文章评论老演员的表演是“不减当年”，“不显老”，或者叫“不容易”，这里不过含有怜悯之情。实际上就是“不如当年”，甚至不如某些青年。如果台上是五六十岁的老演员演少男少女，台下坐的是六七十岁的老观众，他们看着现在的老演员，想着的是当年的模样，这样来欣赏还看得过去。但如果台下坐的是二三十岁的青年看戏，他们看的就是实实在在的老演员在演少男少女了。这对于他们来讲是很难接受的。这样唱下去，还怎么争取青年观众？所以，我希望老演员要让台，一些中年演员，特别是50岁上下的中年旦角演员可以适当地减少一下演出的场次，让已经露出光彩的好苗子多演出。在体育界，如果一个小将打败了老将，他们认为这是值得庆祝的事情，我们戏曲界也要提倡这种精神。

提倡老演员让台，并不意味着老演员没用了。相反，我还想着重强调，要切实发挥老演员的作用。老演员可以发挥作用的地方有很多，如培养青年、总结经验，把自己的艺术用录音、录像保留下来。这些工作要有人认真地抓，认真地落实。

坚决精简行政机构

剧团机构重叠，行政人员之多也是当前亟待解决的大问题。据我所知，有的大剧院的行政人员约占全院总人数的四分之一，一个800人左右的大剧院，行政人员却有200来人。记得新中国成立初期，我所在的北京京剧三团演员有65人，行政领导仅有三四个人，许多业务行政工作是演员兼职的，创作计划、排演计划很容易制订，很容易贯彻。现在是行政人员越多，机构越庞杂，办事效率反而低了。我觉得一个剧团的建制还是要从演出的实际出发来考虑，如果从便于开展剧团业务活动的角度出发，还可以把一些由团扩建成院的剧院重新分成团，各自独立，再恢复演员兼管一些业务工作的做法，行政人员就可以减少，使那些编余出来的行政人员到可以发挥他们所长的地方去工作。

（此文发表在1984年第7期《中国戏剧》）

京剧队伍的年轻化与领导作风

半个多世纪以来，自梅兰芳、程砚秋等访日、美、欧至新中国成立以来历次京剧艺术团体的频繁出访，京剧艺术对国外的戏剧艺术不断产生着深刻的影响。当西方的戏剧艺术发生危机的时候，他们往往从京剧艺术神奇的舞蹈、水袖、武打以及时空观念无限自由的广漠天地中寻求新的自由。在他们看来，他们梦寐以求的戏剧表演方式在中国却早已成为现实。据我所知，许多国家建立了针对中国京剧艺术的研究组织。如美国旧金山林肯大学建立了京剧系，日本设有中国京剧研究会，等。至于海外华侨建立京剧票房，甚至许多外国人也参加进去，吹、拉、弹、唱，粉墨登场。此种情景，更是屡见不鲜。最近，我曾访问过日本，在东京、大阪、奈良、冲绳等地，我会见了许多日本的京剧票友，他们热爱京剧艺术以及对京剧艺术钻研所下的功力，不亚于国内的专业工作者，日本的中国京剧研究会会长冢本助太郎先生在同我谈话时，如数家珍般地大谈京剧各种流派艺术及其演变发展。看到这些，我不禁为自己的京剧艺术产生一种强烈的自豪感。奇怪的是，在世界各地人民对京剧赞叹之声的包围中，我们的理论界、宣传界，却不时地听到京剧没有出路的哀叹声，什么京剧已经到了死亡的边缘，京剧表演方式原始、落后等。这些哀叹说明我们对自己民族艺术的认识存在着理论上的混乱。我认为，京剧面临危机，这种危机不在于京剧艺术本身，而是存在于从事京剧事业的队伍之中。至少有如下几个方面的问题，需要引起我们高度的重视并采取措施予以解决：

一、京剧艺术表演团体的年轻化

翻翻京剧的发展史，当年的“四大名旦”“四大须生”，哪一个不是在十几岁、二十来岁就已经成为挑梁主角？再看看现今的京剧舞台上，就以人才萃集的北京来说，北京有12个京剧团体，这里面有多少20岁上下的青年演员挑梁主演？北京常要举行纪念某个流派艺术的演出活动，这些活动中哪一台是由年轻的艺术流派继承者主演？如果我们的京剧舞台只靠老演员支撑局面，就是一种十分可悲的现象。

近几年，我们的戏曲院校、团体已经培养了不少20岁上下的青年演员，如1982年的中国戏曲学院大专班毕业生就是一批有希望的人才，他们的演出曾经轰动了北京、上海、济南等几个大城市，然而在他们毕业后的两年多时间里，就在舞台上销声匿迹了。尽管我们的报刊多次为他们呼吁，我本人也写过文章，并多方奔走，为他们呼吁，但时至今日，局面尚未改观。在这里，我想再次呼吁一下，在当前各地戏曲团体的体制改革中，千万要把培养青年演员当成一件长远的战略任务来抓，不能仅限于一般的号召上。邓小平同志在谈干部的年轻化问题时曾指出，我们要从长远的观点看待年轻干部，切不可把他们当成领导班子的点缀品，而要让他们真正挑起大梁来。我认为，这句话也适合我们京剧界，不能让青年只当班底，而是应该扶他们上去，让他们挑梁当主演，并且不断有老演员指导他们，使他们在实践中不断提高。为此，我们应该尽快地建立起像当年演《杨门女将》的中国京剧院四团那样的团体。

二、戏曲团体要集中表演人才，改进领导作风

京剧艺术表演，随着时代的发展，人们对它的要求越来越高。如果说，在旧中国一个剧团只有一个主演，在舞台上形成众星捧月的局面尚可满足观

众要求的话，那么，到了 50 年代，人们要看的却是舞台上群芳争艳的繁荣景象，中国京剧院之所以有李少春、袁世海、叶盛章、叶盛兰、李和曾、杜近芳、张云溪、张春华等的合作，北京京剧院之所以有马连良、谭富英、张君秋、裘盛戎等的合作。他们精湛的技艺，把京剧表演艺术提高到新的境界。那时，在上述许多名演员中，由于旧社会遗留下来的影响很深，所谓“角儿脾气”是相当大的，即使是这样，他们却能团结在一起，合作了一个又一个的剧目。这就是剧团的领导起作用的结果，他们善于团结演员，往返于各主演之间，对某甲说某乙的合作态度，对某乙讲某甲的合作愿望，想方设法把一些演员之间由于缺乏了解产生的误会加以消除，坚持原则，鼓励先进，促进了这些“角儿脾气”相当大的名演员在一起合作。而我们现今的某些剧团领导往往在搞平衡上下功夫，个别领导出于私心，为了保“乌纱帽”，往往只强调演员的不团结，甚至把矛盾、牢骚在群众中散发，对这个演员说：“不是因为我不让你演，而是因为那个演员要演。”对那个演员也说同样的话，因而引起了许多不必要的纠纷。他们的作用不是补台，而是拆台。这样搞，他们的职位稳固了，但京剧事业却受到了极大的损失。这实在叫人痛心！因此，我认为，当前剧团体制改革，最重要的一个环节就是领导班子的建设问题，要彻底改变剧团中那种不正常的官僚衙门习气，让那些真正热爱京剧艺术、熟悉专业、善于团结同志的年轻的、有文化的领导人才来掌管戏曲艺术团体，这样，京剧艺术团体的体制改革才能有切实的保证。

三、重视戏曲遗产的继承

京剧艺术的许多优秀的表演技巧集中在我们为数不多的老演员身上，所以，我们在提倡老演员为青年演员让台的同时，一定要高度重视对老演员艺术的继承问题。老演员退出艺术舞台，并不意味着艺术生命的终结。有的老演员说：“我死也死在舞台上。”这一方面说明他把自己的艺术生命只局限在舞台演出之中，但一方面也要看到，我们有关的文化领导部门、艺术研究部门的确没有对继承老演员艺术的问题予以高度的重视，没有切实把这项工作认真抓起来。如中国戏曲学院的高盛麟同志已经退居顾问位置，长期赋闲在家，一没有人组织学生去学戏，二没有责成专人帮他整理艺术经验，三没有系统地为他录音、录像。有些名演员的许多录音、录像，国内没有，国外却有，一打听，原来他们是通过电视台、广播电台的放映录制的。我们的电台录制实况是为了转播，目的不在于保留资料，近几年电视台放映过一些名演员合作的演出录像，现在问起，有的已经找不到录像带了。现在，再要用原来的演出阵容录制实况已不可能，因为有的已去世，有的已不能演出。我们经常参加一些老先生的追悼会，常为艺随人去而惋惜。人的生死是自然规律，无法逆转，但艺术是可以留下来的，我们希望这种艺随人去的惋惜情况不要继续出现。我这次去日本访问，感到他们对自己的传统艺术是十分重视的，在日本早稻田大学的演剧博物馆里，我看到了他们积累的许多名艺人（包括活着的艺人）的资料，这些艺人的身世、经历都有详细的记载，他们的演出实物也被珍藏陈列。使我受感动的是，当年梅兰芳先生出访时赠送给他们的戏衣、道具、照片等资料也被他们珍重地保管着。我还在东京的国家剧院观看过日本被称为“国宝”的歌舞伎艺术家中村歌右卫门、尾上梅幸等的歌舞伎演出，感受到在现代科技十分发达的日本，古典的民族戏剧艺术有着为日本人民所自豪、所尊崇的神圣地位。由此，我又想到，我们的京剧艺术直到现在还没有一个专门的机构去总结、整理资料，没有系统地把京剧艺术的音像录制工作抓起来（据说中国艺术研究院有较好的录音、录像设备，但他们的工作重点放在 300 多个剧种上，京剧占的比重很小）。如果这样下去，过不了很久，被世界人民视为中华民族的艺术精髓——京剧艺术，国内找不到资料，却要从国外“引进”，这岂不是一个绝大的讽刺吗？

为此，我建议，文化部或者剧协应该成立一个专门的机构，组织从事理论研究的同志切实抓好老演员的艺术整理及艺术表演的录音、录像工作。这个机构要为老演员提供聚会的场所，请他们来讲授自己的表演经验。在此基础上，逐渐建立起一整套的京剧艺术资料档案，另一方面提供给后人研究、学习，另一方面同国外进行艺术交流。

四、京剧艺术的创新中的两个偏向

当前，京剧艺术创新有两个偏向应引起我们的重视。一是我们有些剧目创作，是为了参加某种会演而排练的，花了很长的时间，耗费了较大的人力、财力，而到了剧目参加会演之日，也就是这个剧目生命的终结之时，这种自欺欺人式的艺术上的浪费不能再继续下去了。二是一种为创新而创新的盲目倾向，新不等于好，有的创新不顾观众的欣赏要求，不顾这个剧种的风格特点，一味追求新，甚至提出冲破戏曲化束缚的主张。戏曲不要戏曲化，新固然新了，但戏曲没有了。这是发展戏曲，还是了结戏曲？为新而新的创作倾向似乎是同顽固保守的艺术倾向对立的，但不幸的是，这两种对立的倾向却是共同完成一件事情——扼杀京剧。我们应该很好地总结创作上的成败得失，去掉盲目性，真正按照京剧艺术的发展规律搞好艺术的创新。

（此文发表在 1985 年第 3 期《中国戏剧》）

为弘扬民族文化多做贡献

我是在去年 12 月 27 日，应邀到美国去的。1 月份在美国纽约林肯艺术中心，我接受了美华艺术协会向我颁发的“终身艺术成就奖”。2 月份在旧金山林肯大学，我得到了“人文学”荣誉博士学位。得到这两项荣誉，使我感到我们中华民族的文化艺术已得到世界上高度的赞赏。这光荣不是属于我个人，而是属于全体中国人。这一点，在这半年来，我们在纽约、华盛顿、旧金山、洛杉矶，以及加拿大的多伦多等地亲身经历的感受，可以进行充分的证实。

出国前，我曾有过一些担心，我感到像美国这样科技高度发达的国家，语言又不同，能不能喜欢中国民族艺术呢？到了美国，这两项颁奖活动不是像我原来所想象的只在华侨和喜爱京剧的票友中进行，而是在纽约林肯艺术中心进行，由纽约市长发奖、联邦政府文化局参加。贴出通告后，有很多外国朋友参加，台下几乎三分之二都是外国人。在旧金山领取“人文学”荣誉博士学位时，林肯大学的学生和朋友们来参加观礼的大部分也都是美国人，加州州长送来贺信。在纽约哥伦比亚大学一次讲学时，听课的中国学生反而是少数，外国学生通过观看播放的录像带和两位教授的翻译，全神贯注地听课。讲课后的提问，由半小时延长到一个半小时。原定的教室因超过人数，后来的学生都坐在地上。讲课刚结束，一位法国女孩子就上台来，自告奋勇要唱一段京剧，唱的是《望江亭》，唱得还不错。最后，因为教室将有下一个活动，提问环节才中止。在圣地亚哥州立大学讲学时，该大学设有中国研究所，请我们去讲课的教授告诉我，近年来外国学生研究中国文化的人日益增加，中国历史课已由数十人增加到200多人。尤其是我们国家改革开放以来，他们美国人要同中国交往、做事，就必须学习研究中国情况。他们很敬慕我们这个文化古国，对我们表示尊敬，我们感到自豪。看到外国人对我们中华民族文化的仰慕学习、了解研究，我觉得作为一个中国人，如果回答不出外国人提出的问题，将是很难堪的。我们更应该努力地学习研究中华民族文化艺术。当时，我想回国后，一定要把这些情况反映给我们的同志，我们应该更重视我们自己的民族文化。

再有，看到我们的华侨、华人朋友们在美国的生活情况，我很感动。虽然他们身在异国，但在他们身上依然保持着中华民族的传统品质。中国人很勤奋努力，生活很节俭，在工作上做出很大成绩。但他们决不像一些外国人，每周收入在一个周末内花光，他们勤恳工作，教育子女，华人孩子的学习成绩普遍比美国孩子成绩好（因为美国人对孩子的态度是比较开放的，由他们自由成长）。也许是因为身居异国，更有一种中华民族自尊心的激励，他们各方面都很争气。他们业余的消遣是中华民族艺术，这是他们的精神支柱。我们所到的几个城市都有演出团体，他们称为国剧社。每个城市都有七八个到十多个国剧社。他们不仅清唱，而且每年都有一次彩排演出，每场戏也要有数百个观众。他们学京剧非常认真，无论学哪个流派，都照着“原版”也就是原来的唱片、录音带、录像带，一字一腔、一板一眼地唱。演出时，乐队仍要全体穿上我们的中国式长衫，白袖口，很有民族气派。我们被他们请到家中做客，他们的房间里大部分都陈设着中国硬木家具、瓷器、字画，一看就是我们中国的家庭。我看了很感动。因为对祖国故乡的怀念，他们空闲下来，就在一起唱国剧。他们说，我演的一些剧目如《望江亭》《西厢记》《赵氏孤儿》《状元媒》《秦香莲》等，他们都演过。他们还告诉我说：您的《诗文会》我们也拿下来了。我问他们，这些戏怎样排的？他们说：“就是听录音看录像。”每个演员都有录音、录像，按照录像的标准去做。他们感到有很多戏，没有录像，很遗憾。非常希望能在国内买到，方便大家学习。在美国，从纽约到洛杉矶，我一共收了12个学生。我看到他们的演出和演出录像带，一丝不苟。他们虽非专业，由于经常演出，在异国他乡也为弘扬中华民族艺术做了一定的贡献。由此想到，我们的专业演员更应该以这种严肃认真的态度来对待我们的民族艺术，一切从严。无论大小角色，都要有严格的艺术标准，即便是字幕，也要准确、清楚。要想到，人家是认真地向我们的录音、录像学习，我们怎能马马虎虎、不负责任呢？根据朋友们的反映和我们自己调查，我们京剧录像带是很少的，尤其在国内很难买到，不利于我们民族艺术的推广。

前两年，李瑞环同志在天津时就有这样的设想，想把过去一些艺术名家的录音资料配上录像；用已故去的艺术家录音。可由现在的青年演员表演，对口型，制出一批标准的、优秀的演出录像。一方面，在国内留下资料，给青年演员学习参考。另一方面，可在国外推广。这确实是一个好办法。现在的问题，是要抓紧时间，落实好这项工作。其实，这个工作我们不做，反而会使一些不负责任的人偷录、乱录，搞出不够质量的作品来。

中华艺术在国外是很受欢迎的，许多国家都邀请我们去演出。这次我们在美国，又有一家娱乐公司希望我以后带一个剧团到美国去演出，人不要多，最好在 50 人以内。这使我想到，我们近年来的剧团在编制上，动辄就是百余人，出国就困难了。该娱乐公司讲："杂技团每次在 20 人左右。每年可以出去数次。"希望以后能在编制上设法压缩，争取多出国的机会。

总之，弘扬民族文化，有许多事可以做。文化艺术是联系外国友人、海外华人的一条纽带。作为祖国的文艺工作者，肩负着宣扬我们中华民族自己的文化艺术这一十分光荣的任务。为了做好这项工作，我们必须要有责任感，要对观众负责，要团结互助、谦虚谨慎，在艺术上精益求精，更好地弘扬我们祖国的民族优秀文化。一个华侨朋友对我说："我们在国外工作，而你们是为祖国宣扬自己民族的文化。我尊敬你，感谢你。"听了他的话，我非常感动。我一定要尽我的努力，为弘扬中华民族文化做出贡献。

（此文发表在 1990 年第 4 期《戏曲艺术》）

京剧振兴的希望寄托在青年身上

今年是徽班进京200周年。文化部、中国剧协、中国戏曲学会、北京市文化局为纪念徽班进京200周年，举办了全国性的京剧演出活动。这一活动，对于弘扬民族优秀文化、振兴京剧艺术将起到推动作用。这是值得我们每一个从事京剧艺术工作的同志感到振奋鼓舞的大事情。借这个机会，我想谈一点目前感到最迫切需要重视和解决的问题，即青年演员的培养问题。

其实，这是一个老问题，一个呼吁多年但一直没能很好解决的问题。随着时间的推移，过去的老演员有的辞世，有的不能在舞台上演出；过去的中年演员已经步入老年，京剧演员队伍日趋老化，因而培养青年演员的问题就显得愈加亟待解决。

一个剧种没有一代又一代优秀青年演员的崛起，这个剧种就缺乏生命力。这应该是大家有共识的问题。有这样的共识还不够，关键是要有措施，各级领导以及京剧团体的上上下下都应全力以赴，保证各项具体措施的贯彻实行，为优秀青年演员的不断崛起创造有利的条件。譬如，当我们发现了某一位青年演员是个好苗子，有很大潜力，就要千方百计地帮助这个青年迅速成长起来，为他排戏，进行辅导，不断地严格要求他，利用各种机会为他安排实践演出，并且大力宣传他，通过各种报纸杂志，充分肯定他的成绩，指出他的不足，让他在不断的实践过程中时时有所提高，扩大他的社会影响，提高知名度。这些工作不仅是领导的责任，也不仅是老师的责任，而是所有立志于振兴京剧的人们的共同责任。老演员、中年演员要扶植他们，同行要协作，戏剧评论家要热情宣传。总之，所有立志于振兴京剧的人们都要成为园丁，都要为这株幼苗培土、浇灌、剪枝……帮助他成长、壮大。应该认识到，培养优秀青年演员不是对他个人负责的问题，而是关系到京剧发展前途的大事情。所以在这个问题上，不能搞平衡，不能搞论资排辈。“文革”曾耽误了一批演员的青春，但不要再把损失转嫁在下一批青年演员身上，培养40多岁的“新秀”就不如培养十几岁二十岁的“新秀”。不能等老演员演不动了，再让那些青年上台，到那时候，青年演员也过了他们最好的年华，再下功夫培养也来不及了。我在16岁时登台演戏，给老生挂二牌，在广告上我的名字和头牌演员一样大，既提高了我这样年轻演员的知名度，也增强了我的责任心。当年梅兰芳先生第一次去上海演出时，王凤卿先生挂头牌，结果梅先生很红。第二次去上海演出时，王凤卿先生就让梅先生挂头牌了。这个例子许多人都知道。王凤卿先生的让台精神值得我们继续发扬。

对于青年演员，我也想说几句话。

目前在京剧青年演员中，较普遍地存在一种失落感。产生这种失落感的客观原因，恐怕在于不利的社会环境，譬如领导的不重视、同行的不协作，再看看周围，唱流行歌曲的不怎么费力就有丰足的收入，而京剧演员要花十年八年练基本功，唱出戏很不容易，所得报酬又是微乎其微，于是产生失望情绪。几年前，中国戏曲学院一批很有希望的大专班学生，如今有不少改了行、出了国，就是受这种不利社会影响的结果。这实在让人痛心。那么，是不是因为这样，我们就有充分的理由自甘滑坡呢？我想，回答应该是否定的。

青年演员的眼光应该放远些，不要患“近视眼”，只看到眼前的困难。要有信心，那些不利的社会因素迟早会改变的。我说这样的话有我的理由。首先，京剧是我们的国宝，是中华民族的优秀文化，我们的国家要振兴，就要弘扬我们的优秀文化。我们肩负着弘扬民族优秀文化传统的责任，我们应该感到光荣和自豪。我们都知道，在世界上，其他国家人民凡是知道中国文化艺术的，都称我们京剧为“国剧”。民族性越强的艺术，在国际上才越受重视。虽然目前我们劳动多收入少，但我们应该相信，京剧永远不会衰亡，我们应负起弘扬京剧艺术的光荣使命。另外，我们欣慰地看到，这些年来党和政府对弘扬民族优秀文化十分重视，这是京剧振兴的根本保证。此次举办纪念徽班进京 200 周年活动，就是一个生动的实例。

建立振兴京剧的信心，就需要每个青年演员树立振兴京剧事业的高度责任感，这就要求我们主观上去做加倍的努力。要学会在不利的条件下，在逆境中去拼搏的精神。京剧界有句老话，叫作“闲时置，忙时用”。你暂时没有演出的机会，但你不要放弃学习的机会。青年演员的学习不能仅仅局限在老师手把手地教，别人在排戏，老师在辅导别的同志，你在旁边看，用心记，这也是学习。外地剧团来演出，你去观摩，看他们有哪些精彩的表演，也是学习。现在，我们有利的学习条件比过去多了，除了向老师学、在剧场观摩学习之外，录音、录像随时都可以当我们的老师，这种学习的条件是我们老演员过去做梦也想不到的，为什么不充分利用起来呢？除了多学还要多想多琢磨，要创造一种学习的气氛，平常聊天谈话，中心话题也是戏，这都是学习。这种学习不是可有可无的。你向老师学戏是一招一式地学，学到一定程度要开窍，而平日多想、多听、多谈，使你广闻博采，开窍就快。某种机遇就会使你的艺术有一个飞跃、升华。千万不要把时间浪费在“东家长、西家短”的是非闲聊中去，这种是非谈最容易瓦解士气、涣散人心。这是每一位有志于振兴京剧的青年演员所不屑的。

京剧振兴的希望寄托在青年演员身上。在纪念徽班进京 200 周年的日子里，说几句老话题。目的在于向社会各界呼吁，老话题还没解决，需要大家共同努力。

（此文发表在 1990 年第 12 期《中国戏剧》）

谢　晋

谢　晋（1923—2008），男，浙江省绍兴人。1948 年毕业于南京国立戏剧专科学校导演系。国家一级导演。曾任上海电影制片厂导演，中国影协第四届理事、第五届主席团委员，中国文联第五届、第六届执行副主席，第七届全国政协委员，第八届、九届全国政协常委。代表作有《红色娘子军》《天云山传奇》《牧马人》《鸦片战争》《芙蓉镇》等。2005 年获第 25 届金鸡奖终身成就奖，2007 年获第 10 届上海国际电影节华语电影杰出艺术成就奖。

对电影创作几个问题的思考

处在一个伟大的历史转折时期，在电影创作中，有一系列的艺术理论问题需要我们去重新认识，认真加以研究、解决。为此，我想从电影导演角度提出一些问题略加探讨。

一

在谈到提高影片的艺术质量的时候，我考虑更多的是中国电影与世界优秀影片的差距。作为一种意识形态，中国电影与世界电影怎么能比呢？这又不像是一些具体的工业项目！然而，我看，问题不能这样简单对待。我一向认为，如果单纯地从政治上着眼，从世界观、道德观、信念和追求等方面看，它们之间的确有不可比之处，然而作为一门艺术，又是可比的。优秀的文学艺术，包括电影在内，应该是属于全世界、全人类的。莎士比亚、雨果、鲁迅的作品是属于全世界的，《红楼梦》也是属于全世界的。就电影来说，无论是《居里夫人》《音乐之声》这类美国片，还是《远山的呼唤》《啊，野麦岭》这类日本片，都已为世界各国人民所接受。像这两部日本片，写的是日本的故事，由日本人拍摄，感情是日本的，但我们看了却很受感动。这就是艺术作品的潜移默化的作用。

胡耀邦同志关于思想工作有一个讲话，他说，做思想工作，做报告，要有战斗力、说服力和吸引力。他强调指出，如果没有吸引力，战斗力就不存在；如果没有说服力，战斗力也不存在。耀邦同志的话使我想到电影。大家都承认电影有教育作用、审美作用和娱乐作用。但我们常常不是把这三者看成是浑然一体，而是把它们机械地区分开来。重视电影的教育作用是对的，但也不要轻视它的审美作用和娱乐作用。许广平曾说过：鲁迅喜欢看泰山片和描写非洲生活的影片。这样伟大的一位作家，为什么要去看泰山片和《非洲历险记》之类的片子呢？我领会，鲁迅一是想通过这些影片增长见识，二是想在繁重的脑力劳动之后，休息一下，轻松一下。这给了我们一个启示：应如何看待文艺的功能？它的教育作用、审美作用、娱乐作用，到底能不能分得那么清楚？《城南旧事》的一些评论文章，包括第三届金鸡奖评委对这部影片的评价，都认为影片不是从概念出发，而是以其精湛的艺术，对人们的灵魂进行潜移默化的陶冶和启迪。我是同意这种看法的。

这里我想起了一件事，"四人帮"时期，我所在的电影干校有一个小青年，他看小说《西游记》，工宣队的一个连长就责骂他："看什么《西游记》，难道你要向猪八戒学习吗？"他的这个话在我脑子里存留了很长时间。从"向猪八戒学习"这句话，我联想到《牧马人》中的郭扁子。牛犇饰演的郭扁子，获金鸡奖最佳男配角奖，百花奖投票，他也是第一位。由于他正在法国参加戛纳电影节，未能出席授奖大会。当铁牛代他领奖时，会场十分活跃，群众中爆发出一种会心的笑声——他们所喜爱的郭扁子得奖了！在拍摄《牧马人》时，我和李准同志都讲过，郭扁子是不断地贡献美的，而许多同志却要求对这个人物进行改动。对于他的那泡尿，摄制组争论得很激烈，有人提出，怎么能在人家大门口小便呢？我想这个意见也对，在大门口小便不合适，就把大字报贴在了墙角。最后终于说服了演员和摄制组的同志。只是大字报上"勒令"的"令"字下面的一点点得太明显了，郭扁子念成了"勒今"，显得有些牵强，不大合理。当我意识到这一点时，片子已经拍完，无法弥补了。猪八戒又贪吃，又贪色，屡犯错误，又屡教不改，但群众对这个形象非常喜爱。郭扁子讲了许多很粗俗的话，还往大字报上小便，群众也非常喜爱他。这就值得我们思考和总结。

由于我们长期以来对艺术的功能缺乏正确的全面的认识，因此，许多影片不那么讲究艺术性，品种样式也很少。我们的创作人员，缺乏一种标新立异、锐意探索和创新的精神。我觉得，这是我们电影与世界优秀电影的差距。在电影上要想创新，要想突破一点东西，很不容易。年纪大的导演想做一点新的尝试都举步维艰，更不要说年轻的同志了。《逆光》摄影魏铎获这届金鸡奖最佳摄影奖，我与许多摄影师讲："这个评选太好了！"我们现在的摄影是很保守的，金鸡奖就应提倡创新精神。当然我们也不反对构图非常完整的拍摄方法。有些著名导演，比如美国的科波拉，他的每一部戏，都有所变化，都在进行一种新的探索。这种精神是值得我们学习的。

二

当前，我们的电影创作，尤其是电影剧作存在的问题是不少的，首先是一些剧作不敢大胆地深入地触及比较尖锐的现实矛盾，对具有悲剧因素的东西不能深入地挖掘。

三届金鸡奖获奖的影片如《天云山传奇》《角落》《人到中年》都有一种浓厚的悲剧因素，一种深沉的历史感、时代感；反映了生活中重大的、人们所关心的问题。如果一部影片所提出的问题，是观众想说的，而影片说得比他想象得更好、更强烈，引起他的思索更多、更深刻、更独到，观众就会热烈欢迎。

关于悲剧这个问题，在我国争论较多，认识上比较模糊，理论上也没有完全解决。社会主义制度下有没有悲剧呢？当然有，这已是社会实践所证明了的。生活里没有十全十美的事，每个人在事业上、爱情上、家庭生活上，总会遇到这样那样的挫折，甚至有某种不幸。尤其在十年动乱的年月里，悲剧更是比比皆是。那么，悲剧是否使人消沉呢？我认为不能一概而论。从古希腊悲剧到莎士比亚的四大悲剧，真正优秀的悲剧都是一种美的象征。悲剧美是非常崇高、非常圣洁的，它能陶冶和净化人的心灵。在悲剧美中有一种是悲壮的美，如果说《天云山传奇》中的冯晴岚的形象，还带点阴柔的美；

那么，《高山下的花环》中的靳开来，则是阳刚的美，还有那位炮兵连长梁三喜，尽管家里欠着债，尽管不能与即将分娩的妻子团聚，但是，为了祖国的利益，他勇敢战斗，直至献出了自己的生命，则体现了一种悲壮的美。他们是不同于董存瑞、黄继光的另外一种英雄形象。在外国人看来，战士休假不与老婆团聚，简直是不可思议！美国人打仗都是靠大量金钱支撑着，前线的供应是最好的，士兵打一两个月的仗，可以到泰国、中国香港、中国台湾等国家和地区花天酒地玩十天。没有这种物质刺激，士兵就不会给你去卖命。像梁三喜、靳开来这样的形象，只有我们中华人民共和国才有。他们代表了中华民族的精神。影片的民族形式决不仅仅是故事的叙事方式，它还包含了民族的灵魂、民族的精神、民族的伦理。这种悲壮的美难道会引起人们消沉吗？不会的。它会促人奋进，给人力量。《天云山传奇》不完全是悲剧，但含有悲剧因素。冯晴岚最后的死是否会引起人们消沉呢？我觉得是不会的。这种悲剧的美，能够净化自己，同时也净化观众的灵魂。《人到中年》真实地描写了中年知识分子的坎坷命运。陆文婷的境遇是令人辛酸的。但广大知识分子看过影片后，是一种欣慰、一种鼓舞，而不会感到消沉。陆文婷在艰难的条件下，仍旧默默无闻、兢兢业业地为党工作，正如有些同志所讲，在陆文婷的身上，平凡中见崇高，辛酸中带有一种奋发的力量。她是我们这个特定的历史时期内的社会主义新人的典型。也许再过二十年，知识分子问题解决了，不一定找得到陆文婷这样的形象了。但是，陆文婷对生活那种执着的信念、那种堪称民族脊梁的坚韧精神，将永远给我们以鼓舞和力量。许多悲剧作品所产生的社会效果，也证实了这一点。

将来，我们在创作中还会不断地碰到悲剧的问题。社会主义条件下的悲剧，或者是含有悲剧因素的戏，究竟对我们社会是拆台还是补台？这个问题在理论上仍有争论。有人认为，这是拆台；有人认为，这是补天的彩石。我认为，在社会主义条件下，那些能够准确地反映生活中矛盾的悲剧，或者含有悲剧因素的段落，它在感情上会引起我们的震撼，产生强烈的是非感；在理论上会引起我们的思索，使我们更好地认识社会发展的客观规律，从沉重中感到慰藉，化悲痛为力量。

随之而来的一个问题是，对于社会主义制度的一些还不完善的方面，文艺要不要放下批评这个武器？我觉得批评的武器无论如何是不能丢掉的。敢于批评这是一种力量，是一种光明，是一种希望，是一种亮色。我碰到许多对我们非常友好、并且也很有见地很有水平的外国同行，他们看了《天云山传奇》《人到中年》等影片后，感到非常兴奋。他们说："你们国家敢于让这些影片出来，敢于对自己的缺点错误进行这样严肃认真的自我批评，这是一种非常强大、非常有信心的表现。从这一点上看到了你们国家的希望，真为你们高兴！"

剧作上碰到的第二个问题是，人物的复杂性描写不足。我们有些作品还是简单地写过程、写事件，满足于讲一个有头有尾、情节曲折的故事，就是不写复杂的人。有些作品写了人物之间的冲突，有的还很尖锐，甚至到了你死我活的程度。但这些冲突都是外部的、理性的，往往缺乏角色的自我矛盾。在这方面，一些文学名著可资借鉴。比如，《红楼梦》这样一部伟大的著作，林黛玉、晴雯、王熙凤等人物都有深刻细腻的自我矛盾。再比如《雷雨》，它所表现的时代离开我们已经很遥远了，为什么屡次公演，上座率经久不衰，现在仍有许多观众要看呢？最近上影厂已决定把它拍成电影。我觉得，主要是因为戏里的每一个人物都有深刻的自我矛盾。我们现在的作品，如果能有一两个人物，真正写出了他们的自我矛盾，导演就非常愉快了，感到这个人物有可挖的潜力。没有自我矛盾，不写出人物内心的复杂性，再怎么用劲，也是挖不出来的。我们有许多剧作，缺乏对历史、对人物自我的透彻的解剖，人物性格单一，自身的矛盾很少。剧作上的这一欠缺，往往影响了作品的思想深度。《天云山传奇》中的罗群和冯晴岚，在强大的"左"的压力下，度过了那么漫长的岁月，不是那么容易的。我设想了一下，假定不像现在影片中所表现的那样，罗群和冯晴岚结合后就万事大吉，而是把他们自身的矛盾写得更深刻一点，把内在的矛盾冲突挖掘出来，效果可能会要好得多。吴遥这个人物，也还不够典型，一味地把他当成反面人物写了，引起了很多争论。如果写出他自身的许多矛盾、许多痛苦，这个人物就写深了，这个戏的水平就会比现在大大提高一步。《牧马人》中的许灵均父子，如果再有一两个回合的心灵碰撞，再有一些切肤之痛的内心矛盾，效果也会更好一些。

对人物的复杂性描写不足，导致我们作品中的许多人物往往是类型化的，不是多侧面、多角度地去观察和描写一个人物，描写他在实际生活中各种不同规定的情景（如对爱人、对同志、对部下、对上级）下的种种表现。用文学界同志的话来说，作品中的人物常常是扁的，而不是圆的，缺乏立体感。

剧作中碰到的又一个问题是：提出矛盾、解决矛盾是理性的、图解式的，似乎非要在作品中解答某个问题不可，不给观众思索的余地。文艺是通过形象来思考的。观众或读者，正是通过生动具体的艺术形象达到对社会和人生的认识。比如，通过郭扁子“越穷越光荣”这句话，可以看到在特定时代，中国社会生活的一个小小的侧影。概念和图解是艺术的大敌，我们的影片应该塑造出更多的生动感人的艺术形象，应该给观众提供更广阔的思考的天地，而不要急功近利，追求所谓“立竿见影”的效果。

三

电影创作以导演为中心，这是已被世界公认的一个无可争议的电影艺术规律。因此，我们要特别重视导演创作的问题。

目前，我们遇到的有导演队伍的问题。比如说导演（包括副导演）的来源，现在，有的是演员改行的，有的是顶替进来的。实际上，无论导演、副导演、助理导演，还是场记，都需要经过考试才能担任，哪怕是电影厂自己考也行。我看了日本的一个材料，一些很著名的导演，如山田洋次、黑泽明等，履历上都这样写着，某某年考入松竹公司，担任助理导演等。他们都是硬碰硬地考上来的。这些真正经过考试选拔进去的有培养前途的人才，经过三五年的拍片实践后，很快就出来了。《逆光》的摄影魏铎过去是搞军教片的，拿手提摄影机的，他就与别人不一样，不是老师傅带徒弟、徒弟再带小徒弟那种“近亲结婚”的方式带出来的。因此，《逆光》的摄影就不一般。我们现在有的摄影师，你要想动一下他的老方法，简直困难极了。他会说：“师傅教我就是这样打光的。”你根本动不了他。这种“近亲结婚”培养的方式，是出不了优秀人才的，因此，来源问题不解决不行。

电影导演是用镜头进行写作的作家。从苏联的爱森斯坦到美国的科波拉，凡是比较优秀的对世界电影有贡献的导演，都有这样一些共同的特点：他们不仅是艺术家，而且是学者，是思想家。他们有丰富的激情，有强烈的事业心，有坚韧的献身精神。这次在马尼拉，遇到《甘地传》的导演，他为拍这部影片，做了 20 年的准备工作。我国有的导演也是如此，如凌子风为拍《骆驼祥子》也酝酿了很长时间。只有用这种精神进行创作，才能拍出比较好的片子。

我常常想，我们电影的风格流派为什么不大容易搞出来？事实上，咱们有点风格就不错了。电影是综合艺术，不像作家，可以自由地在作品中表达自己对生活的独特见解和强烈的艺术个性，比较容易形成自己的风格。电影风格的形成，必须具备一定的条件。第一是导演本人的思想和艺术修养；第二是要有非常适合于自己风格的剧本；第三是要有强有力的、志同道合的、自己能指挥得动的一帮人，即要有一个精干、团结的摄制组。据我自己在创作中的体会，凡是自己非常喜欢，能够把自己摆进去，以解剖自己心灵开始的戏，容易拍得好。拍《天云山传奇》时，我曾对摄制组一些同志讲，这些人物身上有你也有我，宋薇身上就有我的影子。我参加过“反右”，批评过吴永刚，批吴永刚是从不通到通，也喊过口号。我在创作宋薇这个人物时，是把自己摆进去的，把她身上的许多东西与自己的经历结合了起来。只有能够触动自己的，才能触动观众。这已是文艺的常识。但我们现在经常还是违反常识。我常听一些导演讲：“这个剧本我不大喜欢，但还是拍了。”我接触的一些中青年导演，他们接的本子，跟我 50 年代拍戏时遇到的情况是一样的，大多数本子是属于分配性质的。为什么明明是自己不喜欢的本子，还要拍呢？因为机会难得，权作“练兵”吧。在这种情况下，平庸作品的大批涌现，就不足为怪了。要拍出比较好的、有影响的、动人心弦的影片，自然就比较困难了。近几年一些青年导演拍出了一批优秀影片，他们之所以获得成功，个人的修养固然是首要因素，剧本是他们自己选择，并且倾心拥抱的，恐怕也是一条重要的原因。我觉得这也是一条创作规律，如不遵循这个规律，就会受到惩罚。

我在创作实践中，对我国电影拍摄方法、工艺过程的落后、陈旧深有感触。李存葆写小说《高山下的花环》时，希望写得更接近于生活，我希望未来的影片，也能最大限度地接近生活，使观众看不出这是戏，看不到导演、摄影的作用，而感到这就是80年代活生生的中国生活。但从目前我们的拍摄条件看，要做到这一点，是比较困难的，至少要费很大的气力。30年代美国电影的拍法，三四十年代苏联电影的拍法、我们努力一下可以拍出来。而现在国外那些更接近于生活的影片，我们就难了。原因何在呢？不是因为我们中国人笨，而是国外的拍摄方法、工艺过程，与过去大不一样了。电影导演的任务，是用镜头揭示人物的内心世界，调动综合艺术的各种手段，细微地生动地刻画人物独特的性格，烘托渲染人物的感情矛盾。可我们的手段不多，尽是老一套，现在电视上一些新闻片，包括国外的新闻报道，都拍得非常生活化，镜头剪接下来，就是很不错的故事片。而等到播放故事片时，就显得拿腔拿调的。这不仅仅是导演处理、镜头调度、演员表演等方面的问题，也还由于拍摄方法、工艺过程的落后和陈旧。希望有关方面重视这个问题，采取必要的措施，尽快予以解决。

四

与优秀的演员，包括与外国的优秀演员相比，我们的许多演员在表演上的差距还是很大的。我看了一些外国影片，他们好的演员，一是表演时比较放松，比较松弛。相对地讲，我们许多演员比较紧张。二是注意力集中，容易进戏，即容易进入规定情境。我们有些演员在这一点上还比较好。斯琴高娃表演节目，她一走到麦克风前，就入戏了。作为演员，这是最基本的要求。三是脸部（即五官）表情丰富，表现力强。而我们许多演员在拍近景时虽然事先做了许多案头工作，但面部表情大多比较呆，内心的东西揭示不出来。此外，国外的拍摄方法、工艺过程比我们先进，我们的拍摄方法对演员干扰比较多，这对演员的表演的影响是很明显的。我在拍《摇篮》和《牧马人》时，做过许多试验，毛驴遭轰炸，丛珊的特写镜头，以及其他一些戏，都是用两台甚至三台机器，用长焦距拍的，有时是用600毫米的长焦镜头拍摄，拍得很远，效果显然与老的方法不同。拍丛珊特写时，丛珊坐在床上，摄影机摆在门外，用这种镜头拍，她根本不知道在拍她的特写，因此，很自然、很松弛，看不出表演痕迹。丛珊和朱时茂两人看日记的镜头，也是这样拍的。经过试验，这种拍摄方法效果很好。但如要大量采用，目前条件尚不具备。

表演的模式化，是目前我国电影表演中的一个很突出的问题。表演悲哀，表演欢乐，表演关心等，都有成套的模式。导演处理也有一个套子。王蒙同志最近在一篇文章中，提出了作家非学者化的问题。我们的许多导演、演员，也存在着非学者化的问题。对于如何塑造人物性格，缺少必要的修养，甚至很多方面还是空白。在表演上搞模式化，对演员限制过多，而演员技术上的特殊训练又太少。总理不知讲了多少次：“你们演员起码要学学开车。”现在拍骑马，都是拍替身、拍背影。《秋瑾》中拍李秀明骑马，不能跑，只能走，一跑就要用替身；祝希娟在《摇篮》里骑马跑的镜头，也是替身，拍背影。这更不要说一面骑马，一面打枪了。我只拍过牛犇骑马的近景镜头。那是拍《红色娘子军》时，牛犇给洪常青送上级文件那场戏，我要求牛犇：“因军情紧急，马骑到王心刚面前，尚未停下来，你就要下马。”牛犇骑术相当好，很好地完成了我的要求，镜头就随着马蹄的“嘚嘚”声，跟着拍了过来。现在其他人都不行了。至于写字，就更不用说了。我拍的影片，所有的写字镜头，都是请别人代笔。只有这次拍《秋瑾》，拍到一个真的：

于是之给秋瑾题字，镜头由纸面顺笔摇上来。不然，这个镜头就得分切着拍。而这些问题，只要演员刻苦努力，是可以解决的。

对于演员，有一个问题值得注意。到底是爱心中的角色，还是爱角色中的自己。这个问题看来是老生常谈，但现在看，完全有重提的必要。领导同志已批评过我们多次，不要总拍大美人。观众和评论家对此也提了不少意见。但是许多演员还是爱自己。这次《甘地传》得奖的演员，是个印度血统的英国人，一个不大著名的话剧演员，导演选中他演甘地。我在马尼拉初次见到他时，不晓得他扮演甘地，留给我的印象是，西装笔挺，体态丰满，神情潇洒。后来才了解，他就是扮演甘地的演员。在接受扮演甘地的任务后，他到了印度，我们叫体验生活，他们叫访问。他准备了很长时间，访问、参观，阅读大量资料，进行形体训练等，花的功夫不比我们一些用功的演员少。他扮演得像极了，走在路上，很多印度人都向他朝拜。而为了达到形体上的相似，他每天只吃一点点饭，体重下降了十几公斤，剃了光头还不算，到拍甘地绝食的重场戏时，他真的不吃饭，硬是饿着，饿到最后，中气都不足了。他能在这次电影节获奖，绝不是偶然的，的确付出了辛勤的劳动。演员这种在艺术上刻苦追求的精神，很值得我们学习。我们有些演员现在年龄还不算大，体型已经变了。有的几年不见，体型变得很厉害。这次我拍《秋瑾》，和于是之同志交谈较多。我想请他演《赤壁之战》中的人物，请他选择自己感兴趣的角色。他说：“这样大的历史题材的戏，这样著名的历史人物，你要在一两年前通知我。”的确，如果演曹操、诸葛亮、周瑜这样的历史人物，临时通知他，一两个月的时间，怎能来得及准备呢？

五

夏衍同志在第四次文代会上讲，少则三五年，多则六七年，我国电影就可以赶上世界先进水平。后来，他又讲，看来我的估计乐观了些，要赶上世界先进水平，时间还要长一点。我认为夏衍同志后来这个看法是比较客观、比较准确的。出大作品，需要一定的条件，要经过一个酝酿发酵的过程，而且要有一个良好的气候，这是一个不以人的主观意志为转移的艺术规律。有位著名作家在新中国成立初期做过一个报告，说:“我有雄心壮志，想写一部类似《红楼梦》那样的小说。”这个话后来遭到了重点批判，说是“狂妄”。这种批判当然是错误的。然而像《红楼梦》这类杰作的问世，需要一定的客观条件，不是作家主观想写就能写出来的。周立波同志过去也曾经讲过:“我也想写一部超过《红楼梦》的小说。我是共产党员，我们的社会制度又比清朝曹雪芹生活的那个制度优越得多，我应该是可以超过的。”到了“文革”前夕，他给青年做报告时，看法改变了。他说:“我是绝对超不过曹雪芹了。”我觉得，这是他对文艺规律认识上的一个很大的飞跃。这次《茶馆》获金鸡奖特别奖，评委们表扬了焦菊隐。焦菊隐和黄佐临是我尊敬的两位老师，曾被称为“南黄北焦”。焦菊隐留学法国，黄佐临留学英国，两位都在我就学的学校教过书。我与于是之等北京人民艺术剧院的同志交换意见，我们感到，论成就，两个人在新中国成立前差不多，甚至在很多方面，黄佐临超过了焦菊隐。在新中国成立前，黄佐临的风格就已经形成了。但新中国成立后，焦菊隐的成就比黄佐临大。难道是黄佐临不努力吗？不是的。新中国成立后，他在上海经常挨批，他想搞喜剧，也培养了一些有才能的喜剧演员，但是，喜剧一直没有搞起来。后来搞出个《布谷鸟又叫了》，还遭到了批判。我们再看看焦菊隐的客观条件，总理一直关心“人艺”，彭真、万里领导下的北京市委非常支持“人艺”的工作，郭老也很关心“人艺”。我觉得焦菊隐后期是形成了风格的。焦菊隐及“人艺”能够排出《茶馆》，能够形成风格，不是偶然的，是与这些条件分不开的。

我们中国电影的风格、流派，也不是随随便便就能出得来的。除了我们创作人员的艰苦奋斗、刻苦努力之外，还要创造各种条件。我们面对着的，是强大的竞争对手。他们的工作条件好些方面要比我们好得多。1981 年底在北京大雅宝创作会议上，好几个导演看了《牧马人》之后，对领导讲:“如果美国的耗片比也是 1∶3，肯定拍不出《牧马人》的水平来。”我当时感到很大的安慰。

那么中国有没有好条件呢？有的，而且有些条件比外国好得多。就拿拍战争片来讲，日本有的拍战争影片时，群众演员是靠登广告来招募的。广告上写明：拍某部影片，需要演海军、陆军的若干名，酬金若干。条件是：20岁左右，会打枪，要剃光头，等等。各行各业的人就来应招。而我们就不需要这样，打一个报告就行了。这个条件，全世界没有几个国家能和我们比。此外，悠久的历史文化，也是我们一个很好的条件。我对一些同志讲，倘若十年内我们再干不出来，我们这一辈就要被淘汰了。雄心壮志和“人梯”精神并不矛盾。首先要有冲的精神，不怕冲得头破血流。实在冲不上去，倒在地上，做个人梯，让年轻人踩着我们的身体继续前进。

如今，我们处于一个伟大的时代，应该创作出伟大的作品。用一些作家同志的话来讲，这叫作“生逢其时”。一些同志去瑞典访问，当地的人很自豪地介绍：“我们北欧国家有250年历史，60年未发生过战争。”那里的人民，数十年来比较安定，固然是件幸事；但是，在艺术上，他们也未出过什么大作品。任何事物都是相对的。许多人都说钟惦棐同志的文章写得深刻，但是，要知道，正是坎坷的遭遇，给了他二十年埋头苦读的机会。我想我们这一代头发已经白了，希望能在电影界老领导的带领下，拿出拼搏的精神，用五年左右的时间冲上去，使我国电影事业有一个大的飞跃。到那时，年轻人上来了，我们这一批就属于后备队了。我想，只要我们抓紧一点，努力干，我们的电影是可以赶上世界先进水平的。

（此文发表在1984年第2期《文艺研究》）

写大事，抒大情

小说《高山下的花环》一出来，在全国形成了一个“花环”热。研究其原因，我感到能引起观众的强烈共鸣，是“文革”留给观众思想上、政治上、感情上的余波所产生的作用。为什么这样说呢？像梁三喜一家最重要的情节——欠账单；靳开来的敢于说真话，可最后连三等功也评不上；吴爽的开后门；小北京牺牲在那批林批孔年代里出的那发臭炮弹上——这些都是能激发观众感情的余波。虽然这些事件已经过去了好几年，极“左”路线不断地得到纠正，但这个余波还是能够震动广大观众的。现实生活里，还有很多讲真话的、喜欢提点意见的人，常常被有些领导看不上。所以靳开来这个人物的美学价值会引起那么大的关注。影片里雷军长最后说：“不给靳开来立功，天理难容。”这句话可能会有争议，但我们还是让说出来了。《花环》小说能够出来，完全是十一届三中全会的一个成果。试想一下，在十七年里，这篇小说、这个剧本能出来吗？那不成了给部队抹黑吗？战场上私自砍甘蔗，那是违反纪律啊！刘白羽同志和我们谈剧本时曾经说过：“我们部队等这样的小说，可以说等了几十年。”为什么？因为过去不能写矛盾。一个戏，一部电影，一出话剧，一篇小说，不能描写矛盾，那它就必定没有人看。

《花环》写了部队和社会的上层、中层和下层，时间是 1979 年前后，各种社会问题在作品里都有所反映。梁大娘一家三代人的坚韧，靳开来的不提升，小北京这个光芒四射的年青一代，赵蒙生的觉醒、忏悔，杨改花的通情达理，军长深沉的自责，这些都有很深刻的社会价值和美学价值。

《花环》还表达了中华民族的传统美德和共产主义思想觉悟相结合的精

神。一个国家、一个民族的历史道路、地理环境、生存条件、精神传统都不相同，从而长期形成了一个国家、民族自己的道德精华，当然也有糟粕的东西。而《花环》中间表现的梁三喜和玉秀那种纯朴的忠贞的爱情，媳妇孝顺婆婆的美德，那种为祖国甘愿献出宝贵生命的品质，都是我们非常崇高的民族传统。我特别要强调，剧本中欠账单的处理，它表现了我们中华民族特有的一种崇高的信义。中国人是最讲究信义、憎恨忘恩负义的。这是中国人民非常宝贵的传统。所以信义这点我们在影片中重点渲染。戏中的靳开来和梁三喜的深厚情谊，军长那深厚的父子之情，靳开来、杨雷、小虎那种夫妻、父子之情，都是中华民族传统的美德，我们也重点渲染。

现在我们改编的这个剧本，既写大事也写大情。大事写到我们国家的爱国主义，“位卑未敢忘忧国”。大情写到生离死别，写了在大敌当前的情况下，死、血、穷、苦、债、悲伤，甚至还写牢骚，还写官僚主义、不正之风。写了那么多的阴暗面，而我们并不感到很低沉，相反，倍受鼓舞。这是什么原因呢？因为把大事和大情结合在一起。它是悲的，但不是悲悲戚戚，而是悲而壮：悲，催人泪下；壮，震撼人心。剧本中出现的人物，都是观众在生活中常见的、摸得着的，不是那种高大全的，是扎扎实实站在中国土地上的。他们有自己的喜怒哀乐。梁三喜不能探家也有他的矛盾和痛苦；靳开来受到不公正的待遇时也有牢骚；小北京的自负；军长失去儿子的悲痛；梁大娘、韩玉秀献出亲人以后的那种悲恸。没有把他（她）神化、净化。把这些人物活生生地写出来，拍出来，使人挥泪，使人震撼，使人拍案而起！

近年来，我不太归纳一个剧本的主题思想。把主题思想归纳成一句话，结果大家直奔主题，戏显得非常“干”。一个好的作品应该给人不同的感受。像这样一个历史感比较强，有社会广度、生活广度的戏，不同的观众可以从各种不同的角度去理解，去吸取。

关于这部影片的风格和样式。我想，用音乐的语言来讲，就是影片奏出了一曲崇高悲壮的颂歌；从绘画的角度来说，是崇高悲壮的画卷。影片的样式我们定为悲剧，是崇高壮丽的诗情悲剧。很多前辈都讲过：“悲剧跟诗意是紧密相连的。悲剧必须唤起崇高和壮美。命运可以摧毁伟大的人，但无法摧毁人的伟大崇高。”我们的影片要抒崇高的奋发之情；给观众留下总的印象是，中华民族是不可战胜的。我从50年代的《女篮五号》开始，就一直强调歌颂民族自豪感。苏联过去拍了很多卫国战争的影片，他们到现在还在拍，他们反复阐述的一个主题，就是俄罗斯人民是伟大的。

我们的影片中，梁三喜、靳开来、小北京虽死犹存，金小柱虽残犹全。诗意从平凡的事物中寻找，开掘崇高的、美好的、有价值的东西。诗情是感情浓缩的结晶。具体说来，第一章是抒欢悦之情。虽然里面已经隐藏着梁三喜和赵蒙生的矛盾，但整个背景的调子还是欢悦的，节奏是明快的。诗情是靠军营生活，大量的、生动的、富于情趣的细节来体现的。一般我们理解的诗情总是田园风光，淡淡的哀愁。而我们的影片却表现了洗澡、磨豆腐、采花、拔河、吃馒头、拉练、打扑克、洗衣服等这些充满了战士情趣的生活场面。这种情趣像一幅幅生活小品、素描，充满着诗意。它不亚于田园风光的诗意。因此需要摄影、美工机动灵活地捕捉很多生活细节来表现。富于情趣的生活细节是最有表现力的，而且能充分展现人物的关系、人物的感情。

第二章是炽热的情。我们以表现一个连队为主。这个炽热的情是靠人物的力量和他们的牺牲来体现的。我们重点要突出他们翻山越岭，攀藤涉水，一双双的脚，一双双的手，一张张被茅草刮破的脸。用这种细节来展示战士的力量。这种力量严格地说也是一种诗意。像许多很有名的雕塑一样，一种力量的美、力的诗意。

在表现死的方面，可以拍得很残酷、丑恶，这是自然主义的表现。但我们战士的牺牲是壮美的、崇高的。所以对剧中人物的牺牲，要找到这一个个特定人物的死的表现方法，以充分展示这一个个特定人物的思想和精神状态。

第三章是悲壮的情。是全剧感情的结晶。人物感情的交流是激荡的，人物自身的感情有时是高度凝聚的，有时又是高度爆发的。爆发也好，激荡也好，都不全是外露的，有的地方应该非常含蓄、非常深沉而朴素。雷军长的感情也是很深沉的。

有人谈到剧本时说：未来的戏，应该是既强烈又含蓄，既炽热又克制，要含而不露，不要感情泛滥。这话对我们有启发。我们这个戏，越是动情的地方，演员越克制，而观众越会受感动；反之，演员越嚎啕大哭，观众反而会无动于衷。这是艺术上一个很重要的规律。这样的表现会更为深刻、更有回味、更有魅力，感染力会更强。所以我们要用诗情的风格统一全剧，选择好富有表现力的、细致的、无言的交流，处理好静场、停顿。演员尤其要注意台词中间的省略号。有时戏不在台词上，而在省略号上。全剧的节奏是流畅的，段落是简洁的，加强电影的造型手段的表现力，服装、化妆更接近生活。所以我要求摄影的光要自然，服装、化妆要看不出来，导演处理力求朴实，要做到看不出导演，看不到摄影，看不出美工，看不出演员，观众看到的只是角色——人物。

《花环》打动观众的是一群活生生的生动的人物形象。它容量大，但如何能传达给观众，我们摄制组的口号、奋斗的方向、在艺术上追求的目标是什么？我用一句话概括起来就是：把人物灵魂的探索提到我们各部门创作的中心位置。演员当然是最主要的，他们的语言要能听出潜台词，内心独白要非常深刻、非常独特，体现出来要非常鲜明，因为我们这个戏有大量的别离之情、大量的痛苦、大量的悲哀，我们应该通过这些把人物的内心世界揭示出来，把主题思想、哲理融化于形象的塑造中。鲁迅说过一句名言："把灵魂展示给人的艺术是最高的意义上的现实主义。"我们要通过一切手段，把人物所包含隐藏的容量揭示出来，在平凡中见到伟大，使人物有血有肉、有思想、有个性；同时，每一个人物形象所展示的哲理、它的美学价值和典型意义又能为广大观众所理解和接受，以这个为起点，思考人生的幸福，人生的真谛，引起强烈的共鸣。像梁三喜一家坚韧、刚毅、顾大局、识大体之美，靳开来爱憎分明、疾恶如仇、赤子之心之美，小北京有抱负、有远大志向之美。赵蒙生最后的觉醒，吴爽到最后好像自己也回到战争年代，触及到了心灵，这些也都是一种美。我们导演、摄影要通过摄影机，重点捕捉人物细致的神态，捕捉人物神态的瞬间。这也要求演员要有真实的、细致的，有充实内在依据的交流，有丰富准确的潜台词和内心独白的交流，真正做到真听真看真感受。

我们的影片有敌我矛盾，也有内部矛盾、内心矛盾。前面两种矛盾比较好处理，我们导演、摄影、演员重点要注意内心矛盾。演员自己应该理一理，排一下队。在哪些地方我们可以揭示人物的内心世界，用什么手段揭示，什么眼神揭示，什么准确的内心独白揭示。所以要求各部门，摄影也好，录音也好，制片部门也好，能够帮助演员，给演员创造一些条件。我们摄制组提出这样的口号：提倡创新，刻意地追求，独特地处理，有艺术魅力地处理。所谓魅力，其实就是处理上既符合情理，但又是独特的，出乎观众意料的，符合规定情境的，有鲜明个性的。这是我们所追求的。在艺术上，反对模式化、陈旧感、一般化。至于这部影片究竟如何，还得请观众评判。

（此文发表在 1985 年第 1 期《当代电影》）

中国电影如何走向世界

中国电影能不能"走向世界"

电影走向世界，首先碰到这样一个问题：不同社会制度、不同意识形态的电影，能不能走向世界？具体来说，我们中国电影要不要参加世界的电影节？要不要去参加各种国际比赛？长期以来，这个问题在理论上没有解决。……不少同志，直至一些领导同志，观念上没有解决，以至于我们这么一个伟大的国家，到现在没有举办过国际电影节。……我说，如果文艺没有共同的东西的话，那就不能理解，为什么全世界都在研究《红楼梦》？为什么全世界都在上演莎士比亚的戏？为什么全世界都喜欢托尔斯泰？由于这个理论问题没有解决，我们即使参加电影节，也是老处在一种非常被动的情况下。

怎么样算是"走向世界"

怎么样算是"走向世界"呢？一种是走向世界的电影市场，拥有全球的观众。这种电影要全世界的专家、高层次的观众、普通老百姓都非常喜欢。现在全世界的电影行业，能做到这种"走向世界"的，可能说只有美国。这种"走向世界"，我们现在做很困难。

另一种是走向世界学术性的电影院、大学，目的不是为了赚钱，而是文化交流。这个我们现在做到了。我的十部电影回顾展，还有《黄土地》等一些影片，已进入到学术性的市场，引起了美国文化界、高层次的注意，这个算不算“走向世界”？我觉得这只是一个方面，要真正全面走向世界，我们目前还做不到。

目前我国电影很难“走向世界”的原因

很重要的一点是实力不够，财力、物力、宣传、院线没有掌握在我们手里……一部电影要进入美国市场，在全美上映，宣传费用就要800万到1000万美元，没有这些钱，你的影片再好，也不可能在美国上演。

我们没有国际著名的明星也是一条。电影一定要有明星。过去我们批判明星制，批判了几十年……中国那么多年搞平均主义，一提明星就觉得突出个人，这也是影响中国电影走向世界的一个非常重要的因素。

我们国家被动的国民性不是一天造成的，而是几千年封建加上100多年半殖民地的心态所造成的。我觉得一个民族的主体意识没有觉醒，改革的步子就非常难，翅膀非常沉重。我们常常注意到“文革”造成的经济上的损失、知识上的损失，我觉得最严重的是心灵上、灵魂上的创伤，这是最难医治的。

另一方面，是我们现行的体制限制了高质量的影片。我们应该拿出一批更好的影片来。但是体制限制了我们。为什么《赤壁大战》这样的影片搞不起来？这样的戏准备时间长，拍摄又非常艰苦，可创作人员的收入却远没有一些拍电视剧的多。这种体制非改革不可。另外，我们没有淘汰制，没有竞争观念，没有不行就要被淘汰的危机感……这跟体制有密切关系。

中国电影完全有条件“走向世界”

白先勇先生认识我的媒介就是《天云山传奇》。他说：“我看了这部影片，我开始相信中国的政策变了。这样尖锐的戏，居然在大陆可以拍，而且可以拿到全世界来，这说明这个国家敢于正视自己过去的错误。”《高山下的花环》是写我们伟大中国人民的苦难和可歌可泣的民族精神。台湾首席大明星柯俊雄，在香港看了这部电影后泣不成声。为什么思想意识跟我们不一样的台湾人看了也能感动呢？《芙蓉镇》这部片子给一些东欧国家的朋友看了，他们看完后全体起立鼓掌。他们说：“太好了！完全看得懂，我们国家在过去走过的弯路跟你们完全一样！”所以这部片子，苏联和保加利亚、波兰、捷克斯洛伐克、匈牙利等国家都买了。由此可见，我们国家出现的很多问题，从斯大林一直到我们，是世界性的，这样从客观上来看，就可以看得更深更远。还有很多西欧国家以及美国、日本、新加坡等，它们是从人性、人道主义这个角度来理解这个戏，买这部片子的。

在历史出现大的跌宕之后，总是要出现大作品的，我们正在追求，也希望大家做这方面的追求。

（此文发表在1988年第6期《电影评介》）

寄希望于新一代电影人

在纪念中国电影百年华诞之际，我有幸前来参加这样的大型座谈会并作一个发言。我对几十年来的电影创作生涯作了一个粗略的回顾，从中引申开来，谈三点想法。

一、作为一个电影艺术工作者，我认为应当责无旁贷地承担起引领社会思想解放潮流的责任。一百年来，在中国电影的璀璨长河中，有许多振聋发聩之作，它们在社会思想进步大潮中起了不可磨灭的作用。有人曾称我的电影作品都是“悲情故事”，其实，他们并没有点明我的电影创作的理念。在我的电影作品中，除了运用生活真实和艺术真实的种种手法，强化故事的完整性、可看性外，最主要的是力图刻画我们这个民族在生存和发展中所发生的悲剧以及它们背后的深层次原因，给人以反思，起到警世的作用。在“文革”前，我拍摄的《女篮五号》《红色娘子军》《舞台姐妹》等，看起来故事很简单，但却反映了新旧社会的强烈对比，忆旧社会的苦，思新社会的甜，让广大人民群众在心灵深处加快完成对反封建、反压迫的民主意识的确认。在“文革”结束以后的全国思想大解放中，我的电影创作特别注重于在历史、文化、人性和民族的心理上多层次、多角度地反思这场民族浩劫的渊薮。《天云山传奇》《牧马人》《芙蓉镇》等一系列影片的创作，就是在这样的思想解放的风口浪尖上诞生的，曾经受过大大小小的阻力，反复曲折，几乎夭折，最后才得以问世。但它们确实以电影这种当时最具广泛覆盖面和影响力的大众文化媒介形式，迅速、形象地推进了人民群众的思想解放。我想，电影艺术家应当在创作中特别注重关于人的命运、民族命运的思考，要有强烈的反思精神和政治意识。

二、电影艺术创作，要遵循艺术创作规律，要尊重生活本身。我一直认为，一部严肃、成功的电影作品问世，其创作过程必然倾注了创作人员的艰苦劳动。记得我们当年拍摄《红色娘子军》时，主创人员在开拍前一年就到海南琼海体验生活，祝希娟等一批演员在解放军的军营里操练了一个月。相比之下，现在有些创作人员过于急功近利，随意轻率。有的演员对剧本、角色没有做深入了解，甚至一到现场，就投入拍摄。我想，这怎么能拍出好作品呢？电影与其他艺术创作一样，没有扎实的生活，没有对生活的深刻理解，是不可能出精品的。

三、在中国电影新的百年开创之际，我真诚地寄希望于新一代的电影人。中国电影，盛逢百年华诞，这是一个阶段性的标志，也是一个新时代的开端。百年荣光，再铸辉煌。靠谁去努力？我完全寄希望于我们新一代的电影人。做一个好的电影人，我首先希望他们像电影前辈们一样，要爱祖国、爱电影，以赤诚之心，敬业爱岗。其次，要关心时事、关心历史，要关注文化、研究社会，站在历史的高度把握时代的脉搏，不断地丰富自己的文化积累。再有，我希望新一代的电影人要在前人的基础上，遵循党的“百花齐放、百家争鸣”方针，扎扎实实、全心全意地投入火热的生活，去发现、开掘那些源于生活、高于生活的精彩题材，拍摄出有社会影响力，能让人民群众“记住”的电影精品，努力开拓中国电影的新里程！

我已是电影队伍中的一个老兵了，但我一直没有停止过我对电影的热爱、理想和追求，只要我能够，我会为电影继续奋斗下去。

（此文发表在2006年第1期《电影新作》）

对话谢晋：读万卷书，行万里路

倪　震

倪震：首先热烈祝贺谢晋导演八十寿辰。对您在半个世纪以来，为中国电影做出的杰出贡献深深致敬。祝您健康长寿，继续为中国电影在21世纪的发展，发挥重要的影响和推动作用。

您的一生，是为中国电影热情奉献、呕心沥血的一生。电影深深地融入了您整个生命之中。请您谈谈，电影和您的生命相融合的最有感触的体会。

您的电影生涯的最大特点是，热情澎湃、忧国忧民。这种持续不断、忠诚不息的热情的来源，是青年时期经历民族危亡的时代使然，是新中国朝气蓬勃的时代召唤，还是儒家文化“入世”“为民”的久远的传统影响，造成了您始终如一的创作热情？

谢晋：从小的时候，我的家教就是要把我培养成一个为国为民、鞠躬尽瘁的人。我的名字叫“晋”，很多人以为谢晋同志是山西人吧？因为山西的简称是晋，我说我不是山西人，我是东晋年间谢安的后代，所以我祖父给我取名字叫谢晋。我的“号”大家可能还不知道，我一直到初中一年级开始，才用谢晋这个名字，因为原来那个名字太难写了。我的号叫淝捷，东山再起，淝水大捷！我祖父就希望我成为宰相这样的人物。后来我看到很多人物，都是献身社稷，为国捐躯。印象最深的是八百壮士的团长、黄埔四期的谢晋元，以后被特务打死的那位，还有许多在民族危亡年代挺身而出的人物，都对我发生巨大的影响。只不过我后来走上了文艺的道路，用电影这种艺术工具来实现自己的爱国抱负而已。所以，从根本上说，电影是我表达对国家、民族的忧愤思绪，表达老百姓悲欢苦乐的一种最直接的方式。

从 50—60 年代开始创作以来，我接触的、选取的题材，大多数都是跟老百姓的悲欢离合，跟老百姓的忧患疾苦紧密相关的题材。自己不感动，怎么去感动别人？

《天云山传奇》，像冯晴岚这样忘我奉献的女性；《高山下的花环》中为国家牺牲了自己生命的战士，留下一张账单……这些都是最让我感动的人物。烈士欠账，是这篇小说最动人的地方，是全片的核心。拿起这个剧本，这个小说，马上就产生想去拍的创作冲动。我认为，现在就是缺少这些使人热情澎湃、为之动容的好故事、好小说。在我这一生合作过的编剧中，李准、鲁彦周，好编剧；张贤亮、古华、李存葆都是我合作过的好小说家、好编剧。他们的生活底子非常厚，刻画人物功力很强。《天云山传奇》《灵与肉》《芙蓉镇》《高山下的花环》都有千千万万的读者。《高山下的花环》拍成电影，有 1.7 亿的观众。没有这些小说作基础，怎么能搞出让千万人感动的、留传后世的好电影？

当年，《芙蓉镇》小说发表之后，北京电影制片厂的水华导演非常喜欢，就想拍。但是，当时的北影主管却否定了《芙蓉镇》这个剧本，认为是通不过的。陈荒煤和冯牧同志说，如果北影不拍，就让上海的谢晋拍。我说，假如水华导演要拍，我一定让给他。但是，北影不让拍，结果就由上影厂接过来，把《芙蓉镇》拍成了，又经过种种难关，审查通过，在国内发行。很多国家想买这部电影的发行权，但当时有关部门不让对外发行。《芙蓉镇》使苏联和东欧国家的电影人士非常感动。他们说我们完全看得懂这样的影片，这样的故事我们太有共鸣了。电影表达得太深刻了。

倪震：中国主流电影的核心主题是“家国天下，伦理至上”。中国主流电影的主类型，是以家庭伦理片为外在形式的戏剧性电影。在我看来，郑正秋—蔡楚生—谢晋，构成了 20 世纪中国电影主流电影、家庭伦理片的三位主要代表，构成了一脉相承的主类型传承。《孤儿救祖记》《姊妹花》是郑正秋的代表作；《渔光曲》《一江春水向东流》是蔡楚生的代表作；《舞台姐妹》

《天云山传奇》《芙蓉镇》是谢晋的代表作。回顾20世纪的中国电影，民族感情浓厚地注入上述不同时代的伦理片中，以伦理见时代，以伦理述家国。

请谢晋导演谈谈，在您的创作中，是否展现了以上涉及的美学课题和伦理思想？您的电影人生始终贯串着一种道德理想和批判精神？

谢晋：现在，人们都喜欢把我归到郑正秋、蔡楚生这一个传统当中，说我注重情节，拍家庭伦理剧。其实，我早年接受电影的影响，不仅仅是以上两位导演的片子，我更喜欢的导演，却是费穆、沈西苓、吴永刚这几位。

少年时代在上海，我母亲常常带我一起去看电影。我十二三岁的时候，正是上海30年代电影非常繁荣的时期。那时候，我跟着母亲，看了不少电影，其中就有费穆的《天伦》，给我印象非常深刻。他的正统观念、宗族观念、儒家思想，在电影中表现得很深。沈西苓的《船家女》《十字街头》，对我的影响非同小可。吴永刚的《神女》，其中阮玲玉的表演使我许多年都不能忘怀。我不是很欣赏郑正秋，在那时，他已经是跟30年代新潮流有所隔膜的前辈了。所以，我实际上是受以上几位导演的影响更大、更深的一个人。

但是，我的电影中以家庭为背景来展开故事，表现人的命运，反映一个时代的变迁，这是不谋而合，这可能是我选取的这些小说中反映的时代内容，本来就是这样造成的结果。《天云山传奇》《牧马人》《芙蓉镇》都是一个家庭历史变迁和人物命运悲欢离合的结局。

倪震：从这一方面的共同性而言，我认为您的电影是体现了中国主流电影中的主要类型道德伦理片的特点，并且把这种特点发展到、推进到一个新的阶段、新的高度。

谢晋：在我的青年时代，在抗日战争时期，在四川度过的五年，受到了曹禺和洪深这些前辈戏剧家的教导，他们对我的影响很深。洪深的课非常生动有致，深入浅出，将四个问题，通过四个故事来讲解，什么是悬念，什么是主题……都在实际的例子中，让你一目了然，豁然开朗。

所以说，我自己的作品和中国电影传统的关系是多方面的、复杂的。我自己的电影中也不仅是运用情节表现故事，也运用抒情、散文式的手法，比如《最后的贵族》。

《最后的贵族》结尾的地方有一段描写潘虹遇到了一个流落在威尼斯的“老白俄”。白俄老头是一个街头音乐家。他为潘虹演奏了一曲小提琴。一个失去了祖国的华人，一个流落了一辈子的白俄老头。同是天涯沦落人……这就是一个突出的抒情段落。

当时，构思这一片段的时候，我和白先勇在一起，两个人喝着一瓶威士忌，反复地讨论这个抒情段落的构想。当我们把这个片段全部想定的时候，兴奋不已，举杯痛饮，一瓶酒也就喝完了。这真是创作经历中令人难忘的时刻。

倪震：谢晋导演的创作，分为前期、中期和后期。前期是从《蓝桥会》《女篮5号》《红色娘子军》到《舞台姐妹》，因“文革”而中断了创作七八年之久；中期是从《青春》《啊！摇篮》起，到“文革”三部曲《天云山传奇》《牧马人》和《芙蓉镇》；后期是从《最后的贵族》起，《清凉寺钟声》《老人与狗》直至《鸦片战争》。是否能够同意我这种分期？

谢晋：是随着时代的变迁、社会的发展，自然形成的。“文革”的过程，剧烈地影响到全民族的生活。每一个人的人生、每个家庭的经历，都受到它的巨大冲击，艺术作品不可能不反映出这种历史的变迁。

倪震：从《舞台姐妹》以来，很多部电影在拍摄当中都磕磕绊绊，受到很多干扰。我很想知道，在这种状态下，您如何一直保持着那种旺盛的创作心态？

谢晋：当时要不是夏衍、陈荒煤当主管电影的文化部副部长，60年代连《红日》也出不来。80年代，如果不是当时的上影厂厂长徐桑楚把这个剧本请示市长汪道涵，这个戏也出不来。要不是得到汪道涵市长的支持，《牧马人》也拍不出来。徐桑楚厂长得到了汪市长的肯定性意见后，专程飞到宁夏外景地，告诉我摆正心态，照常创作。这就是巨大的支持。这部片子里有一个最经典的片段，就是许灵均被平反以后，拿了500块钱的补发工资，那个干部对他说："哎，500 块钱给你啦，以后不要犯错误啦！"然后许灵均就哭了。全场哄堂大笑，张骏祥说这句话精彩！但是我遇到一位书记，他说这句话改掉它，但是改掉后，觉得这个效果就没有了。我很后悔。但是书记都这样跟我讲了，还是温情点儿，咬咬牙改了。

倪震：您的这种创作激情在当时那样极"左"干扰下仍然可以在摄制组中得以贯彻，除了夏衍、陈荒煤的保护以外，还有导演自己的力量在起作用，是吧？

谢晋：你说保护两个字也不完全正确。我是一个有坚定信仰的人，这些剧本，对人情和人性的表现都是很美的，没有丑化他们，这个是非常重要的。《牧马人》原小说叫《灵与肉》，我看到后，觉得太好了。在那样的年代，"四人帮"搞得老百姓民不聊生，李秀芝这个农村姑娘的善良的人性，她对右派分子许灵均的温暖和拯救，太感动人了。老百姓就是靠着这个，从那个时代中走过来的嘛！吴琼花这个人物从女奴到战士，多么有血有肉！在筹备《红色娘子军》时，我们党委讨论说战争描写太残酷，我说这个可以修改啊，琼花这个人物贯串下来，就可以站住脚了。这种信念没有，你就不要拍戏了。一天到晚提心吊胆。当时领导指示，一定要把吴琼花和洪常青的爱情戏改掉。我坚决不肯，张骏祥跟我讨论，还有市委宣传部的，我说不行，我们的作者梁信写信来说，坚决不同意去掉爱情戏，除非组织决定。

倪震：白沉啊，石挥啊，跟你同龄的一批上海优秀导演中，不少人都遭到了那场悲剧。

谢晋：所以，我自己相信这些戏是正确的。《天云山传奇》却使我担心弄不好会出事，当时是反对资产阶级自由化啊，消除精神污染啊……孙冶芳在北京高干楼遇到陈荒煤，"听说你们的戏要被禁掉了，我女儿说赶快去看《天云山传奇》"。开始，只是传闻要批判，但后来还是批判了。荒煤在北京医院一边打吊针，一边支持我。我非常感动。这样的一些人在抗议不公正的批评，支持我们合理的艺术创作，正反映了广大观众的心声。《天云山传奇》公映后，我收到的群众来信有上万封，整整两麻袋还多。不是这些人的鼓舞，我不要说拍戏了，人也活不下去了。

倪震:《红色娘子军》影片的开头，吴琼花在小巷的口上，一个大特写，给人非常强烈的印象，然后是琼花逃跑了，强烈的情节，强烈的节奏。你当时两次运用了变焦镜头，第一次是吴琼花在潜伏着的草丛中侦察到敌情，看到南霸天的时候，你运用了变焦镜头，强化了仇人相见、分外眼红的心理；第二次在老山界那个地方洪常青跟老四相对的时候，你又用了急推的变焦距镜头，这一方面传达了情节的强烈，另一方面突出了人物之间敌我冲突的你死我活。镜头上您用了最强烈的手段，来加强那个时代的气氛，但是到了《舞台姐妹》，我仿佛看到了全面地继承了30年代的传统。《舞台姐妹》没有那种强烈的情节渲染和镜头的夸张表现，展现出全面的抒情风格。在这么短的三年时间，风格上有这么大区别，是出于什么原因？很想请教。

谢晋:《红色娘子军》作为民间传奇的东西，因为我非常喜欢看唐宋传奇。我祖父父母送我的《小学生五百本书》对我影响很大很大，茅盾主编的《小学生文库》也是如此。梁信写的《红色娘子军》是传奇色彩非常浓烈的东西，洪常青是个红军指导员，却化装成华侨巨商，它是典型的情节剧样式的。《舞台姐妹》是个非常抒情的剧本，包括《天云山传奇》也是带有抒情色彩的情节剧，因此是这个样式决定的，如果用《舞台姐妹》的风格来表现《红色娘子军》，显然是格格不入的。

倪震：您在《红色娘子军》的导演阐述里，说这部电影就像是一杯浓烈的红茶，这样比喻《红色娘子军》太恰当不过了。

谢晋：所以我觉得，给每个电影定一个样式还是比较恰当的。比如《大李、小李和老李》是个闹剧。样式决定了表现手段。在《红色娘子军》中运用变焦，是因为当时这种镜头刚刚传进上海，很新鲜，很吸引人。后来我觉得很做作，就排斥，觉得不怎么样。

看巴老的文章，你看不出什么样的技巧来。我们现在很多青年人写剧本都用很多辞藻，可是巴金的文章都明白畅晓，毫无雕琢之感，包括他写给夫人萧珊的信，都是很淡的。所以《红色娘子军》用了很多的技巧，但后来觉得很做作，我就一直坚持用不显技巧的镜头。我用三部机器或两部机器拍摄剪辑以后，看不出分镜头。大特写很少用了。看不出技巧的技巧在艺术上是最重要的技巧。这个准则，我一直坚持。

倪震：对，谢导在中期后期的作品中风格越来越趋于平淡，看不到痕迹，无法之法如入化境。但是有个题目跟镜头语言不同，就是您的每部作品都使用一个新的演员。如祝希娟、陈冲、丛珊等，都是您使用的新演员。但是，她们一经过你的指导，学会演戏，此后都一路走上健康的艺术道路。这虽不是个新的话题，但是我们还是很想知道，当您碰到新的演员，您是怎么对他们进行启蒙教育的?

谢晋：这个也不是明星有什么天才，或者我有什么神功。是我对他们下了很大的功夫的。我觉得训练演员、角色，从一个人物的性格开始，要走一条很长的道路。我在学校里念了五年的科班，然后有五年的舞台实践。遇到很多的老师，从洪深到焦菊隐都是最有学问的老师。演员跟其他职业不同，演员要过演员的生活。这是赵丹一直讲的，谢添一直讲的，还有蓝马。这是演员最大的基本功。赵丹可以演李时珍、鲁迅、林则徐，我是希望培养这样的演员，不是光培养本色演员。香港都是培养本色演员，用完了就走人。我跟我们演员培训班的学员说，怕吃苦的不要来，想做金丝雀的不要来。现在的女演员一走红，就做金丝雀了。苏联、美国好的演员走的都是一条艰苦的道路，不是一下子红的。陈冲、祝希娟这样的大学生从红军战士到一个党代表，不是一下子就演好的，要经过很长时间的训练。大家看到《列宁在1918》，那个主演是苏联最好的演员，这样的演员现在看不到。

选择丛珊，我考虑了很久，我要她做小品。她要从17岁的少女演到有一个四五岁孩子的妈妈，她当时连恋爱都没有谈过，根本没有抱过小孩，怎么能适应?我就天天让她抱枕头，让她跟朱时茂两个人练小品。最后两个人拥抱的戏也有。有一场戏是他们两个人结婚后，许灵均放牧回来，李秀芝说马都想家人，可是许灵均不想家，上海话就是发嗲啦。丛珊把头靠在朱时茂的身上。我说这样靠不对，还要头在胸口上蹭，拍了几遍都不行，我就发脾气，说怎么搞的？连这个动作也做不对。丛珊就哭了，副导演问怎么回事，丛珊哭着说他胸口有毛。引得大家哄堂大笑。这是笑话，但是前面几段戏，她是少女，那种感觉还是演出来了。这个角色你要是找有七八个男朋友的女演员来演，就不行。因为她的爱情经历太丰富了，要恢复纯真感，怕也不容易。现在的演员都是上午来下午拍，怎么可能演好呢？

倪震：您的摄影机没响，她手机倒响了，是吧？

谢晋：绝对不行的啊。我到人艺去，到剧场，剧务就说焦先生在排戏，等休息了才能见。现在排戏可没那么多规矩。当年祝希娟为体验生活，在海南三个月，每天全拿着枪。《高山下的花环》的演员没拿过枪，我把他们放到部队当了一个月的兵，包括演炊事员的演员都被放在炊事班里，3 点钟起来蒸馒头。到最后他们是手枪、机关枪什么都会。美国是一年前半年前接到任务，他自己花钱去当兵。或者起码三个月，他们是自己体验生活，一到摄制组就拍。所以，我开明星学校，就是想培养这样的演员。

倪震：那么像丛珊这样一个 17 岁的没有演过戏的演员，是你对她进行表演上的启蒙教育。但您在后期作品《最后的贵族》里，是对有丰富经验的演员进行再调整、再启发。比如潘虹扮演的李彤和濮存昕扮演的陈寅最后在咖啡馆里的一场戏，几乎没有台词，因为那场戏是描写潘虹扮演的李彤被警察抓去，后来放出来了，两个人重逢，各自身份发生了变化，在这样的境况下，出现了一场非常抒情的用心理交流的戏。这里也发生了导演如何与演员合作的问题。因为他们跟丛珊相比，都是非常有经验的演员。跟这样的演员合作，您觉得有什么不同？

谢晋：不同的演员，要根据他们自己的条件做不同的导演处理。比如说刘琼，他不会做小品，不像戏剧学院或北京电影学院出来的。我就对刘琼说，你千万不要做小品，你用另外的办法。他把所有的台词录下来给我听，看感觉对不对。晓庆也不会做小品，她看姜文他们做得很好，跟我讲也要做。潘虹第一次演贵族少女，先是学穿旗袍走路，坐姿和走楼梯的姿态也不一样。后来，每天练正宗的交谊舞。这些都是基本功。

这段戏我们花了很大功夫。我要求他们从头到尾只有两句台词。我跟他们分析，你们本来是可以结合的，后来相见恨晚，李彤当作妓女被抓起来，后来濮存昕把她保出来，两人重逢该说什么呢？没有什么话能说，就是用眼神。你们先给我做喝酒的戏，看该怎么做？他们选了十几个方案。这是对演员很大的考验。我后来还把李清照的词给他们看。可惜，我们没有把李清照的意境拍出来。傅聪为什么取得华沙钢琴比赛第一名？他理解肖邦曲子的意境，全部表现出来了。我就跟濮存昕、潘虹说，你们要体会其中的意境。杯子的拿法，威士忌的喝法都要有独特的处理。我用了七八个 dissolve，来表现出喝了两三个小时、无言相对的感觉。白先勇看了非常满意，他认为非常准确地表达了人物的关系。这是导演与编剧最大的幸福。我认为这是我拍得最好的戏。

倪震：我们跟谢晋导演三代人有说不完的话，最后想问您一个问题，在座有很多年轻的教师和学生，在会场之外，各大高校还有更多的青年电影学子。我想请谢晋导演说几句给他们的忠告和肺腑之言！

谢晋：现在年轻人最要紧的是多读书，多研究文化。没有深厚的文化功底，什么事情也做不好。我一直有一句话，自己也试着做到——读万卷书，行万里路。我十岁的时候，父母花 7 块大洋买了《小学生文库》，基本上必读书都有了。抗战开始，我随歌咏团来到武汉。后来投入抗日，参加演剧活动，然后到黄佐临导演的训练班。我非常幸运地遇到了那些老师，扎扎实实地在学校里学了五年。

倪震：我相信从那些著名的戏剧老师那里，您不仅学习到了技巧，更重要的是您传承了五四以来这一批文学家、戏剧家和电影家真正的文化精神。正是谢晋导演把那一代人的文化精神传承下来了。

谢晋：曹禺老师在我们江安学校教了两年，他有几部最重要的作品也是在那里完成的。这些老师给我的教育影响了我的一生。第五届百花奖，曹禺老师给我颁的奖。这是我一生最深刻难忘的授奖仪式。焦菊隐老师对我的教诲是什么？他罚我站！他排戏的时候我在后台大声吵闹，我被叫出来罚站，站了两个小时，戏排完了下去。现在，我自己拍戏就知道了。他们是中国最严格的话剧导演。张骏祥在上影拍戏，大家从来不敢迟到。这些气氛现在没有了。我就是在他们的教诲下，养成了严格的导演风格。

今天能够跟大家交流非常高兴。我相信中国不仅经济可以搞上去，中国电影将来也一定是大有希望的。

倪震：今天下午，我们大家一起度过了一段非常愉快的时光，我们很高兴能够跟谢晋导演有机会亲近交谈。很多话过了若干年以后还会犹在耳畔，铭记在心。我们跟谢晋导演亲切对话，就像一个大家庭一样，长辈对晚辈，谆谆教导，说了很多语重心长的话。谢谢谢晋导演，也谢谢各位！

（原文刊载于2004年第1期《当代电影》）

李学勤

李学勤，男，1933 年 3 月生，北京人。清华大学哲学系肄业。著名历史学家、古文字学家，国际欧亚科学院院士。曾任中国科学院历史研究所所长。现任清华大学出土文献研究与保护中心主任，夏商周断代工程专家组组长、首席科学家，国务院学位委员会历史评议组组长，中国先秦史学会理事长。第九届全国政协委员。2013 年获首届汉语人文学术写作终身成就奖，2014 年获首届全球华人国学奖终身成就奖。

我国三十年来的古文字与古代史

我在此回顾一下改革开放以来古文字学本身的发展以及古文字学对于古代史研究所起的作用。

古文字学与古代史研究之间的关系作为一种研究方法，这样的一个提法要从王国维先生说起。王国维先生的一个提法叫作二重证据法，近阶段不同学科的学者都会提到二重证据法并有所讨论。所谓二重证据法，王先生讲到，我们生活的时代有很多新的发现，这些新的发现使我们有一个特别的机会，就是把地下出土的材料和传世的文献互相对比、互相印证。二重证据法自王国维先生提出以来，一直也是研究古代史、考古学和古文字学的重要方法。近些年有一些学者特别是有几位外国学者认为，二重证据法有些弊端，提出一些批评，认为中国的考古学及有关这方面的研究有一种历史学的偏向，太过于考虑与历史学的关系。我个人认为，中国的考古学、古文字学确实和古代史有着密切的关系。其他一些国家的考古学和各方面的情况与中国并不一样，他们有他们自己的传统。我们可以吸取别国优良的部分，可是中国自己的特色还是应该保存，这个问题在这里不着重谈。

我谈另一方面，王国维先生什么时候提出二重证据法。王国维先生在1925年的春天，接受了当时清华学校的邀请，到刚刚要建立的研究院，就是后来被称为国学研究院的担任导师。在同年4月份，王国维先生全家搬进了清华的西院。当时清华研究院还未正式建立，没有招收学生。暑假期间，清华在校学生提出请王国维先生做一个演讲。7月份的时候，王国维先生做了一次演讲，这次演讲不是提出二重证据法的演讲，二重证据法是到了秋天学校开学后开设的一门名为古史新证的课程中提出的。7 月份做的这次演讲题目为《最近二三十年中中国新发现之学问》，王国维所说的“最近二三十年”是针对 1925 年而言，换句话说也就是 1900 年前后以来的中国新发现之学问。这点是非常重要的，因为现在大家讲二重证据法只是提到古史新证的课程，没有人提及王国维的这次演讲。实际上，王国维古史新证中的提法和这次演讲很有关系，应放在一起来看。因为在这次演讲中，王国维先生提出这样的观点：中国自古以来，在学术史上发现一种新的学问（新的学术方向）都是由于有新的发现。中国历史上有两个最大的发现，一个是孔壁中经，另一个是西晋初年时候的汲冢竹书。这两次重大发现的共同特点就是带来了学术史上新的方向，即王国维先生讲的新的学问。王国维先生又指出，当代有四大发现，甲骨文、西陲木简、敦煌卷、明清内阁大库档案，每一项发现都可以和历史上前两次大发现相比，所以说 20 年代处的是一个大的发现的时代。我为什么说 1925 年 7 月份的这次演讲十分重要，因为有两点：第一点，王国维先生当时讲的这四大发现后来都成为极其重要的学科，甲骨文的发现成就甲骨学；西陲木简的研究成就简帛学；敦煌卷成就敦煌学；明清内阁大库档案成就文书档案学。四者都是目前国际上的大学科。这就是二重证据法的实际，即有很多会在学术史上起到根本影响和作用的新发现多数是和古文字学有关的，从而可以将地上的文献材料和地下新发现的材料互相印证，实际上就包含了古文字学与古代史研究之间的关系，这就成为中国很长一段时间的研究方向。从王国维先生以来，中国的古文字学多是和中国的古代史研究有密切关系的。

回溯近 30 年，改革开放的时候（1978 年）也发生了一件很重要的事情。当年在吉林大学，由著名的古文字学家于省吾先生主持召开了一次古文字研究学术讨论会，这是“文革”以后第一次古文字学会议。当时在这个会议上弥漫着很强烈的气氛，一致建议，尽快把新闻媒体找来，发出一种呼吁，在我国古文字学快成为一种绝学的今天，要将古文字学继续发展下去，并成立了古文字学研究会。正是由于改革开放的开始，我们才有可能在吉林大学召开这个会，才有可能把这门学问进行下去。在此后，又逐渐招收了古文字学的研究生，发表了古文字学的论文，有了古文字学的专门刊物，将这项学问专门地展开。到今天为止，我们可以说中国古文字学规模是非常大的，而且可以说到 20 世纪的后半期在我们国家的所有学科里面是发展特别迅速的学科之一。在这 30 年期间，古文字学已经发展成有四大分支的学科，包括甲骨学研究、青铜器和金文研究、战国文字研究、简帛学研究。随着古文字学涵盖范围的扩大、学科专业化的加强，不可能有人掌握全面的知识成为真正的古文字学家。可见，在改革开放大的背景下，中国的古文字学取得了相当程度的发展。以下我就按照四个分支，谈一下改革开放 30 年以来古文字学的发展，特别是古文字学的发展对于古代史研究方面起到了怎样的推动作用。

第一，甲骨学研究。

王国维先生在甲骨学的建立上起了重要作用，这也是王国维先生一生的贡献里面最主要的方面之一。甲骨文是哪年发现的呢？甲骨文是 1899 年发现的，1898 年的说法是不可取的。老百姓发现甲骨是在 1898 年，但那不是学术意义上的发现。学术意义上的发现是有界定的，确定是一种古代文物才称为发现，所以甲骨文是在 1899 年发现的。1899 年王懿荣在北京见到了甲骨。我个人建议大家不要太相信王懿荣因疟疾买龙骨而发现甲骨文的说法，这种说法不尽可信，王懿荣的几个儿子也没有提到过这种说法。1899 年这一年正好是古埃及罗塞塔石发现一百年，这些发现不仅是一个国家的大事，更是世界科学发展史上的大事。没有一部世界科学史书不记载罗塞塔石的发现，一部没有偏见的世界科学史书也都会记载甲骨文的发现，因为它们对世界的影响确实太大了。甲骨文发现的最大意义在于把中国可信的古史在当时疑古思潮笼罩的情况下向前推到了商朝。到今天为止，没有一个人能够否认商朝的存在，可以怀疑夏朝的存在，但商朝是一定存在的。甲骨文的发现带来了殷墟的发掘，带来了中国现代考古学对它的前期探讨。

改革开放 30 年以来，在甲骨学上是正好进入了一个新的阶段。什么新的阶段呢？就是20世纪后半期在甲骨学上有两个最主要的贡献，这两点都影响到古史研究。第一个是甲骨资料的搜集和整理。甲骨文太多了，有字甲骨的出土到今天为止究竟有多少是难以讨论的，而且也无法精确化，因为甲骨的脆弱，所以片数很难明确统计。最近历史研究所一位人士做了一个统计，为13万片，被认为是比较客观的。13万片是个非常大的数字，在13万片甲骨中大多数是非发掘品，是当地人挖出的，盗掘、偶然发现等都包括在内，现在仍然不断在发现。这些材料，特别是非发掘的材料是零散发表的，还有很多在公、私藏家里面，世界上有十几个国家都有甲骨文。甲骨文分散的现状给研究带来了极大的困难，特别是甲骨文方面的书籍很贵，不是一般的学者所能够掌握的。可以说材料的搜集、整理、辑集是甲骨文研究上的最大障碍。搜集全部资料包括流传在国外的，这项工作是在20世纪后半期基本上完成的，这就是大家所知道的中国社科院历史研究所出版的《甲骨文合集》《甲骨文合集补编》。这还不够完全，最近正在编写《甲骨文合集三编》，准备再补两万多字。还有中国社会科学院考古研究所在殷墟发掘的材料和国外一些书籍材料等，这些材料的结果使得我们今天的甲骨研究可以很容易地得到一套比较完全的资料，这对于甲骨文和有关商代历史的研究非常重要。这项工作虽有不理想之处，但基本完整。这是改革开放以后，古文字学的一项重要研究和主要成果。认为整理甲骨只是资料性工作，而不是研究工作的看法是不对的，胡厚宣先生就十分反对这种说法。

改革开放以来，甲骨学上第二个重要工作是殷墟甲骨分期。甲骨也是一种考古遗物，所有考古遗物的最基本的工作就是要做分期、分区，对于殷墟甲骨没有分区的问题，主要是分期。任何考古遗物如果没有很好分期的基础，是无法使用的，也就成为混沌的一片，也失去了意义，所以要用进化发展的眼光看待，这一点也正体现了现代考古学的特点。现代考古学有一个哲学的思想基础，这个基础就是进化论。过去的古物研究没有进化论的观点，也因此不具备现代考古学的两个基本方法：层位学和类型学。没有层位学的观点，发掘就无法实现，因为发掘是按照层位的标准来进行的，而层位的本身就是进化的；没有类型学的观点就不能区别古物的成器时间，类型学的基础也是进化论的观点。进化论的观点作为一个哲学观点指导了现代考古的科学实施。甲骨文研究也是如此，如果没有很好的分期研究是无法科学进行的，分期研究又是从考古发掘的实际开始的。关于甲骨分期研究的主要工作是在改革开放以后进行的，并于 20 世纪末基本结束。对于甲骨分期的个别问题虽仍有争论，但大体趋势已经确定。在这样的研究背景下，在掌握分期理论的基础上，史学界的研究者就可以更好地利用甲骨文材料。

甲骨学还有一个层面的发展，就是范围的扩大。过去一讲甲骨就仅指商代甲骨。近几十年，特别是改革开放以来，甲骨已经不再限于商代，有很多的发现指出，西周也拥有大量甲骨。改革开放以后，在陕西周原凤雏遗址发现了大量甲骨。周原遗址附近的岐山周公庙也发现了甲骨，这项发掘工作仍在进行。西周的甲骨文虽然数量不多，但已在陕西、北京、湖北等许多地方发现，从时间和地域上已经远超过了殷墟的范围。即使是商代的甲骨文，也不仅仅发现在殷墟，50 年代初时，在郑州二里岗发现了两片有字甲骨，其并不属于殷墟时期且未必属于真正的卜辞。2003 年在济南大辛庄发现了真正和殷墟相当的卜辞，大辛庄也是继殷墟之后最早报道发现商代遗址的地方。大辛庄遗址出现的商代的遗物非常珍贵，不仅有青铜器，还有卜甲、卜骨，此处卜甲和卜骨与殷墟的非常接近。这是从 1899 年殷墟甲骨文发现之后，甲骨卜辞经过 104 年之后的又一次发现。随着甲骨学的范围不断扩大，其对于古代史研究的贡献也就更多了。

第二，青铜器和金文研究。

改革开放以来，古文字学最大的发展就是更多的人认识到青铜器研究的重点不能完全放在文字上。中国从汉朝以来，就已有人研究青铜器上的文字了。《汉书·郊祀志》中记载这样一个故事，汉宣帝时在今陕西法门寺地区出土了一个鼎，被认为是天降祥瑞而被贡献给了朝廷，汉宣帝大喜。时任京兆尹的张敞是一位很优秀的研究古文字的专家，他将鼎上文字释读出来，说此鼎乃西周时期一个人立功后、王给予的赏赐，和祥瑞无关。从那时起到北宋，中国研究青铜器的人主要是先看上面是否有字，到今天也是如此，先看有无铭文。不过这样我们形成一个偏向，对金文的研究只是研究字而不去考虑它的形制、纹饰等方面的发展，这样的偏向也造成对青铜器的研究非常不够，特别是对时代分期的工作就无法进行，也带来种种问题。

这些情况到近二三十年逐渐得到很好扭转。所以青铜器研究要看五个方面：第一是青铜器的形制，即什么样子，叫什么；第二是纹饰，纹饰特别重要，有学者讲纹饰就是青铜器的语言，这种语言一看就知道是什么时代的，因为纹饰也是一种艺术，有流行性、时尚性；第三是文字；第四是功能；第五是工艺，是从科技角度来看。从这五方面研究青铜器，是近几十年来的新趋势，只有在这些研究的基础上，我们才能做好青铜器分期、分区工作。现在中原地区或者说跟中原文化直接有关的地区的青铜器的排队基本上已形成，可能个别东西在前后的细节上会有些不同的意见，可总的不同意见是不会有的。至于其他各个地区，根据其文化特点、地下材料，有的在分期上不够完备，那是由于出土材料的问题，不是由于研究方法的问题。而从金文来说，中国社会科学院考古研究所编写的《殷周金文集成》，还有一些其他书籍也给学习金文提供了很好的查阅资料。殷周金文已超过一万件，再加上秦汉部分，数量还要大得多。另外还有很多重大发现，这些金文的发现意义重大。例如 2003 年春在陕西眉县杨家村出土一个青铜器窖藏，里面有一个盘子，盘子上有许多铭文，它使我们第一次看到周文王一直到周宣王的世系。商代的世系是早先由罗振玉和王国维先生根据甲骨文考定的，甲骨文的研究，使我们比较清楚地证明《史记·殷本纪》基本是正确的，而且由于最近新的甲骨文方面的研究和发现，我们会认为比过去想的更正确一些。商代的王朝也因此才能真正被确立下来，不再动摇，而西周世系曾长期以来一直没有考古学的证明，没有得到很好的确立。“文革”期间在陕西扶风县庄白一号青铜器窖藏发现的史墙盘对西周的世系记录从周文王到恭王，而杨家村窖藏青铜器的出土也使得西周的世系得到了证明，也证实了西周的王系和《史记·周本纪》所讲完全一致。近几年来的新发现很多，对于周初历史的研究都很重要。所以这个学科分支对于古代史研究的推动是非常大的。“九五”国家重点科技攻关项目“夏商周断代工程”里面，学者们做了一个西周金文历谱，此历谱虽不能说绝对的正确，但是目前能做的最好的工作，应该说此历谱从 2000 年通过国家验收之后到现在已经出土的 11 件文物中，只有两件和历谱有些差距，所以说基本上还是可用的。

第三，战国文字的研究。

这是改革开放以来中国古文字学里发展最快的分支，因其发现量最多。中国在商周时期文字是统一的，到了春秋以后，随着国家政权走向分裂，逐渐文字异形、言语异声。我们仅知道秦始皇统一文字还是不够的，还要研究战国文字。从另外一个角度看，我们研究古文字从汉朝就开始了，唐宋和明清时期也对此研究做了很多工作，特别是北宋以后着重研究的是商代的甲骨文和西周的金文。这些研究是依据《说文》作为基础进行的，但《说文》是汉代的成果，如果根据汉代的小篆研究商周文字，中间就出现了断档，缺失了战国文字研究。战国出现了文字异形、言语异声的现象，如果放弃对这一时期文字的研究，就无法将文字的历史衔接到一起。

对战国文字的研究，汉朝时已开始。秦始皇焚书坑儒，诗书百家语一律被烧毁，只保留了术数、医药等技术性的书籍。在秦挟书令仍有效用的期间内，没有任何书籍敢超出其规定的范围。汉朝时期学术界最大的工作就是四处搜集未被烧毁的书籍，接续文化传统。在汉朝初年，有很多学者研究战国文字，中国也开始了古文字学，这些都成为我们今天研究战国文字的基础。战国文字发展最快的是楚国文字，楚国墓葬中多有积水，文字较容易保存下来。现在对楚国文字的研究带动了整个古文字研究。通过对战国文字的研究也能更好地了解商周文字。

第四，简帛（简牍）学研究。

我们今天的简帛学研究实际上分为了两个学科，研究简的学者也分为两类，一部分人研究的是新疆、内蒙古、甘肃等地出土的汉晋时代的木简，这些简是文书（document）不是书，还有一部分人是专门研究书（book）的。

文书的范围广，数量大。最大的发现是在湖南里耶出土的秦文书，有三万余片，有字的有一万多片。此次出土的简的时间段是从秦始皇二十五年到秦二世元年。还有湖南长沙走马楼的三国吴简，数量也很多。目前研究文书简的范围可以扩大到韩国、日本等国。我们发现，中国人不用简了，日本人却开始用简。日本人不承认他们用简是跟中国学的，但我们看，就是跟中国学的。竹简书主要出土在带水坑的楚地墓葬，例如 1973 年长沙汉墓马王堆竹木简和帛书，1975 年云梦睡虎地秦墓竹简，90 年代的湖北荆门郭店楚简，上海博物馆从香港收购的简（上博简）。这些简堪称地下图书馆，其影响也是很大的。

以上很简单地回顾了四个分支。这四个分支告诉我们，古文字学已经和古代史研究形成了一个不可分割的关系。这些发现也进一步证实了王国维先生提出的二重证据法的重要性，传世的古书经过新发现的印证也重新现出了光辉，也说明了改革开放以来我们学术发展之快。

最后我再谈一个想法。新的发现有很多，今后重大发现还会层出不穷。但是存在这样一个问题，研究这些方向的学者慢慢演变成集中专追新材料的局面，随着更新材料的出现，又很快冷下了前面的研究。我个人认为这对学术发展是不利的。我认为在古文字学界包括古代史研究方面，应该树立认真踏实工作的态度，提倡基础工作的研究，不要片面地追新求异。

（此文发表在 2012 年第 1 期《经济社会史评论》

解读文明历史，增强文化自信

2012年11月15日，习近平同志在当选为中共中央总书记后，与中外记者见面，作了重要讲话。他在讲话中回顾历史时说："我们的民族是伟大的民族。在五千多年的文明发展历程中，中华民族为人类文明进步作出了不可磨灭的贡献。"这是对我们文明历史的高度概括和热情肯定。

我们中国人从来十分重视自己民族的历史。我们有汗牛充栋的历史载籍，有悠久丰富的史学传承。历史是中华民族优秀文化不可或缺的核心，也是我们文化创造取之不竭的源泉。曾经有外国著作讲中国人是"历史的民族"，这在一定意义上确实是恰当的。

5000多年源远流长的文明历史，使每一个有见识的中国人引以为豪，支撑着中华民族的自尊心和凝聚力，使我们得以树立坚定的文化自信。"中国古代文明属于全民族，属于世世代代的人民，是全人类珍贵的遗产……爱国需要读史。人们说，无论是学社会科学的，还是学自然科学的，都应看一部关于历史的简明而可靠的书。'历史上写着中国的灵魂，批示着将来的命运。'（鲁迅《华盖集》）学习和了解历史是人类共同的追求。中华民族光辉灿烂的文化是由五千年历史进程炼凝荟萃而成。"以上这些非常精辟的话并非出自历史学者之口，而是自然科学家、技术科学家宋健先生在1996年说的。我以为所有持"历史无用"观点的人，都应该体味一下上面的话。

5000年的文明历史诞生和发展了中华民族的文化传统。让我们考虑5000年的时间意味着怎样的概念。古人说30年为一世，这对于人间世代间隔的估计可能嫌略长一些，如果以一个世代平均25年推算，5000年就相当于约200代人。这200代的中国人，怎样从原始蒙昧进步为文明，怎样建立了幅员辽阔的国度，创造了高度发达的文化，体现出何等的智慧、才能和勇气，在世界上起了多大的影响，对人类做出了哪些贡献，给今天的我们留下了什么经验和教训？这里正有着许许多多的重要课题，等待我们思考、探索和解明，下面我试提出几点，与大家商榷。

揭示中华文明起源形成的机制

一个文明所具有的文化特点，每每是在该文明开始形成的时期就已经初步存在了，因而对文明的考察必须追溯其起源。具体说来，中华文明起源的问题，便是探讨中华民族是在什么时候、什么地方，以怎样的形式跨进文明时代的。

大家都熟悉，中国是古代世界中有自己独立起源的文明的国家之一。与我们大略同时进入文明的，在欧亚大陆及北非还有埃及、美索不达米亚、印度等古国。文明的产生和形成是一个相当长的过程，一定要讲出某个古国在哪一具体年代成为文明，是没有什么意义的。我们只要了解到在大约五千年前，这些古国先后形成了文明，也就足够了。

可是有些人不相信中国有那样长远的文明历史，他们不承认中华文明有自身独立的起源，而主张中国文化的外来说，特别是西来说。这种观点出现颇早，极端的实例如德国学者祈尔歇，他讲中国人都是《圣经》人物闪的一支后裔，漂流转徙到了中国，带来了文化。其中的文字源于埃及，只是中国人未能全部掌握，结果成了汉字。类似的荒诞说法还有不少，有的还遗留到现代。

中华文明的西来说，根源在于以欧洲为中心的文化传播论，以致不相信中国的先民有独立创造文明的能力和智慧。这种观点在学术史上曾有不小影响，在中国发现仰韶文化的瑞典著名考古学家安特生也曾为这种说法所沾染，中国多位考古学家通过一系列的考古工作和研究，才得以驳正。西来说以及其他中华文明的外来说，近年已较少出现，但中华文明如何起源形成的问题，仍然摆在我们前面。

曾长期在美国哈佛大学任教的张光直先生，在他晚年论述中国文明起源时说："我觉得，我们需要做一些很重要的工作，就是要把西方社会科学的法则来和中国丰富的历史经验加以对比，看看有多少是适用的，有多少是不适用的。我相信大部分代表人类的法则是可以适用的，但有一部分是不能适用的。这些不能适用的部分有的就牵涉到文明城市和国家的起源问题。"张光直先生这里说的"法则"，用我们更习惯的话讲，就是"规律"。

人类历史有其普遍的规律，有在规律下显示的共同性、一致性，但不同民族、国家的历史又有其本身的特殊性、个别性，而我们对历史普遍规律的认识，是通过各个民族、国家具体历史的综合比较来萃取的。例如现在大家讨论文明起源，涉及判断是否属于文明的标准，一般流行的说法是有一定规模的城市、礼仪性建筑物、文字的发明和金属器（青铜器）的使用等。我曾多次说明，这三四条标准是以若干外国古代文明的材料为基准的，并且从开始提出便有争论。

实际上，城市、文字、金属器等都是文明的因素，在各个古代国家、民族间，其发展都是不平衡的。正是这种不平衡，使各自走向文明的轨迹不同，构成了文明起源过程的多样性。像中国这样地域广阔、人口众多的国家，其文明的兴起应当有其特有的途径。从中国的历史实际出发，深入进行考察探讨，必将使我们对人类文明早期发展的规律有更深刻的认识。

探讨中华文明绵延持续的原因

中华文明与古代埃及、美索不达米亚等文明一样，是人类最早创立的有独立起源的文明之一，然而和其他大约同时期起源的古代文明不同的是，中华文明不仅兴起甚早，而且传流久远，延续至今。古代埃及、美索不达米亚等地的古文明，很早就绝灭了，直到近现代，才在考古学家的发掘中陆续显现出来。还有稍晚出现的希腊、罗马古典文明，当时繁荣昌盛，留下深远的影响，不过到了中世纪，仍然归于中断。唯有 5000 年前始源的中华文明，尽管经过世世代代、风风雨雨，却能一直流传下来，不曾断绝。其中原因，难道不是特别值得思考探索吗?

记得前几年，我应邀在中国科学院研究生院组织的论坛演讲，提到中华文明绵续不绝，认为是比所谓“李约瑟问题”更难回答的问题。论坛上有听众要求我给一个解释，我想到的是：中国的文化传统有一个特殊优长之处，就是包容性。我们文化传统的包容性兼及对内与对外两个方面。

对内的，是指国内各地区、各民族在文化上的互相影响交流，融会贯通。史学界同人都注意到，改革开放以来，我们有一个非常重要的理论趋向，是强调我们中国从来是多地区、多民族的国家，而光辉灿烂的中华文明是各地区、各民族的人民共同创造的。恰恰是有多地区、多民族的文化来源，使我们的文化传统有多彩的面貌、多样的成果。

对外的，是指中国人一贯善于学习和引进外国先进的、有益的文化。我们有时形象地将这种学习、引进喻为“取经”，实际上中国历史中的“取经”，即吸收印度等地的文化学术，在史籍中有极多的描述记载。至于近代中国人之对待西学，更是众所习知的了。现任俄罗斯远东研究所所长的汉学家季塔连科便说:“中国文化的特征之一，就是从不机械地学习外国文化，而是把一切外国的经验‘中国化’。”这一点乃是中华文明历久弥新的原因之一。

论证中华文明演变进步的轨迹

上面说到中华文明不仅传流久远，而且是历久弥新，这已经谈到中华 5000 年文明的又一特点，即在历史上不断更新和进步。在这个方面，我们不同意中国历史和文化停滞论。

停滞论可以承认中国有 5000 年的文明历史，然而否认这 5000 年历史是一个不断进步的演化过程。持停滞论者主张中华文明是落后的，而且是不变的，中国历史纵然有种种变化，自整体来看，其实质是停滞不前的。所有变化只能限于循环的运动，周而复始，没有真正的进步可言。

这种理论的代表人物，可举出从德国到美国的魏特夫，他晚年撰写的《东方专制主义》一书，曾在我们这里引起过不少讨论。魏特夫认为中国的社会是以水利为基础的专制主义社会，中国的自然地理环境决定了没有大型的水利工程，就不能维持必要的农业生产，而这样大型的水利工程，必须有专制主义的政权才能建设和控制，从而这样的社会及其文化是停滞不变的。魏特夫主张，中国人自己不可能改变历史，只有西方文化的输入才能打破循环，使之有根本的改变。

停滞论不符合中国的历史实际。尽管史学界对中国历史划分为哪些阶段以及如何划分，迄今还有不少不同见解，但是中国历史，包括社会史和文化史，都可以而且必须划分为演变递进的若干阶段，则是显而易见的。只有以发展的眼光看待，才能说明五千年文明历程的真相。

阐述中华文明对人类做出的贡献

我们说中国历史不断演进发展，并不等于说我们的文明历史没有曲折和停顿。特别是到近代，中华民族深陷于危机苦难之中，我们文明的命运也面临危殆，遭到怀疑、蔑视、歪曲，以致否定。

比如说中国历史上没有科学，只有技艺；没有哲学，只有思想；没有宗教，只有迷信；没有医学，只有巫术……其实完全不是这样，只是用西方的概念来套，没有与他们一样的科学、哲学、宗教、医学……中华民族有自己的文化传统，曾经发展到高度，影响到世界，乃是不争的事实。

最近看到一本外国学者罗伯特·洛根写的书，题目是“字母表效应”，他认为:“字母表为发明之母。与中国象形文字不同的是，字母表和拼音文字培育了西方人分析和逻辑的抽象能力，西方文化中的独有特征——典章化法律、一神教、抽象科学、逻辑和个人主义——也与此息息相关。”这样说，似乎中国人命定不能有现代的文明了。有意思的是，与这本书中文版问世差不多同时，中国科学院院士汪品先先生提出要“培育一个以汉语为基础的创新平台”，因为“汉语有着不同于拼音语言的优势”，“它的形象性传递的不仅是读音，还有画面，包含的信息更丰富”。

对于中国文明历史产生种种误说的原因之一，是我们还没有更多更深入地说明和介绍我们民族在历史上曾作出的贡献，也没有充分认识中国文化传统的优长和不足之处。进一步研究解读五千年的文明历史，将能丰富我们的文化内涵，增强我们的文化自信，为今后世界的文明进步作出新的贡献。

（此文发表在2013年第3期《社会科学战线》）

“夏商周断代工程”对古代文明研究的意义

中国的古代文明研究和外国研究古代希腊罗马的古典研究一样，也应该作为一个独立的学科来对待，如果要用一个名词，就应该叫作中国古代文明研究。因为你说它是历史学吗？不仅是历史学；说它是考古学吗？又不仅是考古学；说它是美术史吗？又不仅是美术史，还有其他一些学科都与它相关。所以它应该作为一个独立的学科领域，这样才便于和世界上其他的古代文明进行比较研究。

不仅如此，对于每一个中国人来说，如果没有对中国古代文明的研究，就不能说对于整个人类古代文明的起源和发展有全面的了解。关于这一点，我们可以这样讲，不但今天我们中国的人口占了世界的五分之一，而且自古以来中国就是世界上人口最多、领土最辽阔的国家之一。中国文明的影响极为广泛，不只是东亚、东南亚，甚至于其他更远的地方。中国古代文明还有一个特点，可以说是在世界上公元以前独立起源的文明中，唯一的一直延续到今天的文明。中国文明何以能够起源如此早、如此持久，不研究这些问题，不以中国文明和其他古代文明相比较、相综合，怎么可能解决人类文明起源这样一个重大科学课题呢？

当然，以上所说的是其学术意义。对我们中国人来说，研究中国古代文明还有着特殊的意义。现在全世界的华人华裔，有一个很重要的值得自豪的，就是我们中国有 5000 年的文明史。常常有两句话容易引起共鸣，一句话叫“炎黄子孙”，一句话叫“五千年文明史”。其实这两句话内涵差不多，为什么说我们有五千年的文明史呢？就是因为炎黄二帝的时代，按照传统的古书推算，距今大约5000年。所以从炎黄二帝算起就是5000年的文明史，这是我们民族凝聚力的一个重要因素。当然，说这话绝对没有自命不凡的意思，甚至于我还要反对以感情来干涉科学研究。比如说中国有5000年文明史，有人说还要加一倍，变成一万年的文明史，这在科学上是不能接受的。我们不可能有一万年的文明史，全世界也没有一万年的文明史。我们不能由于感情上想拉长就拉长，因为那是经不起科学检验的。但是，科学地阐明我们优秀的文明传统是怎么样起源的、怎么样发展的，对人类做过什么样的贡献，对于增进我们民族的凝聚力、增强我们民族的自信心，肯定是大有裨益的。

由此看来，中国古代文明不仅是很需要研究的，而且应该得到国家的重视和支持。事实上，我们的国家已经开始支持这方面的研究，这就是“夏商周断代工程”。“夏商周断代工程”可以说是当前运用现代的、前沿的方法去研究中国古代文明的起源和发展的一个初步尝试。工程所用方法的一个显著特点，是自然科学和人文社会科学相结合。

工程最后集中出的成果是“夏商周年表”。为什么要这么做呢？中国的历史年代从今天往上推，可以推到公元前841年，就是西周晚期的共和元年。其实，外国也一样，真正往上推，希腊、古埃及也不过是公元前7—9世纪。人类的发展差不多，再往前就不能光靠文献材料了，还应依靠考古学。那么，具体的研究工作是怎样做的呢？每次讲到这个我都打一下比喻。可以设想这间屋子就是“夏商周断代工程”，是一个大车间，里面有两条生产线，最后要出结果的，把结果拼起来做成“夏商周年表”。

在工程的两条生产线中，第一条线是那些有文字的材料。有文字的资料可分成两大类：第一种是古书的。我们中国的古书是非常了不起的，中国传世古书数量最大，在16世纪以前的世界上所能保存的古书，中国一国比其他国家的总和恐怕还要多。中国的古书搜集有许多关于天象、年代的记载，都是很有价值的。我们要把它们搜集起来，做成一个电脑资料库。我们定的原则是：唐朝以前的材料是穷尽性搜集，有多少要多少，不同的版本都要考虑；唐朝以后只是重点搜集。对于这个资料库里的材料，大家可能会问：电脑资料库里发现了什么前人没见过的新材料吗？答案是：一条也没有。这证明过去已经把古书里的材料穷尽了，这也是一个成果。对于这些材料，我们要给以文献学的评估，然后把其中有价值的材料挑出来，交给天文历法学家来计算。第二种不是古书上的，属于甲骨文、金文等方面的材料，首先要从考古学上看这些材料是怎样的来源，什么时期的，然后请古文字学家来释读，过去的释读对不对，还有什么要讨论的，释读后选择出有意义的也交给天文历法学家来计算，把这些运算的结果拿出来就变成数字了，这一条线包括历史学、文献学、考古学、古文字学、天文历法的研究等多个学科。

还有一条生产线是没有文字的。我们选择一些考古学上的典型遗址，重要的就是当时都城的遗址，可能是夏商周王朝或诸侯国的都城遗址。对于这些遗址，首先从考古学上研究它的分期，如果现在还有些材料不够，我们要进行补充。要取系统标本，进行碳 14 测年。这有两种方法，一种是常规法，一种是加速器质谱计的方法。经过对实验室的改造，其测年的精度达到了国际水平。这条线也是多学科的，包括考古学、历史地理学、科技测年的核物理、核化学，甚至于数学计算。

两条线出了这些成果，加上其他方面的研究，综合起来就得出一个夏商周年表。在年表中，对于公元前 841 年以前西周各王都给一个比较准确的年数；对于商代后期有甲骨文的武丁以后的各王，也给一个比较准确的年数；对于商代前期只给一个比较详细的框架，夏代就给一个基本框架。我们的年表就是这样做的。

对于这个年表，我想郑重地说明一下，随着新的考古材料的不断发现，肯定还有很多需要补充、修改的地方。比较公平地说，我们所做的“夏商周断代工程”在 2000 年验收的成果，应该说是我们 200 个人所能做到的成果。我们做的工作一定还会有很多问题，所以我们要继续听取意见。

我个人作为这项工作的参加者也是组织者之一，我觉得“夏商周断代工程”实际上有两个成果。

一个成果是具体的成果，就是工程本身所要求产生一个研究报告，产生一个年表供大家使用；另外一个重要成果不能忽略，就是为今后我们用自然科学和人文社会科学相结合的多学科相交叉的方法来研究古代文明起源和其他的类似的科学问题，积累了一点经验，或者说经验教训。这个工作很难组织。我个人体会，不同行的学者坐在一起是很难有共同语言的，甚至有时相互不信任，不是说学者之间人格上的不信任，人格上都是互相尊重的，而是说对他的学科有一个不信任到信任的过程。过去不同学科之间缺少沟通，以致一些很接近的学科，相互理解也很困难。工作中怎么处理这种情况呢？我们的方法也很简单，就是开会。我们组织过跨课题、跨专题、跨学科、跨学科门类的各种大小不同的研讨会，从 1996 年 3 月到 2000 年 5 月，我们开了 58 次，最大规模的有约 200 人参加的会议。经过多次讨论与磨合，使大家的认识逐渐接近。

不过，传统上我们说中国有 5000 年的文明史，对于这个中国文明的起源问题我们现在还正在研究。“夏商周断代工程”本身的目的是为中国古代文明的研究打好一个基础。本来我们想根据国家的要求在工程结束之后，就转向这个工作，可是现在看起来工作量太大了，准备不够。所以我们在“十五”计划中正在进行一个叫“中国古代文明起源及其早期发展预研究”的项目，就是预备性研究。通过这个过程，为我们继续用自然科学和人文社会科学相结合的方法、大规模进行中国古代文明研究做一个准备。

（此文发表在 2014 年 10 月 29 日《天津日报》）

历史学者有责任纠正被贬低的中国古代文明

对于个体来说，每个人都有每个人的命，有时候只能说命该如此。事实上，我们走哪条路常常不是由你个人决定的，而是由一些必然的和偶然的外部事件构成。可是尽管如此，一个人必须要有一种自觉，不能随波逐流，不能没有自己的意志和要求。

如何有自觉的意识和要求呢？了解历史就非常重要。我们中国在世界上是一个有着特殊地位的国家，拥有五千多年的文明史。这一点习近平总书记多次讲到。这是我们宝贵的财富，但是如果处理不好，就会成为包袱。如果从五千年国家民族的风风雨雨里，找到我们应该走的方向，得出对当下有用的经验和教训，这样，就可以说人有了自觉。所以自觉最重要的一点，就是要了解历史。

我觉得历史可以给每个人一种重要的精神。什么精神呢？前些天有人请我写一个序，谈到梁启超，他最后要编一部《中国通史》。为什么要编这样一部通史，梁启超说是因为爱国。我们说一个人爱国，为什么要爱国，爱国家的什么？因为我们是一个拥有五千年文明史的国家，而且在近代以来，在逆境中重新站立起来，走上了崛起的道路。这是了不起的，一定会载入世界史册的。这样来说，我们对历史的认识，和爱国精神的培育是不可分的。

最近《解放日报》采访我，我也说过一件事。20 世纪 80 年代我有一次去天津南开大学讲学，去南开主楼那就看到很多用大纸写的壁报，上面就在讨论一个问题，就是历史有没有用。那时我才知道，一些人认为历史没有用。后来在演讲或者讲课的时候，我常常讲这个话题。

如果你是在一个流水线上，很机械地做出一个东西来拿去卖了，那历史可能没有用。可是有没有用，是要看我们国家、民族、时代有没有什么需求，有需求就有用。从这个角度来看，历史就是有用的。

梁启超讲得很清楚，他是新史学最早的倡导者，在马克思主义传入中国之前，他就知道历史是培养爱国精神的。新史学之所以“新”，很重要的一点，就是更好地更有意识地把历史和每个人联系起来，又把中国和整个世界的发展联系起来。

再说白一点，历史从来是割不断的，我们国家当前的现状是历史造成的。你再想把它分开，也分不开。它的现状就是历史的结果，而且现状不断地变为历史。现在我们大家都讲中国梦。这个梦是怎么来的？为什么大家有这样一种心理和希冀，有一种对我们国家民族发展崛起的期待？我们只能说，这个梦本身就是历史形成的，这个梦是一个非常漫长的过程。我们要圆这个梦，就必须要以历史作参照。

现在外国人很惊讶，为什么中国能做到这些成绩——很多方面中国已经领先于世界。外国人说中国变成一头醒狮了，所以他们不习惯。不习惯可以理解，只要不是恶意的。我们还应该把我们的历史、我们的发展、我们人民的诉求、我们未来的走向，我们要和平发展、我们希望和世界共同前进的愿望，都告诉世界。

其实我们中国的历史很值得同世界讲讲。我记得第一次去美国，在华盛顿见到一些官方接待的人，他们就说，中国有排外的传统。我就和他们辩论，我说我们有一个吸收外来思想和物质的传统，我们的特点就是包容。我们什么时候排过外了？汉朝的朝廷里还有很多从胡人那里来的官员，隋唐也是如此。到了清朝的时候我们闭关锁国，那是我们挨打了。我们不希望如此，我们不想欺负任何人。这些历史，我们都应该告诉我们的后代，告诉我们的国际友人。

我最早在 1980 年就提出，重新评价中国古代文明。我提出，中国古代文明的历史，过去因为西方国家的种种偏见，被贬低了。更好地把中国文明发展的历史说明出来，对那些贬低的中国古代文明加以纠正，这是我们历史学者的责任。

（此文发表在 2016 年 5 月 13 日《光明日报》）

对话李学勤：追寻中国古代文明的足迹

于玉蓉

于玉蓉：李先生，您好！受胡政平主编委托，首先转达《甘肃社会科学》对您及师母徐维莹女士八十华诞的衷心祝愿，祝二老身体康健，平安顺遂；祝您工作愉快，永葆学术活力！

李学勤：非常感谢！

于玉蓉：20 世纪 80 年代，您提出“文化圈”的概念，强调了区域研究对于考古学、思想史以及学术史的必要性。到目前为止，已陆续发表了《丰富多彩的吴文化》（1990 年）、《楚青铜器与楚文化》（1991 年）、《夏商周与山东》（2002 年）、《越文化在中国文明史中的地位以及对东亚历史文化的影响》（2004 年）、《赵文化的兴起及其历史意义》（2005 年）、《中华文明起源与山西》（2009 年）等多篇区域文化研究的文章。那么甘肃在中华文明发源及发展过程中占据什么样的位置呢？

李学勤：甘肃当然是占据了重要的位置。我本人多次踏访甘肃，感受到其厚重的历史底蕴和文化沉淀，前年我还去兰州参加了“甘肃省第二届简牍学国际学术研讨会”，还在朱圄山照了相片留念。

“文化圈”这个概念实际上是在前辈的基础上提出来的。比如说苏秉琦先生提出“考古学文化区系类型理论”，认为在中国这样一个相对独立的古文化大区内，进一步分为了六个文化区。“文化圈”基本的、核心的观念就是中国的历史文化自古以来就是由多民族、多地区共同缔造的，也就是费孝通先生说的“中华民族多元一体格局”。需要注意的是，这里的多元不是单纯的多样化，而是一体的多样化，中华文明是一个有机的整体。也就是说，中国历史文化虽然是繁复多彩的，但究竟是一个文化，而不是多个互不关联的文化。不同文化圈之间是相互影响、相互融合的。

很有意思的一个现象是，无论是新石器时代、青铜时代还是到后来的历史时期，甘肃都是处在不同文化圈之间，即在西北文化圈和中原文化圈之间。在近代以前，都是这个倾向，可以说自古皆然。如果打开一张中国地图，会看到兰州仿佛就置于地图的中心，甘肃的地理位置可以说是举足轻重的。

于玉蓉：在为《遥望星宿：甘肃考古文化丛书》（2004 年）撰写的总序中，您指出“中国历史文化早期的一系列核心疑问和谜团，恐怕都不得不求解于甘肃”。

李学勤：考古开掘的成果也证明事实确实如此。在《遥望星宿：甘肃考古文化丛书》总序中我提到，甘肃在中国考古学和考古学史上具有特殊重要的地位。1900 年以后，甘肃即有敦煌藏经洞写本和敦煌附近简牍等重大发现，成为考古工作的先声。王国维先生 1925 年发表的演讲《最近二三十年中国新发现之学问》中提到四大发现——上述简牍、写本就居其二。现今已形成独立学科，盛行于国内外的简牍学（或简帛学）、敦煌学，其源起俱不能离开甘肃。

除了简牍与写本书卷之外，20 世纪 70 年代以来，秦安大地湾的发掘，展示了甘肃东部存在的仰韶文化所具有的地方特点，其中有相当丰富的彩陶，为探索中国彩陶的起源提供了新的线索。甘肃东乡族自治县林家遗址 1975 年出土的铜刀，年代是公元前 3000 年左右，要寻求中国青铜器的起源，甘肃也是具有关键意义的区域。

于玉蓉：您发表于《光明日报》的《清华简关于秦人始源的重要发现》（2011 年）中写道：“（清华简）《系年》有许多可以补充或者修正传世史籍的地方，有时确应称为填补历史的空白，关于秦人始源的记载，就是其中之一。”这篇文章里提到了甘肃是西周初秦人最早居住的地方，甘谷县西南

（今礼县西北）可能是早期秦文化的发源地。

李学勤：对，甘肃礼县等一系列考古工作也证实了《系年》的记载是合理的。殷商居于东方，所以在甲骨文中经常看到西方的“羌”，东、西方形成的是一种对峙。但周人不同，无论是传世文献还是金文中，很少谈西北，因为他们背靠西北，本身就是从西北出来的。所以周人总是面向东南扩张。它一旦摆脱了“背靠西北”这个传统，就灭亡了。周幽王立褒姒为后，废正后申侯之女及太子宜臼，宜臼逃奔母家西申，最终申侯联合缯国与犬戎进攻幽王，西周覆亡。这里的西申就在甘肃。所以说，甘肃对于考古和古史研究来讲，都是非常重要的。

于玉蓉：确实是这样，如果要深入研究中华文明的发源、形成与发展，无论如何离不开甘肃。我在中国社会科学院研究生院攻读博士学位时，您曾到学校里做过演讲，受到师生们的热烈欢迎；随后我接受新华社《瞭望新闻周刊》的约稿，对您做了深入的采访，以人物专访的形式勾勒了您的治学轨迹，描述了您从孩童时期养成的博闻、勤学、笃志的习惯，如何对其后学术道路产生重要影响（《李学勤的人生路标》，见《瞭望新闻周刊》2011 年第 38 期）。为符合《甘肃社会科学》“学术访谈”栏目的要求，我们今天的访谈从您踏上学术之路开始，围绕您各个阶段的治学心得和学术成果展开。

李学勤：好的。

一、甫踏学术路

于玉蓉：清华大学历史系刘国忠教授在《李学勤先生的中国古代文明研究》（2005 年）中写道：“李学勤先生最早走上学术道路是在甲骨学研究的方面。”这样算来，您 17 岁踏上了学术道路，迄今已经 63 年了。

李学勤：上次采访已经和你说过，我是在 1950 年前后开始自学甲骨文的，那时还是一个高中生。我从小就喜欢探索符号之谜，越是搞不懂越令我着迷。我对甲骨文的兴趣从很早就开始了。我高小有个同学，我还记得他叫常定一，孟子说“定于一”嘛。他的父亲在中学当老师，他说最难的符号就是甲骨文。我得知后就开始留心甲骨文了，一看果然是复杂难懂，这就激起了我的求知兴趣。

于玉蓉：2013 年 6 月 17 日清华大学召开了“出土文献与中国古代文明国际学术研讨会”，汇集了该领域海内外优秀学者百余名，大家利用此次国际会议的契机，自发地增加了“纪念李学勤先生八十华诞”这一议题，来庆祝您 60 多年来探索中国古代文明所作出的卓越贡献。在晚宴上，您说自己的求学经历“不足为训”。为什么这么说呢？

李学勤：我高中时读了金岳霖先生的《逻辑》，觉得非常有意思，所以 1951 年就慕名考取清华大学哲学系。1952 年全国院系调整，清华哲学系归到北大，我则去了中国科学院考古研究所参与缀合甲骨，没去北大报到。所以说我大学只读了一年就结业了。这对于年轻学子而言当然是“不足为训”的。并且我对于甲骨文的学习没有师承，基本上就是自己摸索。刚开始学习时，我经常骑自行车到位于文津街的北京图书馆借阅《安阳发掘报告》《中国考古学报》等书刊。在金石部曾毅公先生的帮助下，我不但能看已经编目的书，还看到特别收藏的书籍、拓本。总之，我尽量地搜集各种与甲骨文有关的资料来研习，也就是在这段时期完成了入门后最初的积累。

可是那个时候能找到的资料还是太少了。1928 年秋，位于河南省安阳市小屯村的殷墟开始发掘，一直到 1937 年抗战爆发被迫停止，前后共有 15 次，前 9 次和第 13、14、15 次都有甲骨文出土，数量是很可观的，可是研究者们当时可以看到的甲骨却非常有限，因为绝大部分都没有发表。只有第一次发掘的甲骨经董作宾先生的整理写成《新获卜辞写本》发表在《安阳发掘报告》上。抗战胜利以后，历史语言所开始着手整理发掘所得甲骨。1948 年，《殷墟文字甲编》(下文简称《甲编》) 出版，收录的是前 9 次开掘出土的甲骨。《殷墟文字乙编》(下文简称《乙编》) 分为上、中、下三辑，1949 年，上辑和中辑出版了，下辑尚未来得及印刷，历史语言所就迁到台湾去了。1950 年，中国科学院成立，《乙编》就在内部卖，没有公开卖。那个时候，我学习甲骨文兴趣渐浓，就托人买了《乙编》的上辑和中辑，花了 50 万人民币（相当于今天 50 元）。我家当时经济并不宽裕，这笔钱可不是小数目，可是父亲还是让我买了。现在好像流行“虎爸”“虎妈”，而我父亲从来没有说一定要我怎么样，可是我如果喜欢做什么，他会全力支持我，这就是他的教育方针。

于玉蓉：您就这样自学成才地走上了甲骨学研究之路，并因此和中国科学院结缘了。

李学勤：我能进入中国科学院历史研究所，确实和甲骨文有关。我买到《乙编》上、中辑之后，就开始自己尝试缀合。当时董作宾先生为《乙编》所做的“序”引起了学界关于“文武丁卜辞”的争论，我就想通过自己的整理把问题搞清楚。与此同时，上海博物馆的郭若愚先生将其对《甲编》《乙编》的拼合书稿交给时任中国科学院院长郭沫若先生，郭先生就把书稿转交给了考古所所长郑振铎先生，郑先生又把书稿交给了陈梦家先生。我和曾毅公先生就被找来对书稿进行校订。到 1953 年底我们完成了这项工作，1955 年,《殷墟文字缀合》出版了。校订时没能看到《乙编》的下辑，更没有看到《殷墟文字丙编》，它们是后来在台湾出版的。

1954 年春，我就到中国科学院刚刚筹建起来的历史研究所上班了，那时只有 20 岁。刚入所的时候，因为还没有正式的研究工作，我就在图书馆、资料室，自己看点书，也帮着图书馆买书。1954 年夏，所里才有第一批研究实习员来，不是“实习研究员”，而是“研究实习员”，相当于助教，都是本科毕业来的，因为那个时候还没有研究生制度。当时历史研究所分三个所：一所是上古史，郭沫若先生任所长，尹达先生任副所长。二所是中古史，原先想请陈寅恪先生，后是陈垣先生任所长，侯外庐先生任副所长。三所是近代史，范文澜先生任所长。我就在二所，给侯外庐先生当助手。

于玉蓉：您虽然大一结业，没有继续本科教育，但是在历史所跟随侯外庐先生做学问，受到了系统而严格的学术训练，对年轻学者来说是一个很高的起点。进入历史所之后一直到“文革”之前，您的工作情况是怎样的呢?

李学勤：我刚开始就是帮助侯外庐先生校对、再版他以前出版过的书。第一本是《中国古代社会史论》，这本书是把他早先《中国古代社会史》和《苏联史学界诸论争解答》两本书合在一起的，这是侯先生最具代表性的著作之一。第二个工作就是帮助他整理、再版过去已经出版过的《中国思想通史》，这本书是侯先生和其他马克思主义史学家合著的，署名的还有赵纪彬先生、杜国庠先生、郑汉生先生。原来已经出的有第一卷（先秦）、第二卷（秦汉）、第三卷（魏晋南北朝）和第五卷（清）。也就是说中间没有唐宋元明，第四卷是新写的，到 1960 年才完成，署名又增加了几位先生。

于玉蓉：侯外庐先生在其自传《韧的追求》（1985 年）中专门有一节提到了“诸青”的贡献。“《中国思想通史》第四卷署名执笔者之一‘诸青’，是五位青年学者的集体名字。他们是张岂之、李学勤、杨超、林英和何兆武。这五位同志都是 1953 年我到历史二所后逐渐增补的研究人员。进所时，他们有理想，文史功底比较厚，三四年间，表现出异常勤奋、学风朴实的共同特点，并各有所长。岂之哲学基础扎实，归纳力强；学勤博闻强记，熟悉典籍；杨超理论素养突出；林英思想敏锐，有一定深度；兆武兼通世界近现代史，博识中外群籍。”“诸青”各有所长，你们都是怎么聚集到历史所的呢？

李学勤：这些人中我是第一个来历史所的，之后其余“诸青”也陆续被侯外庐先生“网罗”至历史所。林英先生原来是北师大的学生，他是地下党员，新中国成立之后，从学校调到北京市西城区工作。侯先生新中国成立以后第一个工作是北师大历史系主任，所以认识他。我到历史所后两到三个月，林先生也来了。张岂之先生，非常有名的学者，他后来任西北大学的校长，现在是名誉校长，也是清华大学的兼职教授。他比我大，生于 1927 年。中国思想史这个学科是侯外庐先生奠定的，张岂之先生在西北大学创办了中国思想史研究所，就是继承了侯先生这个传统。何兆武先生是西南联大的学生，也曾在西北任教，后来到历史所，他是“诸青”里面来得最晚的，大概 1956 年前后吧。何先生是著名的翻译家，今年 93 岁高龄了。他通七种语言，熟读世界各国的名著，侯外庐先生也需要这样的人才。

“诸青”里还有一个人，就是杨超先生，我想和你详细地说说他。他是我的一位特别值得纪念的朋友。你看这本书，钱穆先生的《国史大纲》，你打开看看，有个签名。（书已泛黄，但保存得很好。签名系杨超先生亲笔，笔迹遒劲有力。）杨超是上海人，新中国成立前是中央大学哲学系的学生。成为同事后，我们关系很好，不管是工作上还是生活上，我们之间都有很深的情谊。他是怎么到历史所的呢？大概也是1956年前后吧，有一个华裔苏联人，叫杨兴顺，写了一本老子哲学的书，用俄文写的。侯外庐先生不懂俄语，因为他是留法的，英文和德文都很好。他是第一个全部翻译并出版《资本论》第一卷的人，这是我国马克思主义出版史上的重大事件。杨超先生写了一篇介绍杨兴顺书的文章，发表在报纸上，被侯外庐先生看到了，觉得这个人资质可取。侯先生是个爱才之人，就联系他，让他从上海到北京来工作了。杨超先生是个非常值得纪念的学者，极其有才。他不仅有很强的理论思维，且外文好，英文自然不在话下，俄、德文也很好，可惜“文革”中逝世了，否则将有非常高水准的、杰出的成果。

于玉蓉：侯先生在自传中还提到：“1957年第四卷开始编写时，他们都还是30岁上下的青年。50年代中期，学术界大倡协作之风。形势既有这样的要求，我就决定让这几位青年一试锋芒。于是，我把原定自己执笔的大部分章节，杜老原计划承担因病未能承担而划到我分内的章节，以及全卷编写的组织事务和协调联络工作，全部分交给他们。在第四卷全卷二十七章中，他们承担了十三章的工作量，诸如隋唐佛学、韩愈、张载、二程、朱熹、王阳明、东林党、西学……这样一些重要部分，都交他们执笔，所以，事实上在第四卷中，他们唱了重头戏。”回头看侯先生列出的第四卷的内容，每一个都不是简单的课题，对青年学者来讲确实都是很大的挑战，那个时候您才24岁，就要做这么有难度的工作，有没有感到压力很大？

李学勤：侯先生经常对我们讲两句话：一个叫生长点，一个叫压担子。什么叫生长点？每一个人，各个方面不会很平衡，总有一个方面特别需要加强，这就是生长点，其实就是弱点。每个年轻人的生长点不一样。比如我，他说我的生长点是“理论”。他认为文献史料我是比较熟的，外文也不错，但理论尚不够，他和我说了很多次。

于玉蓉：那侯先生是指您的马恩理论吗？

李学勤：我想他这里所说的“理论”所指应该更广，理论也是一个高度。

于玉蓉：那您觉得为什么自己的理论不足呢？

李学勤：可能每个人都是不平衡的。因为我是研究甲骨文、金文的，学考古的人重视材料，往往理论就不足。当时听了侯先生的建议后，我就拼命学理论，弥补自己的短处。虽然我的文章没有直接写理论，但你若认真看我的文章能体会到，我是非常重视理论的。侯先生是真正的马克思主义者，这是不含糊的。当时马恩全集刚开始出版，每出一本，侯先生就让我们去认真读。前四本是很难读的，比如《黑格尔法哲学批判》等。他还要求我们读列宁的《哲学笔记》，我都在上面写满了字，做了大量精读笔记。知道了自己的“生长点”，那么就要给自己“压担子”，这样就会不断地成长，这两者是相辅相成的。那个时候大家都很用功，对自己严格要求，每天上午 8 点到下午 5 点上班，且工作六天，有的时候还要加班，时间是很紧张的。《中国思想通史》第四卷的工作，我们 1958 年、1959 年完成了，1959 年出版了上册，1960 年出版了下册。

于玉蓉：现在来看，这段时间严格的学术训练、大量的阅读以及对中国思想史的深入研究为您之后的发展夯实了根基，侯先生的为人和治学也一定对您产生了直接的影响。

李学勤：我给侯外庐先生做了多年的助手，我们之间的感情很深，像家人一样。我去他家都是直接开门进去，如果叫门的话，他会生气的，觉得太见外。我从他身上学了很多东西，首先是精神上的。侯先生一生都是诚心诚意的马克思主义者，很坚定于自己的学说。他当时也面临很多反对的声音，“文革”时受到打击，但他依然敢于坚持自我。此外我印象很深刻的是，侯先生经常鼓励我说：你不要老想着搞甲骨文、金文，要做一个大史学家，做一个有理论的史学家。他本身是一个有很高理论水平、很宏观的学者。我一直朝他指的这个方向努力，他是否满意，我就不知道了。

二、从甲骨文到中国古代文明研究

于玉蓉：上次采访时，您曾把自己比喻为“多波段收音机”，可以随时在几件不同的事情上自由切换。您在历史所编写《中国思想通史》第四卷的同时，还在继续对甲骨文的研究，并利用业余时间出版了自己的第一部专著《殷代地理简论》（1959 年）。除了这部专著，您还陆续发表了一些论文，提出了甲骨研究的一系列非常重要的观点。谈谈这段时间您在甲骨学方面的进展吧。

李学勤：我从小就养成这样的习惯，白天在课堂上听老师讲课，课余就去旧书店或图书馆找自己喜欢的书看。20 世纪 50 年代，在工作之余，我一直持续地研究甲骨文，颇有收益。这本《殷代地理简论》是受到董作宾先生《殷历谱》的启发，试图用排谱的方式回答殷代中国的政治地理结构是怎样的、疆域有多大、主要城市的位置和山川的名称，以及商王朝和周围的方国的关系如何、对外战争的地理问题等。这本书在 1954 年已经基本完成了，几经修改补充，1959 年最终出版。这段时间发表的论文有：1956 年，在《谈安阳小屯以外出土的有字甲骨》一文中，论证了西周甲骨的存在，打破了凡是有字的甲骨一定是属于商代的成见。后来陕西、北京、山东等地出土了大量西周甲骨文，印证了这一论断。1957 年发表《评陈梦家〈殷墟卜辞综述〉》一文指出：“同一王世不见得只有一类卜辞，同一类卜辞也不见得属于一个王世。”同年发表《论殷代亲族制度》，论证商代日名是死后卜选。1958 年，发表《非王卜辞》说明殷墟甲骨文中并非都是商王卜辞，也有非王卜辞的存在。

于玉蓉：中国社会科学院历史研究所王泽文副研究员在论文《李学勤先

生与中国古代文明研究》(2010年)中这样总结:“李学勤先生对战国文字的研究,也始于20世纪50年代。他第一次全面系统地将战国时代的金文、玺印、陶文、货币、简帛等综合讨论,把战国文字划分为秦、三晋、两周、燕、赵、楚等系,较前人的东、西二土文字学说或六国系文字、秦系文字学说更进一步。这标志着古文字学的一个新的分支,即战国文字研究的形成。”谈谈您这段时间有关战国文字的成果。

李学勤:20世纪50年代有不少战国文字材料出土,这些新材料的出现引起我的关注,写了一系列文章:1956年在《文物参考资料》上发表《谈近年新发现的几种战国文字材料》;后在历史研究所的内部刊物《历史学习》上发表《战国器物标年》;1957年发表《信阳楚墓中发现的战国竹书》一文;1959年在《文物》上发表《战国题铭概述》,对战国文字做综合论述。

于玉蓉:除了甲骨文、战国文字研究,20世纪50年代您在青铜器及其铭文等领域也都取得了显著的成就。

李学勤:20世纪50年代对青铜器的研究主要还在铭文的内容上,而以整个青铜器为研究对象始于20世纪70年代。1971年冬,我从干校返京参加郭沫若先生主编的《中国史稿》,为了编纂需要,接触到了不少青铜器。20世纪70年代中期到80年代中期,青铜器是我的研究重点。我发表的文章分为新出土或发表的青铜器材料和传世青铜器材料两类,前者大概有40余篇论文,收入《新出土青铜器研究》一书(1990年)。另有专书《青铜器与古代史》(2005年),以时间为序探讨商周秦汉的重要铜器及其铭文与古代史研究的关系。

于玉蓉:“文革”之后,您的各项研究迅速步入了正轨,无论是甲骨文、青铜器及铭文,还是战国文字、简帛等,都进入新的硕果累累的时期。

李学勤:毕竟已经耽误了太多时间,恢复工作后大家都是抓紧时间工作。这段时间我在甲骨分期与断代上写了一些文章。1976年商代王室墓葬妇好墓得到开掘,我于次年在《文物》上发表《论妇好墓的年代及有关问题》,提出历组卜辞问题,后发展为殷墟甲骨分期的两系说;1980年撰写论文《小屯南地甲骨与甲骨分期》，进一步阐发我的观点；1996 年与彭裕商先生合著《殷墟甲骨分期研究》，对甲骨分期做了更为系统的阐述。青铜器研究方面，更注重在新的历史条件下，把考古学的类型学研究放在首位，再以古文字学等去论证和细化。考虑到青铜器的多线演变，注重将分期与分域相结合，排出各个地域不同时期的谱系。70 年代以来，各地陆续开掘出了大量战国秦汉简帛，我也有幸主持或参与过一些简牍帛书的整理工作，比如云梦睡虎地秦简、长沙马王堆汉墓帛书、江陵张家山汉简等。20 世纪 90 年代中期相继发现的郭店楚简和上博楚简都为新时期的研究提供了新的材料，对学术史产生了深刻的影响。在《简帛佚籍与学术史》（2001 年）中我也提到："简帛佚籍的发现，对考古学、古代史等学科都有很大的影响，但我以为其影响最大的乃是学术史的研究。传统的观点以为考古学发现的仅是物质的文化，而我以为最'物质'的考古学同最'精神'的学术史是相沟通的。"

于玉蓉：除了我们刚才谈过的甲骨文、青铜器及铭文、战国文字以及简牍帛书等，您还对玉器、陶器、铁器等均有深入的研究和阐发。很难想象一个学者可以在这么多领域都有杰出贡献。您怎么来归纳自己的研究呢？

李学勤：我最初确实是对甲骨文感兴趣，并由此踏上了学术道路，在这个过程中，自然而然地对各个时期的考古文物和古文字都要去关注，因为它们彼此的联系很密切。我在《中国古代文明十讲》（2001 年）这本小册子的序言里这样写道："我所致力的领域，常给人以杂多的印象，其实说起来也很单纯，就是中国历史上文明早期的一段，大体与《史记》的上下限差不多。问题是对这一段的研究不太好定位，有的算历史学，有的算考古学，还有文献学、古文字学、科技史、艺术史、思想史等，充分表明这个领域学科交叉的综合性质。这一领域，我想最好称为'中国古代文明研究'。"

于玉蓉：张光直先生在《连续与破裂——一个文明起源新说的草稿》中指出："对中国、玛雅和苏米文明的一个初步的比较研究显示出来，中国的（文明）形态很可能是全世界向文明转进的主要形态，而西方的形态实在是个例外，因此社会科学里面自西方经验而来的一般法则不能有普遍的应用性。我将中国的形态叫作‘连续性’的形态，而将西方的叫作‘破裂性’的形态。”他将中、西文明分为两种类型——连续性和破裂性，中华文明是唯一延续至今的文明。

李学勤：确实是这样。在四大文明古国中，和其他的几个文明古国以及希腊、罗马不一样的，就是中国的古代文明不但历史悠久，而且绵延不绝。在历史上，古代埃及固然是文明出现最早的国家之一，但古代埃及和今天的埃及之间，不管是在人种还是在文化上，都有很大的距离。古代的两河流域，包括苏美尔、阿卡德、亚述、巴比伦等，这些古国和今天的伊拉克关系也很少，它们的文明在很早以前就断绝了。而希腊、罗马的文化到中世纪也中断了，所以后来才有文艺复兴，它们的文明都没有一直从古代流传到现在。只有我们中国的古代文明是绵延不绝的，虽然中国的历史有那么多的风云变幻，有那么多的朝代更替，可是中国的文明却是流传至今。

中华文明以其顽强的生命力及极大的包容性使其在各个古代文明古国中成为唯一延续的文明。因此我们研究人类文明的起源，就不能不研究中国文明的起源。如果我们把中国文明的起源忽略掉，那么是不能够全面地了解和认识人类的起源问题的。我们研究中华文明的起源，将对整个人类发展的历史做出贡献，同时也有助于文明起源理论问题的探索。

三、在国际视野中审视汉学

于玉蓉：20 世纪 80 年代之后，随着国门打开，国内外学术界有了更多交流的机会。作为中国社会科学院最早外派访学的学者之一，您的治学在博闻强识的基础上增添了更开阔的国际视野，呈现出崭新的面貌。我采访过中国社会科学院外文研究所朱虹研究员（《朱虹：中西文学的“虹桥”》，见《瞭望新闻周刊》2013 年第 29 期），她与您既是同年，也是同事。她这样回忆 1979 年你们一起出访澳大利亚的情形：“这个团一行五人，李学勤先生本身英语就非常好，且精通考古和中国古代史，能用流利的英语和对方探讨学术问题，介绍中国的历史研究状况，赢得了对方的尊重。当时国门甫开，很多国人没见过世面，出国后忙着到处看风景、买东西，但是李先生给我印象很深刻的是，他很珍视这次国外学术交流的机会，善于观察、学习国外学术前沿动态，总是那么沉稳、大气，非常有风度。后来，对方还专门邀请他再去访学。”现在回想，多次的出国访学是不是为您的研究打开了新的维度？

李学勤：我的英语没有朱虹女士好，她的英语尤其是口语很棒。我现在回想，出国访学确实对我有很大的启发。一方面可以与海外汉学家相互学习，参与并召开国际研讨会，了解国外研究的最新动态；另一方面对我们的专业而言，可以看到散佚到海外的、由国外博物馆等收藏的出土文物，并且有机会将其施拓、拍照，让国内的研究者有更多征而可信的新材料。20世纪80年代初，我到英国剑桥大学访学，在此期间，我与伦敦大学亚非学院的汉学家艾兰博士一起对英国所藏甲骨进行搜集，经过努力，共网罗英国11个公私单位所藏约3000片甲骨。甲骨需要逐一施拓，拓集之后还要辨伪、筛选、整理、编纂，幸有著名历史学家齐思和的女儿齐文心研究员的合作，最终《英国所藏甲骨集》上编（1985年）、《英国所藏甲骨集》下编（1992年）得以出版。1986年，与艾兰教授开始了第二次合作，在欧洲经历了六个星期的学术之旅，所获颇丰，除了出版《欧洲所藏中国青铜器遗珠》（1995年）以外，还出版了《瑞典斯德哥尔摩远东古物博物馆藏甲骨文字》（1999年），后者也得有齐文心研究员的帮助。

于玉蓉：今年6月份“出土文献与中国古代文明国际学术研讨会”上，我有幸采访了艾兰教授，她也详细地讲述了这段难忘的经历。（《汉学家艾兰：吾共有好美之心》，见《瞭望新闻周刊》2013年第32期）她还提到对您最深的印象之一就是，您在国外访学时表现出敏锐的洞察力，总是能将对国外学界的观察所得及时地带回中国。20世纪90年代初，您回到母校清华大学筹备并成立了“国际汉学研究所”，起步较为艰难，最初被称为“三无”研究所，但经过努力，国际汉学研究所做了大量工作。“国际汉学”的倡议与研究也成为您的治学中的一个重要成果。

李学勤：国际汉学研究所的工作，也得益于海外访问讲学的经历。早年我读过1949年出版的莫东寅先生的《汉学发达史》，后来又看到日本石田干之助等人的有关著作，对国际汉学研究很感兴趣。及至亲自与国外汉学界接触，更深感有必要把“国际汉学研究”作为一个学科来建设和推动。研究所刚刚建立时，争议颇多，之所以称为“三无”，是指所里没有房子、没有编制、没有资金，但我们还是通过各种渠道和方式将国际汉学的状况和著作译介给国内读者，先后出版了《国际汉学著作提要》(1996年)、《国际汉学漫步》(1997年)，还推出了“当代汉学家论著译丛”丛书；在《书品》杂志上开辟国际汉学专刊，译介汉学研究动态；还创办了《清华汉学研究》学刊等。除此之外，我们还举办了国际汉学研讨会，加强与国外汉学家的联系与合作。

于玉蓉：既有先天的禀赋，兼能勤勉笃学，再经过多年的积累，您的治学日臻成熟，在20世纪90年代厚积薄发，取得多项令人瞩目的成就。1992年，您发表《走出疑古时代》演讲，引起强烈的反响；1995年论文集《走出疑古时代》的出版，对学术界及思想界均产生了广泛而深远的影响。90年代还有一个重要事件，就是您担任了1996年5月启动的“夏商周断代工程”的专家组组长、首席科学家。“夏商周断代工程”的重要意义之一在于它是把人文社会科学和自然科学相结合的一个大型工程，对于跨学科探索有首创之功。如今再回过头来看，您如何来评价这项工程呢？

李学勤：经验也有，教训也有，重要的在于摸索了一条多学科结合的道路。多学科的融合与协作在理论方法上是未来科研发展的必经之路。年代学对精确度要求很高，所以很多问题短时间里归结不了，并且后来陆续又有一些补充材料。我在美国亚洲研究会等场合多次表示，只要是有关这个问题的学术性的意见，我们都欢迎。现已经出版了《夏商周断代工程一九九六——二〇〇〇年阶段成果报告（简本）》，将来随着更新材料的发现，工作将会得到佐证或修订。

于玉蓉：2008年7月15日，“清华简”入藏清华大学，如今已经五年了。作为清华大学出土文献研究与保护中心的主任，您为此倾注了很多的心血，可否简单地谈谈，“清华简”的整理和出版工作进展如何呢？

李学勤：“清华简”是2008年清华大学抢救入藏的一批战国竹简，多为经史类佚书，涉及中国传统文化的核心内容，是前所罕见的重大发现，在学术界引起了极大的关注，《光明日报》《中国史研究》《清华大学学报》《文史知识》等报刊纷纷开辟研究专栏集中推出“清华简”研究成果。

这批竹简抵达学校时部分已经发生菌害霉变，“清华简”整理研究团队立刻开展了竹简的紧急抢救和保护工作，对霉变进行采样、化验和分析，制定了积极的保护办法。现在整理工作的开展较顺利，分别于2010年和2011年推出了《清华大学藏战国竹简（壹）》和《清华大学藏战国竹简（贰）》两辑整理报告，2012年末推出的第三辑整理报告《清华大学藏战国竹简（叁）》，对于先秦诗乐关系及《尚书》今古文等问题的研究具有重要意义。“清华简”也引起海外汉学家们的研究热情，9月初与美国达慕思大学联合举办了最新一届的清华简国际学术研讨会，会议的相关成果随后将发表。

于玉蓉：再一次感谢李先生接受我的采访，相信您还将对中国古代文明的研究做出更大的贡献。祝您和师母身体健康！

李学勤：谢谢。

（原文刊载于2014年第1期《甘肃社会科学》）

王 蒙

王蒙，男，1934 年 10 月出生于北京。中共第十二届、十三届中央委员，第八、九、十届全国政协常务委员。曾任文化部部长、中国作家协会副主席。现为中央文史馆馆员。1948 年 14 岁成为中国共产党的地下党员，1949 年开始做青年团工作。1953 年开始文学写作。1956 年，他的小说《组织部来了个年轻人》引起了全国以及世界的注意，也招致了麻烦。1958 年被划为“右派”，此后多年失去发表作品的可能。1963 年到了新疆，曾任文学杂志的编辑。1965 年，任新疆伊犁巴彦岱公社二大队副大队长。1978 年，恢复党籍并大量发表新作。1993 年出版文集 10 卷，2003 年出版文存 23 卷，2014 年出版文集 45 卷。1987 年获得意大利蒙德罗文学奖与日本创价学会和平与文化奖，并成为约旦作家协会名誉会员。2003 年获俄罗斯科学院远东研究所荣誉博士学位。2009 年获澳门大学荣誉博士学位。2017 年获日本樱美林大学博士学位。

着眼民族复兴伟业　推进文化发展繁荣

改革开放以来，我国经济快速发展，中国特色社会主义事业全面推进，我国国际地位大大提高。与此相适应，我们的文化视野不断拓展、文化自信不断增强。所有这些，为中华民族伟大复兴提供了前所未有的历史机遇。习近平同志指出：“中华民族伟大复兴需要以中华文化发展繁荣为条件。”这一重要论断，深刻阐明了中华文化发展繁荣对于中华民族伟大复兴的重要意义，也深刻阐明了中华文化发展繁荣的时代使命与责任担当。

推动传统文化创造性转化、创新性发展

中华文化化育着中国人生活、规范着中国社会，同时为中国人提供了高远的理想。比如，“大同社会”的观念，体现了中华传统文化崇尚和谐公正的价值取向；“协和万邦”的观念，与我们今天所说的人类命运共同体思想息息相通；等。中华传统文化的瑰宝在于它的文化理想与道德理想，在于它的大同思想与整体主义；还在于它的务实性与“此岸性”，在于它的自强不息与“苟日新、日日新、又日新”的精神。

长期以来，中华文化的古老与丰富、“郁郁乎文哉”的繁荣与气概是中华民族的骄傲。但近代中国落后挨打、丧权辱国、割地赔款的屈辱，前所未有地打击了中华民族的文化自信与文化尊严。革命思潮从而兴起，如火如荼。五四运动与马克思主义的传入，掀起了“庶民革命”的高潮，也掀起了新文化运动的高潮，带来了马克思主义的中国化、世界先进文化的中国化，

表现了中华文化自我调整、自我更新、迎头赶上的愿望与能力。毛泽东思想是马克思主义基本原理同中国革命具体实际相结合的理论成果，同时体现了马克思主义与中华优秀传统文化的有机结合。毛泽东同志指出：“随着经济建设的高潮的到来，不可避免地将要出现一个文化建设的高潮。中国人被人认为不文明的时代已经过去了，我们将以一个具有高度文化的民族出现于世界。”培育这种“高度文化”，一个重要环节就是推动传统文化创造性转化、创新性发展。

习近平同志指出：“中国人看待世界、社会、人生，有自己独特的价值体系。中国人独特而悠久的精神世界，让中国人具有很强的民族自信心，也培育了以爱国主义为核心的民族精神。”20 世纪后期，社会主义国家纷纷进行改革。但西方一些政要如英国首相撒切尔夫人与美国国家安全事务助理布热津斯基，都只看好中国的改革。他们明确指出，自己之所以看好中国，原因在于中国有着独特的文化。独特的价值体系、独特而悠久的精神世界，使中华文化不会成为其他文化的附庸，而能在独立自主的轨道上实现自我革新和发展。

当然，推动中华传统文化创造性转化、创新性发展，决不能故步自封、闭目塞听，它离不开中华传统文化与世界上其他文化的交流、交融甚至交锋。在这个过程中，应努力避免非理性的排外，或对自身全盘否定、对外来文化简单照搬。对中华传统文化进行创造性转化、创新性发展，就是要实现中华传统文化与现代化的对接，实现中华传统文化对当代科学技术新成就的学习吸纳，实现中华民族传统的道德理想、文化理想与现代民主、法治、文明等理念的对接。

培育和弘扬社会主义核心价值观

社会主义核心价值观的提出，体现了中华优秀传统文化与现代化对接的追求与成果，从中可以看出近代以来 100 多年中华文化的前进足迹。富强、民主、文明、和谐，自由、平等、公正、法治，爱国、敬业、诚信、友善，这24个字继承了中华优秀传统文化讲仁爱、重民本、守诚信、崇正义、尚和合、求大同的传统，体现了新文化运动提倡的“德先生”“赛先生”，包括了我们党一直倡导的爱国主义、社会主义，凝结了改革创新的时代精神。对此我们需要深入研究和领会。

习近平同志强调，把培育和弘扬社会主义核心价值观作为凝魂聚气、强基固本的基础工程。为什么社会主义核心价值观具有如此重要的意义？

其一，社会主义核心价值观是从中华传统文化最强大的基因中生长出来的。在广大人民心中，长久以来保持着辨别是与非、善与恶、忠与奸、清与贪、诚与伪、美与丑的愿望与尺度。人心可用，传统可取。社会主义核心价值观正是对世道人心的“凝魂聚气、强基固本”。

其二，社会主义核心价值观包含了我们先贤向往的美好愿景，包含了从孔夫子到孙中山的一切志士仁人的奋斗理想，体现了中国共产党人领导广大人民进行革命、建设和改革的根本诉求，即实现中华民族伟大复兴的中国梦。

其三，社会主义核心价值观是中国特色社会主义事业的标志性成果。其文化意义在于，它是中华民族的、社会主义中国的，也是世界的；它是理想的，也是务实的。以社会主义核心价值观为价值导向和行为规范的中国人民，将为世界和平进步与人类幸福做出更大贡献，同时保持并弘扬中华文明的传统特色与精华。

其四，社会主义核心价值观植根于中国人民的切身利益与美好愿望，与中国人民的幸福追求、发展信心、上进愿望融为一体，是生活化、接地气的，是我们每一位公民尤其是青少年自身发展、价值实现与人生幸福的根本保证。

引领与整合文化思潮

习近平同志指出:“没有先进文化的积极引领,没有人民精神世界的极大丰富,没有民族精神力量的不断增强,一个国家、一个民族不可能屹立于世界民族之林。”对于我们这样一个古老的东方大国而言,在快速发展与转型过程中如何有效引领与整合多样化的文化思潮,是需要认真研究和着力解决的重大课题。

第一,延续几千年的传统文化,尤其是道德文化与哲学文化,仍然有着强大的生命力,有着坚实的民心民意基础,但其中也混杂着一些封建糟粕。

第二,近百年的革命文化,以马克思主义为指导,以艰苦奋斗、英勇献身、联系群众、团结守纪等优良党风政风民风为标志,以井冈山精神、长征精神、延安精神、西柏坡精神等为代表,有着强大示范作用。同时,新形势下我们也面临质疑甚至否定革命文化的挑战。

第三,广义上的现代文化,包括市场经济、民主政治、先进的科学技术与教育模式,以及民主、法治、自由、人权等观念,可以成为社会主义先进文化的重要组成部分,但要辨析其中不符合我国国情的西方观念与制度,避免“食洋不化”。

我们的忧患在于文化发展的片面化与极端化。例如,现在还有人鼓吹“半部《论语》治天下”,认为是革命破坏了中华文化。这样的人应该读读《红楼梦》《儒林外史》等。从这些纪实性的小说中可以看出,中华文化的危机早在明朝就已露出了端倪,其根源在于封建专制制度的腐朽没落。正是着眼于推翻封建专制制度的近现代革命,才创造了中华文化的复兴契机,而绝不可以说是革命造成了文化危机。

同样,把社会风气方面存在的突出问题看成改革开放后果的所谓“撕裂”论,也是有害与浅薄的。没有改革开放,哪来的小康社会?哪来的社会主义先进文化自信?而把中国的出路寄托于西化,否定传统、否定革命,更经不起历史与现实的检验。

面对多样化的文化思潮，我们应发挥古老的中华文化智慧，总结中国共产党成立以来、新中国成立以来的文化建设经验，以革命文化、社会主义先进文化为引领，以中华优秀传统文化为资源，以现代文明元素为驱动，发展与提升大众文化，大力推进文化整合、文化创新。只有这样，才能塑造“郁郁乎文哉”那样一种优良文化生态。我们还应正视全面建成小康社会进程中文化生态的丰富性、多样性、复杂性，细心调查研究、妥善引领提高，包容倾听、规范管理，保持文化生态的健康、活力与平衡。

建设社会主义文化强国

文化发展繁荣是民族伟大复兴的重要组成部分：文化发展繁荣支持、推动着中华民族伟大复兴的历史进程。习近平同志多次强调建设文化强国的重要性。强体现在哪里？其重要标志在于文化创新成果与人才阵容。创造中华文化新辉煌，坚守我们的核心价值体系和核心价值观，弘扬主旋律、传播正能量，提高国家文化软实力，牢牢掌握意识形态工作领导权、话语权，这些都需要创造更多的文化创新成果、培养大批创新型文化人才。

现在，我们越来越强调创新的重要性，这是一个经济发展与社会前进的历史课题，同时是一个文化课题。中华民族伟大复兴离不开人民精神品质的不断提高、文化创新创造能力的不断增强。只有一个文化创新势头良好的民族，才能有创造、有出息，能够对人类做出较大贡献。文化创新离不开教育发达、知识积淀、思想解放，也离不开包容大度、活跃有序的文化氛围。我们需要以海纳百川的视野与胸怀，汲取四海精华、五洲创意，不断推出高质量的文化创新成果。

文化成果的评价首先在于质量，然后才是数量。我们应特别珍惜高端文化人才、高端文化成果。谈到中华优秀传统文化，人们会很自然地想到孔子、孟子、老子、庄子、屈原、司马迁、张衡、祖冲之、沈括、李白、杜甫、苏轼、辛弃疾、施耐庵、曹雪芹等一座座“高峰”。今天，我们要实现文化发展繁荣，同样要形成新的文化“高峰”。我们需要当今时代的文化大家、文化领军人物，同时需要一大批蔚为“高原”的文化创新人才。只有这样，才能进一步凸显我们的文化阵容、文化格局、文化自信。

推动中华文化更好走出去

当今时代，经济全球化不断向纵深推进。这一不可阻挡的历史趋势，提醒我们应高度重视维护民族文化特质与人类文化的多样性。习近平同志就如何正确对待不同国家和民族的文明、正确对待传统文化和现代文化提出：一是要维护世界文明多样性，二是要尊重各国各民族文明，三是要正确进行文明学习借鉴，四是要科学对待文化传统。这是我们开展对外文化交流的原则，也是我国文化建设的原则，还是我们向世界讲好中国故事、推动中华文化更好走出去的原则。

讲好中国故事、推动中华文化更好走出去，需要增强文化自信，勇敢直率地面向世界、面向实际，不回避、不心虚，一是一、二是二，开诚布公。中国就是中国，社会主义就是社会主义，进展就是进展，困难就是困难，共同价值就是共同价值，特色就是特色，没有什么可以含糊的。讲传统要同社会主义现代化对接，讲发展要同中华优秀传统文化与革命文化的自强不息、百折不挠精神对接，讲改革开放要同中国人的兼收并蓄、见贤思齐、尊重他人、和而不同对接。这样，才能把中华文化的魅力讲出来。同时，还要强调我们“百花齐放、百家争鸣”的学术民主、艺术民主，强调我们去粗取精、去伪存真的甄别力、选择力。

讲好中国故事、推动中华文化更好走出去，还需要懂中国、懂世界。身为中国人，懂中国是天经地义的，却不是与生俱来的。我们同样面临着向自己的传统、自己的文化学习的任务，面临着倾听生活实践交响曲的任务。作为当代中国人，我们还必须懂世界、爱交流、善沟通。

中国的发展与更美好的未来已经不仅仅是理想，而是正在不断实现的景象。实现文化发展繁荣、实现中华民族伟大文化复兴，光明在前、使命在肩。具有几千年文明史、100 多年救亡史与革命史、60 多年社会主义建设史与 30 多年改革开放史的中华文化、中华民族，必将迎来文化大发展大繁荣，必将迎来伟大复兴的荣光。

（此文发表在 2016 年 9 月 19 日《人民日报》）

文化大国建设刍议

中国是一个疆域大国，人口大国，文明古国，是一个社会主义大国，即将成为经济大国，又是世界上少数几个掌握核武器、国防力量正在增强的大国之一，这些都是不争的事实。

中国早就宣布，不做超级大国，不谋取霸权，这是说话算数的。但有些外国人还有疑虑。

爱国主义正在高涨，中国人民强烈希望中国能够对于世界、对于全人类做出更大的贡献，这种热情和积极性需要引导。

以经济建设为中心，这毫无疑问。中国的经济正在起飞，中国的综合国力正在增强。但同时，人均国民收入赶上西方发达国家的任务还是长期的。只看经济，我国的某些人士特别是青年人会时而自豪，时而又感到急躁乃至丧气，而且经济全球化又会引发新的问题：怎么样保持中华民族的独立地位、独立性格与独立形象？怎么样在人均国民收入还没有赶上或尚大大低于西方发达国家的时候维护我们的民族自尊心、自信心，发扬国人的爱国主义积极性？怎么样避免在我们这里出现西方发达国家的物质消费主义与精神空虚堕落的问题？等。

因此，作为对于这些问题的回答，作为一个战略目标，提出我们的目的是建设一个社会主义的文化大国，是适时的，也是完全可以做得到的。其实，我们已经是一个文化大国了。我们的魅力，我们的自豪，我们的对外宣传重点，都应该注意放在强调中国的文化大国建设上来。

语言文字是文化的基石，汉字是中华民族文化的根基，是中华民族的凝聚与统一的一个重要因素。我们应该调整关于中文的出路在于汉字拉丁化的国策，明确保持汉语汉字（方块字）的方针。我们要花更大的力气、更多的投入鼓励国人与外国人学习汉语汉字，要更加重视汉语汉字的规范化，抵制不健康的外来影响——这是一个关系到国家统一和长治久安的重大问题。

中国的文物典籍是中国之宝，是人类之宝，这些文物典籍的丢失与破坏是牵涉到我们的立国之本的大问题。我们要花十倍百倍的力量保护这些文物、整理弘扬典籍。对于传统文化的优劣长短的问题尽可以继续讨论，各种反思批判也尽可以进行，但是作为国家，我们必须奉行大力弘扬民族文化的方针。

国内各民族与民间文化是浩瀚的海洋，我们的发掘、普及、内外交流与记录研究工作还远远不够，今后要大大加强这一工作。

以更大的规模和投入抓文化教育工作。文化建设包括文化设施建设，一定要考虑到文化大国建设这一战略目标。

建设文化大国目标的确立将使我们更好地改革开放。不吸收外来的营养，不充实、更新与发展壮大自己，也就不能保护与坚持我们的文化的独立性。反过来说，不坚持和保护我们自身的特点，也就失去了汲取外来营养的依据。我们将更好地汲取人类的一切文化成果，为我所用，吸收过来，变成我们文化的一个部分，正如我们吃了牛肉羊肉最后还是变成我们自己的血肉一样。

文化与经济是互相促进的。坚持以经济建设为中心，这是基本的国策，这项国策的坚持已经创造了巨大的业绩。同时，文化大国问题的提出，将使我们的经济建设特别是高科技高质量的产业搞得更好。我们还要加强文化战略研究，改变对外文化交流上的被动防守局面，花大力气促进中华文化在全世界的影响。

我的思路还嫌笼统，现在提出这个大问题来，志在抛砖引玉。

（此文发表在2004年1月16日《人民日报》）

文化自信的历史经验与责任

习近平总书记在庆祝中国共产党成立95周年大会上的重要讲话中指出："我们要坚持道路自信、理论自信、制度自信，最根本的还有一个文化自信。"文化自信是更基础、更广泛、更深厚的自信。

文化自信为什么是最根本的自信？我们现在又需要一种什么样的文化自信呢？

中国自古以文化立国

不自信，无以立国。对于中华民族来说，自信，首先来自于我们有一份独特而丰厚的文化传统。

中华文化的特色是尚文。有很长一段时间，中华民族是一个有着无比文化自信的民族。文化是立国之本，古代圣贤重视的是文化的高明，是仁政，是弘扬人的善性从而靠拢与把握天道的天人合一。孔子在蔡地遇到危难，说是"天之未丧斯文也，匡人其如予何"，在危难之际，他想着自己的使命是斯文济世、天下归仁。孔子说："周兼于二代，郁郁乎文哉"，他称颂周代继承了夏商两个时期的文明礼制，主张继承周礼。他还称赞管仲："微管仲吾其被发左衽矣"，他注重的是文化守护与传承。

北方游牧民族入主中原后，都被中原文化所折服，他们接受了也丰富发展了中华文化，日益成为中华民族大家庭不可分割的一部分。他们的参与，扩大了中国的疆域也扩大了中华文化的包容性。同时，中华文化也从未停止接受域外文化影响，引进消化吸收融合，增强了中华文化的活力，扩充了中华文化的空间。

中华文化具有崇高的理想信念。它的天下为公、世界大同理念，有利于我们接受信服共产主义学说。儒家的“老吾老以及人之老、幼吾幼以及人之幼”的提法，会使人想到理想社会的图景。中华传统文化包括老子与孔子都提倡的“无为而治”，与马恩国家消亡的最高理想遥相呼应。20 世纪的中国接受了社会主义共产主义，绝非偶然。

中华文化道之以德、齐之以礼，孝悌忠信、以文化人、中庸和谐的思想，它的慎终追远、吾道一以贯之、天下定于一的认定，它的“圣人无常心，以百姓之心为心”（老子）的说法，它的克勤克俭、生于忧患、死于安乐的人生态度，它的以清廉忠诚为荣、以贪腐奸佞为耻的价值坚守，它的对于君子、士、大丈夫等社会精英的期待与要求——“恭宽信敏惠”“和而不同”“反求诸己”“坦荡荡”“有终生之忧、无一时之患”等，至今活在 13 亿人民包括海外华侨的心中，成为凝聚中华民族亿万人民的共识，是不可忽视的软实力。

但同时，长期缺少挑战与突破，对于“天下”即世界情况的知之不多，加之陈陈相因的学风，也使中华文化远在明代，在 14 世纪意大利文艺复兴与 18 世纪英国工业革命之后，渐渐显出滞后与不足。而在鸦片战争后，面对列强先进的科学技术与强大的军事力量的入侵，我们更陷入了文化焦虑与文化危机。卓越的晚清文化大家王国维在北伐军进入北京前夕自杀，称自己“经此世变，义无再辱”。陈寅恪说，王国维的自杀是“不得不死”，因为他感觉到中国文化面临着灭顶之灾。而《天演论》译者严复，这位企图以物竞天择、适者生存的西式理念唤醒国人的启蒙者，最后却落得在大量吸食鸦片中毙命的命运，令人长叹。

我们可以得出结论，今天提出的文化自信是一个历史的命题，也是一个时代性极强的命题。它的提出，回顾了数千年的世界史与中华史，总结了近现代中华文化经受的锻炼与考验，又针对新中国成立以来特别是改革开放以来中华民族命运的大变化。完全可以说，我们“现在更有理由文化自信”。

五四运动激活了中华传统文化

有一种糊涂观点，既然传统文化这么好，那么，正是由于五四新文化运动、革命与改革开放、引进各种外来观念，才把规规矩矩的传统文化搞乱了。有人甚至把五四新文化运动与20世纪60年代的“文革”相提并论。

问题很简单，请这些人读一下《红楼梦》《金瓶梅》《儒林外史》《官场现形记》就会知道，绝对不是革命搅乱了传统文化，而是文化危机、人心危机、社会危机、民族危机、生存危机一道，激起了无法抵挡的新文化运动、人民革命，并发展为无产阶级领导的新民主主义革命与社会主义革命。近现代中华民族与中华文化的曲折道路、动荡不安，不是无事生非，不是自毁瑰宝，而是绝地求生、悲壮救亡，是面对“亡国灭种”的危险而从头收拾旧山河旧文化的趋势使然。

五四新文化运动直到中国共产党领导的人民革命，通过“德先生”和“赛先生”（民主与科学）与爱国主义的提倡，通过马克思主义振聋发聩的传播，使传统文化中的糟粕受到针砭时弊，使中华传统文化得以痛切反思自省，使马克思主义中国化，使中华传统文化革命化、大众化，从而开始实现创造性的转变、创造性的发展，获得了新的活力。同时，革命的艰苦实践，也继承与发展了传统文化中已有的英勇献身、艰苦奋斗、百折不挠、联系群众、五湖四海、敢于胜利、善于斗争的精神。

反过来说，如果没有五四运动的冲击，没有马克思主义的引进与中国共产党人的发扬，没有人民革命的胜利，如果我们生活在甲午战争或者八国联军入侵的年代，我们还能有什么对于传统文化的信心呢？

1949年中华人民共和国的成立，使中华民族出现了前所未有的文化自信与文化豪情。毛主席预言，随着经济建设的高潮，也将出现文化建设的高潮。新中国扫盲、普及教育、普及卫生知识、发展教科文卫体方面的成就有目共睹。同时，中华文化的繁荣发展，并非一帆风顺，我们也走了不少弯路。一个古老的东方大国，发展成为现代化的社会主义国家，谈何容易？

改革开放近40年后的今天，中国又一次站到了历史的重要节点，再一次使我们思考中国文化之历史命运。我们温饱了，进步了，小康了，国力大大增强了，在国际上越来越有分量了，中华文化在今天能为中华民族的软实力提供什么样的精神支持？能为人类做出什么贡献？中国人应该以怎样的面貌与世界相处？

中国共产党继承与弘扬了中华传统文化

中国共产党当初之所以能打败各种势力，走上执政的位置，一个充分的理由便是，它走了一条把马克思主义普遍真理与中华文化精华相结合的道路。毛泽东提出的中国共产党的“为人民服务”的宗旨，来自马克思主义的“人民创造历史”的唯物史观，同时也延续了中国“邦以民为本”(《尚书》)、“民为贵”(《孟子》) 的思想。毛泽东提倡的自力更生、艰苦奋斗，谦虚谨慎、戒骄戒躁，与中华文化的自强不息、威武不屈，生于忧患、死于安乐的古训是一致的。毛泽东的游击战略与抗日持久战的思想，与老庄孔孟的以弱胜强、得道多助、多行不义必自毙的主张相佐证。毛泽东在整风运动中提出“反对主观主义以整顿学风、反对宗派主义以整顿党风、反对党八股以整顿文风”，无不与中华传统文化精华互文互证。毛泽东在与各种洋八股党八股的斗争中，确立了“实事求是”的思想路线，后来成为邓小平实行改革开放政策的思想基础。正是因为中国共产党人继承了、弘扬了也创造性地发展了中华传统文化，才能实现并且继续实践着马克思主义的大众化、本土化、时代化，也才能始终扛着中国特色社会主义这面大旗不倒，拿出以中国道路和中国成就所证实的中国方案，为世界有识之士所瞩目。

我认为，没有新文化运动，没有新民主主义革命与社会主义运动，没有改革开放与有中国特色社会主义现代化的成就，停留在“半部《论语》治天下”的自欺欺人之中，我们就会自绝于地球，用毛主席的说法就是被“开除球籍”。而另一方面，如果丢掉了中华文化传统，也就丢掉了人心民意，切断了几千年的文脉，离开了自己脚下的土地，自绝于本土与人民。在新中国成立以后某些时期的风浪中，例如“文革”后期人民对于周恩来总理的拥戴与怀念、对于“四人帮”的反感与结束“文革”的愿望，都可以清晰地看出古今一脉的忠奸观念与正邪分野的强大生命力。小平同志正是在这样深厚的民意基础上，不失时机地顺应潮流，坚定不移地实施改革开放政策，使中国特色的社会主义出现了新局面。如今，党中央又在新的历史机遇中提出文化自信与传统文化的继承弘扬转化发展。所有这一切，都是基于对中华民族使命的担当与自觉。

有中国特色的社会主义道路，一个中心、两个基本点的提法，社会主义初级阶段的提法，面向世界、面向未来、面向现代化与不忘初心、继续前进的提法，全面建成小康社会、全面深化改革、全面推进依法治国、全面从严治党的提法，不忘本来、吸收外来、面向未来的提法，映射出来的正是中华文化统筹兼顾、中庸务实、自强不息、厚德载物的光辉。

这些正与中华文化的穷则变、变则通、通则久，自强不息、不进则退，苟日新、又日新、日日新的变革观，还有吾日三省吾身、闻过则喜的精神相对接。

在我国改革之初，西方一些政要，如当时美国国务卿基辛格、当时美国国家安全事务助理布热津斯基等，在接触过中国领导人之后，都预感到了中国崛起的必然性。布热津斯基 20 年前就预言：“中国可能不用太长的时间就会在全球事务中采取一种较为坚决而自信的姿态。”他们认为，用中华文化武装起来的中国领导人，有一套自己的战略思想，是理想的也是务实的，是敏锐的也是有耐性的，是坚强的也是善于应对与自我调整的，是讲原则的也是足够灵活的，是善于保护自身又具有足够内存容量的。这正是中国思维方式所赋予我们的养料：不拒绝任何为我所用的启示与参照，不做刻舟求剑的傻事，同时懂得过犹不及，见贤思齐、见不贤而内自省，循序渐进、稳中求快，保证改革不会走上歧路。

中华传统文化的转化与发展

我们碰到的问题是古老文化的现代化。转化是指，要使封建文化与半封建半殖民地文化实现社会主义现代化，把前现代的精神资源转化为现代化的精神财富。发展是指，摈弃相对保守滞后的文化以建设适用于科学思维的、汲取了人类先进文明成果的、符合人类发展方向的前瞻性文化体系。这件事做得好，将使中华民族受益无穷，并为世界提供范例。

文化有相对稳定性、生活嵌入性、无处不在性，何况已经延续了几千年的文化。文化是一个互为依存的整体，它是你中有我、我中有你，“去其糟粕，取其精华”，说起来容易，做起来却没有那么容易，这就是为什么有些带有封建主义瘢痕的文化遗存总是依附在我们的社会肌体上。但是不论有多么困难，我们必须面对这个时代课题。

比如《弟子规》中有“人之短，切莫揭”一句，一般来说这是对的，别人有什么生理缺陷、难言之隐，你当然不能总挂在口头上；但是从另一个角度讲，人要有是非观念，要坚持真理，有的短是要揭的啊！而且除了弟子行为需要规范以外，父母也罢，上级也罢，都要树立自己的规范与责任。如同需要“弟子规”一样，我们也需要“老板规”与“父母规”。

又比如孔子的名言“君子不器”，是说君子的责任在于修齐治平，君子不应该关注于形而下的“器”，而应该全神贯注于形而上的“道”。但是我们今天认为，“器”和“利”，关系发展这个硬道理。我们今天必须强调传统文化中所缺少的科学、逻辑、数理、技艺，“鲁班精神”“工匠精神”、科学方法、精细管理、经济效益等，恰恰是我们现代化过程中必须大大关注与致力的。但是孔子讲“君子不器”自有他的道理。孔子的中心意思是说，君子不应当拘泥于小事和具体事，而应当通过“器”看到事物的“道”，不要成为器具的奴隶，要有理想、有道德，成为生活主体。这个说法在今天甚至具有

“后现代”意义。

再比如孔孟都强调从家庭中的孝悌做起，达到仁义天下、忠恕他人的目标。孟子甚至假设如果舜的父亲杀了人，舜可以逮捕他，但逮捕后应该帮他跑掉，放弃王位，陪他度日。这当然不符合现代法制精神。我们不能将家庭人伦血缘关系摆在道义与法律、国家利益与人民利益之上。但同时我们依然认为，孔孟所强调的家庭伦理关系是我们中华文化的一大特色，是合人伦合常理的，只是必须遵守法律底线，符合公共道德。

文化创新发展的关键是，要用先进文化丰富调整安顿我们传统文化中的道德人伦情感，同时用传统文化的包容消化能力使当代文化、外来文化变得更加符合国情，对今天的中国适用与有效。

近年来，有西方学者感叹他们的颓势，认为西方的优越性已快走到尽头；但也有人依然竭力贬低中国经验。问题是不管有来自何种方向的声音，越是在各种质疑声中，在世界可能需要从古老中国的稳健思路与轨迹中获得参照与补充的时候，我们越是不能对自己的成就和发展感到满足。我们志在对民族对人类做出更大贡献，我们还有相当差距，对待外来先进文化的学习借鉴、汲取消化、为我所用的脚步不能停止；同时把中华文化继承好弘扬好。

文化自信还有一个重要方面，就是对于中外大事大课题，我们要有自己的语言，要有中华命题和中华说法。例如“一带一路”建设，就正是“已欲立而立人，已欲达而达人”的落实。我们要以开放的心态美人之美、美美与共，不泥古、不崇洋，以天下为己任。中国越是发展成功，越要善于学习，永不停步。中国的文化自信是前进中的自信，学习中的自信，从善如流的自信。

今天谈中华文化的创新发展有其特殊意义。我们身处一个时常感到无所适从的多样文化环境，面对的是一个在近现代受到过多方挑战、多种考验、不无歪曲的文化，一种博大精深而不易轻易取舍的文化，又是一个随着国家的迅猛发展，日益被珍视、显现出强大生命力的文化。此时更需要我们汲取正确的精神实质，有扬有弃，有用有废，把传统文化中歧视妇女、弱化身心、扼杀创造等种种封建糟粕，毫不留情地淘汰，而把激励心志、坚守美德、智慧深邃、胸怀天下等壮阔醇厚的元素，薪尽火传，日月经天，一代一代传承下去。

全球化时代的中国文化格局

随着改革开放的发展，人们的思维方式得到多方启发，文化思潮日益开阔丰富，出现了多样化的文化生态，但也似乎出现了“乱象”。全球化与现代化，冲击着我们的生产方式、生活方式、语言方式、风俗习惯、民族传统。有些毋庸置疑是应该接受的，有些则是我们不愿接受而必须面对的。比如批量生产的消费文化，冲击着主流文化、高端文化；迅捷的网络信息，人云亦云的大拨思维，冲击着独立深入的阅读与思考。市场经济在更好地配置资源的同时，也使文化领域染上了拜金、浅薄、媚俗、做假的风气，市场炒作使文化成果良莠莫辨，有偿新闻与有偿评论加剧了这种混乱。在浮躁的气氛下，有些演出在热热闹闹之后并未给我们的文化留下任何遗产，票房高低常常成为一部电影是否“成功”的唯一标志，而文学作品则是印数至上。网络中出现了各种贬低严肃文化与高尚思想的低俗甚至丑陋的东西。价值观念、社会风尚，都通过娱乐休闲市场表现出了异质的多样元素，此外还有一些片面性荒谬性观点，例如全盘西化或者全面怀旧等思潮倾向。

这种时候，更需要文化自信、文化定力，更要勇于与善于实现引领、整合、包容、平衡与进一步提升，以优秀传统文化、主流文化为主心骨，积极构建生气勃勃、富有创新活力，又能够满足人民多方面精神需要的多彩多姿的文化生态格局。

社会主义核心价值观的教育可以成为我们文化自信的载体。我们提出的富强、民主、文明、和谐、自由、平等、公正、法治、爱国、敬业、诚信、友善的核心价值，既融会了古代中国的仁爱、亲民、崇文、尚和观念，也体现了先进的爱国、人权、民主、自由、法治观念，并且与我们革命文化中的集体主义、奉献精神息息相通。

重视价值观教育，就是重视世道人心，就是让每个中国公民都有道德主体意识，诚如孔子所说："仁远乎哉，我欲仁，斯仁至矣。"法治是维护社会稳定的底线，道德则是调节规范社会稳定的无形而强大的支柱，而文化，恰好决定了道德的价值构成。如果每一个中国公民都散发出中华文化特有的气质，都以社会主义核心价值观为行事准则，那么，中国人的精神面貌就会焕然一新了。

某些文化歧义与碰撞，带来了冲击也带来了机遇。我们对于"双百""二为"方针的坚守，将有利于文化的繁荣；我们对于文化人才的支持与尊重，将吸引各方人才为我所用。国家的文化操作，应该有利于更好地进行文化教育与创新，文化争鸣与讨论，文化传播与提升。

提倡中华风度与中华生活方式

我们的文化自信不是顾影自怜，也不是文化自傲，更不是像"奇葩"辜鸿铭欣赏妇女小脚、赞成一夫多妻制那样的扭曲的"自信"。我们应该提倡一种"中华风度"：文质彬彬、从容不迫、避免争拗、和谐稳重，再补充以健康公平的竞争，以及对于核心价值核心利益的坚守，"中华风度"几近完美。设想一下这样的中国人：有着诗书礼乐的教养与文化，琴棋书画的益智与审美，精致而俭朴的生活态度，贫贱不能移与富而好礼的姿态，行云流水、水到渠成的耐心，穷则独善其身、达则兼善天下的明达与开阔，谁能不喜爱有着这样"中华风度"的人？遗憾的是，由于历史条件的局限，由于教育传承得不够，许多国人没能将风度塑造得如此美好。

我们应该格外珍惜这一份深厚独特的文化遗产。文化是理念更是生活。我们的汉语汉字、诗词歌赋、笔墨纸砚、中华烹调、养生医药、建筑园林、传统节日、民族艺术、民间工艺、礼仪民俗……构成了优美的中华生活方式。在全球化时代，我们越发认识到民族与地域文化特色的珍贵。尤其是汉字的综合性、丰富性、灵动性与审美性特色，是中国保持统一的重要因素，是中国人整合性关联性思维的重要基石。我们要进一步提高全民尤其是青年一代的汉语汉字水平，在提倡普通话的时候保护方言，在普及简体字的时候珍重繁体字，在使用白话文的同时学习掌握文言文。学习外语永远不应是也不能是疏于母语的理由。如今，不仅国人日益从中华文化生活方式中得到了可贵可亲的享受和滋养，还有更多的国际友人加入了学习中华文化的行列。

中华文化经圣人学者的阐扬，历经几千年，早已化为亿万人民的日常生活。文化贵在潜移默化，贵在浸润身心，贵在心心相印，贵在蔚然成风。真正的文化自信拒绝炒作造势、夸大其词、巧言令色、形式主义；真正的文化自信具备抵制低俗化、浅薄化、哄闹化、片面化、狭隘化的能力和定力。文化属于人民，文化的有效性在于提升生活质量、精神面貌、成就实绩。文化属于人民，文化还归功于巨匠大师，文化需要强大阵容，文化需要群星灿烂，文化要看高端果实，文化一定会造福本土、造福人类、造福全球。这都需要我们有国家层面的长中短期文化教育规划，国家层面的思想文化激励与荣衔制度，以催生国家层面、人类层面的引以为自豪的人才和成果。

我们中华民族确实应该比以往任何时候都更加自信，这不是“老大帝国”的狂妄自大，这是建立在转化与变革的举世瞩目、发展与创新的累累硕果之上的坚实自信。中华民族比以往任何时候都能更加坦然地面对困难，化解矛盾。我们走过的道路让我们自信，我们创造的业绩使我们能够自信。

文化自信是最根本的自信，是由内而外的自信，是有定力的自信，是有凝聚力感召力的自信，是面向世界的自信。我们要以文化自信、文化复兴，托起我们的道路自信、理论自信、制度自信，创造我们的文化辉煌，助力于中华民族的伟大复兴！

（此文发表在2016年9月22日《光明日报》）

我对文化建设的一点思考

中华文化的古老与丰富，“郁郁乎文哉”的繁荣与气概，是中华民族的骄傲，是我们祖先的立国之本。

晚清的惨痛，不但有落后挨打，尤在于极大地动摇了中华民族的文化自信与文化尊严。

五四新文化运动挽救了、激活了古老宏伟却又举步维艰的中华传统文化。革命的胜利，宣告了马克思主义的中国化、世界先进文化的中国化，更表现了中华文化自我调整、自我更新能力。

新中国成立，文化自信大幅度提升。经过曲折的过程，十一届三中全会以来改革开放与发展，增加了文化自信与文化尊严。同时我们要保持头脑清醒：就是说，我们的文化与这种文化哺育的人民的生活质量、文明程度、价值吸引力与凝聚力，还有差距；我们的文化软实力还大有提升拓展丰富的空间。新的环境与地位带来种种文化思潮的冲击与挑战。社会各界对于社会风气的批评声浪也还较高。

传统文化与现代化的对接

中华文化化育着生活，规范着现实，同时提供了高端理想。“世界大同”，是中华传统文化早已出现的原始共产主义萌芽；“无为而治”，老子与孔子的这一共同命题，通向着马恩关于国家机器消亡的设想。毛泽东思想是马克思主义与中国具体实际的结合，也是马克思主义与中华文化传统的结合。

中华文化的优胜还在于它的务实性与此岸性，在于它的机变与发展特色。20 世纪后期，各社会主义国家纷纷进行改革，西方一些大政治家，如英国首相撒切尔夫人与美国国家安全顾问布热津斯基，都仅仅看好中国的改革。

习近平同志提出，要对中华传统文化“创造性转化，创新性发展”。要实现中华传统文化与现代文化的对接，实现中华文化与 21 世纪科学技术新成就的对接，实现中华传统道德理想、文化理想与现代民主、法制、理性、文明追求的对接，尤其是实现中华文化的进一步现代化与马克思主义社会主义理论的进一步发展与中国化。

社会主义核心价值观的文化意义

社会主义核心价值观的概括，可以看出传统与现代对接的追求与成果，看出近一二百年中华文化的飞跃与奋斗。它既继承了民本、尚和、仁爱、重义的传统，也渊薮于狂飙突进的新文化运动所提倡的德先生、赛先生、启蒙主义、爱国主义、社会主义，并凝结了邓小平理论改革、开放、发展理念。

发展带来生产方式、生活方式、思维方式、价值观念的波澜与变动，也会带来某些失落与纠结。社会主义核心价值观二十四字的实现，离不开社会主义现代化，既是中华复兴、走向世界的愿景，还是古圣先贤全面小康、“惠此中国”的落实。

习近平同志指出:“我们一定要坚持社会主义先进文化前进方向，树立高度的文化自觉和文化自信，向着建设社会主义文化强国宏伟目标阔步前进。”

面对文化乱象了吗?

我们这样一个古老与巨大的国家，现在面对着不同的文化思想潮流与文化生态，面对着所谓的某些文化“乱象”。

首先是几千年来的传统文化，尤其是道德文化与哲学文化，仍然有着独特的生命力，但也混杂着封建主义糟粕与某些前现代的愚昧。经过了急剧变动的 20 世纪，我们的文化传统也受到冲击、质疑与某些断裂。

其次是百年以来的革命文化，它以马克思主义、毛泽东思想为指导，以艰苦奋斗、英勇献身、联系群众、团结守纪的党风政风民风为标志，以井冈山、长征、延安精神为代表，至今有着强大示范作用。同时我们面临着工作重点转移、长期执政与新形势下质疑乃至否定革命的思潮挑战与考验。

第三种文化潮流是五四以来，特别是改革开放以来所注重汲取的现代文化：包括对于先进生产力的获得与管理、先进的科学技术与文化教育模式、公共管理与商务管理、市场经济、人权、民主、法治、自由观念、竞争驱动等，其中却也混杂着某些唐突空洞的西化理念。

文化生态的细化与多样性。例如以政治与意识形态的主导为目标的主流文化，以多媒体与新媒体为依托的大众信息文化，以市场需求为主导的消费、娱乐、休闲商业文化，以学术专业、藏之名山、传之千古为着眼点的精英文化，还有民俗文化、兄弟民族文化、地域文化、宗教文化、旅游文化、外贸文化、考古文化、引进的域外文化等。

值得重视的是多媒体与新媒体带来的传媒文化，它推动了文化民主与信息普及，同时带来了浅薄化与庸俗化，即文化的非高峰化、低俗化以及一定的非建设性。

我们的忧患在于文化的片面化、分裂化与极端化。例如现在还鼓吹“半部《论语》治天下”，还认为是革命破坏了中华文化。同样，把社会风气的所谓恶化看成改革开放后果的所谓“撕裂”理论也是有害与破坏性的空谈。而把中国的出路寄托于西化，否定传统、否定革命，更是廉价的荒唐。

我们的希望在于发挥古老的中华智慧，总结百年来的历史经验，珍惜得来不易的多方成果，实现以革命文化为引领、以中华传统文化为重要资源、以现代文化为驱动、发展与提升大众文化，以高端文化为成果与指标的文化整合、文化创新，这样才有文化的繁荣发展。

我们需要保持文化生态的健康、丰富与平衡。

为什么人人都在指责社会风气？

一个突出的问题是文明礼貌的缺失。这是显而易见的标志与抓手。首都机场国际航班的工作人员大呼小叫，挥臂命令，驱赶排队旅客。高铁有了极好的硬件，却关闭车厢厕所以减少列车员的劳动，当旅客提意见时竟称“列车员太累了”。服务行业的服务与被服务都缺少互相尊重等。

文化强国的标志：创新与人才阵容

我们已经越来越强调创新的重要性了。这是一个经济发展与社会前进的历史课题，同时是一个文化课题。

发展离不开人民精神品质的优化，精神能力的活跃与发达，只有一个文化上具有充分发展势头的民族，才能有创造、有出息，也有对于人类的较大贡献。

文化强国之强，表现为阵容之强、传统之强、高端果实之强、创新成果之强。考虑到文化积淀的长久性、稳定性、学术性、智慧性、技艺性、创造性与精神品质性，我们更需要有自己的文化大家，我们需要通过实际操作，更多地体现与突出我们的文化自信、文化尊严、文化格局、文化阵容。

繁荣的概念是一个民主的概念、人民性的概念，也是一个高端的概念、精英性与创造性的概念，是一个需要经受历史的考验与鉴定的概念。

加强文化主题建设方略

一、在当前文化思想活跃、各有强调，文化生态多样、各有功能的时刻，加强文化理论的建设，注重打通与结合。把马克思主义、传统文化与中国特色社会主义现代化结合，把尊重历史、立足国情与全面改革开放结合，把本土化与时代化结合，把重在建设、发展是硬道理与弘扬革命初心、继承革命传统结合，把延续文脉与转化发展“两创”结合，把海纳百川与旗帜鲜明地坚持中国特色社会主义结合。同时坚决地反对极端片面分裂的各种排他狭隘谬论。

二、精神文明建设要适当化虚为实，化零为整，可举行文明礼貌年、中华风度年、琴棋书画年、文明服务年等活动。以文明礼貌诚信为首要抓手，改变社会风气观感走势。可以类似访谈幸福、爱国的方式集中宣传教育，在高、中、初、幼学校中，在整个服务行业，在传媒上，在文教部门与团体中，连续大搞文明礼貌教育与礼治教育。

三、重视文化人才、构建文化阵容、显现文化自信，突出人文成果的学术成就，落实党的十七大、十八大提出的文化荣衔与国家奖励制度，建立人文科学、社会科学与文学艺术高端人才的院士制度。

四、加强文史馆的智库作用，继续本馆的敬老助老宗旨，同时吸收一批年富力强、善于将学术资源用于时政咨询的研究人员参与。

五、突出“双百”方针，希望有关部门与高校、党校联合主办内参型的学理争鸣刊物。

六、将社会主义核心价值观作为党校课程的一部分，使各级党员干部能够融会贯通，身教于先，同时能更好地进行言教。

七、办好各种文化活动，艺术节、电影节、诗歌节、祭炎黄帝陵、祭孔、纪念文化名人……同时规定，所有这些文化节日，除大活动以外，必须有高端学术研讨内容。防止这些活动的商业化。

八、对于一些传播能力较强的媒体，如广播、电视、网络等，要求它们必须在黄金时段播放一定比例的高端性学术性艺术性教育性讲座、研讨、表演内容。

九、除办好大众化喜剧化达人化央视春晚外，恢复播放文化部主导的偏重于艺术性经典性的春节文艺晚会。

十、文化部口应建立专家咨询制度与机构，使我们的一些文化举措能够更经得住专业学理的检验推敲。

十一、加强兄弟民族的文化史与文化经典研究、出版、抢救。

（此文发表在2014年第2期《国是咨询》）

只剩下平庸就危险了

我们的文化生活正在走向大众化、民主化、消费化

这些年我们国家的文化生活文艺生活，有了太大的变化。这个变化有时候我们注意到，有时候甚至注意不到。《庄子》里就提出来，万物都与时俱化，随着时间的变化万物都发生变化。有些变化是有迹可循的，有的你也不知道是怎么变的。

我说一件小事。1986 年 4 月，我开始在文化部上班，刚上班不久，就接到几位领导的批示，说深圳在搞礼仪小姐竞选，这是搞变相的选美，而选美活动是资本主义社会拿妇女当玩物，这样一项活动应该禁止。本人那时候对选美也没见过，也不知道怎么回事，但是本人组织性是一直比较强的，于是就赶紧贯彻。而现在呢，中国快变成选美基地了。

再比如说 1979 年的时候，电视台放风景片，结束的歌曲是李谷一唱的《乡恋》，但当时非常著名的权威音乐评论家说这是气声，是一种靡靡之音，说气声最大的特点就是它的性感，像枕头边上的声一样，给予严厉的批评。后来岂止是《乡恋》，邓丽君也都登堂入室了。邓丽君去世多少周年的时候，赵忠祥主持的 CCTV 音乐台，做了连续三天的专题节目，显然邓丽君也没有那么大的危险性、颠覆性和敌对性。中央电视台也逐渐扩大了包容性。

“文革”之前 17 年，中国出版长篇小说 200 种，200 种书分 17 年出，平均每年出 11.8 种，所以那个时候出部书影响都非常大，《铁道游击队》

《保卫延安》《红日》《红岩》《创业史》等，这些名著的发行大部分都在数百万册。而现在，全国仅长篇小说每年就有2000到3000种，加上网络上的长篇小说，据说在3000种以上，也就是说，现在每年你能够看到的长篇小说有6000种左右。

你想接受文化信息、文艺作品，没有比现在更便捷的了。传播和市场在文艺生活中起着越来越大的作用。它为什么起的作用大？因为很简单，它接受的人群广，点击率高，票房高。我们的文化生活正在走向大众化和民主化，人人都可以参与。过去我们认为上艺术院校，首先得有天才，然后还有多少年的苦读苦练，一对一的单独辅导，才能培养出艺术人才来。现在不一定。

全世界影响最大的舞蹈家，过去我们知道是邓肯，现在是鸟叔，而且世界各国还有一些政要也学着鸟叔的样子跳了两下舞。各种无厘头的文化产品，全能接受，影响非常大。“翠花上酸菜”，还有《忐忑》，作者是洋人，他受到中国戏曲音乐的启发。所以这就是：大众化、民主化、消费化。

现在有一个口号就是扩大文化消费，过去谁敢这么提，文化怎么是消费呢？其实文化消费一直是存在的。最突出的是电影，有多少美国大片在中国取得了不俗的票房成绩，看看《少年派》《阿凡达》《007》……还有音乐剧，《妈妈咪呀！》《猫》等。我们的文艺生活出现了前所未有的扩容，这个容量越来越大，而人们对文化生活的要求也越来越高。在这种情况之下出现了很多说法，这方面的讨论、困惑、争论、批评、质疑，非常尖锐。

在20世纪80年代中期，文化部一些年事渐高退出一线但是仍然学有专长有很大影响的专家，组织了一个叫作艺术委员会的咨询机构，那时候艺委会一开会都是一些非常尖锐的批评。最集中的就是批评歌星：歌星挣钱太多，歌星挣钱太快，歌星的嗓子没有得到专业训练，歌星扭动的幅度太大。老同志谈起来都非常气愤：我们怎么堕落到这地步？争论当中出现过一些非常极端的意见，例如有一家刊物说，现在的文艺比什么时候都坏，不但比1949年以来的任何一年都坏，而且比国民党统治的白区还坏，比沦陷区还坏。

但历史已经证明，这种极端的批评的声音，是阻挡不住大众化、民主化、海量化、包容化、多样化的文艺生活的，这个势头你挡不住。但是在“挡不住”当中，确实有一种令人忧心忡忡的东西，这个“忧心忡忡”并不是简单的扣帽子，说它不如哪个时期，而是一个值得讨论的问题——今天我们应追求什么样的文艺生态？什么样的文艺生活？什么样的文艺成果？

今天面临的危险是高端可能被平庸淹没

过去时代的好书我们印象非常清楚，现在几千种书出来以后，谁能说得上来你最近喜欢哪种书？那种争相传阅、爱不释手、感动至深、拍案叫绝的书，你能说得上来吗？相对说得上来的多半是什么微博、恶搞、手机段子，顶多加上电视小品。我们当然不可能排除、也不需要排除快餐式的文化段子，但仍旧应该期待大的东西，期待高深的东西。我们需要考虑一个问题：大众化和高端化。

今天我们面临一个什么危险呢？就是高端的东西有可能被淹没在平庸的东西里。平庸无罪，但只剩下平庸的东西就很危险了，尤其是中国这样一个古老的国家，一个伟大的文化的国家，如果说我们现在只剩下平庸的东西了，只有二流，只有三流，那怎么行？

小品可以做得很好，但是代表戏曲和戏剧的水平不可能只有小品，我们对舞台的艺术，要求有更高的东西出现。比如说给外国人看一个文艺晚会，你很难上小品，上一个手机段子，再上一段“翠花上酸菜”，上一个《忐忑》，那不是把人家吓坏了：中国闹什么事？老鼠成精了？我们当然有高端的东西。拿文学来说，我们就有楚辞、汉赋、唐诗、宋词、元曲、明清小说。

将来我们这一代人留下什么样的文化遗产？我们现在能留下的只是电视小品、手机段子？这对历史不好交代。这是一个问题。

还有一个问题，就是咱们有的理论和实践，往往脱节。我们对现在的文化现象缺少一套能够分析得清清楚楚的理论。我最不赞成把各国各地的文化和艺术看成互相对立、不能相容的，我觉得好的东西就是你也能存在我也能存在。比如音乐剧，我知道我们国内有些致力于做音乐剧的，而且已经有新的剧目上演，但是你目前怎么演也演不过人家，你演不过人家的《猫》，你演不过人家的《妈妈咪呀！》，演不过人家的《悲惨世界》。

电影尤其明显。有一阵我们的电影很受欢迎，在国际的电影圈子内不断获奖，但假如说中国已经是电影强国，那绝对谈不上。我现在忧虑的是什么呢？即使在好莱坞这样极其商业化的地方，它生产的也并不仅仅是消费作品，总还有一些高端的、高雅的东西，总还有那么一部分有思想、有亲情、有励志、有头脑的作品。但是我们呢？许多优秀的导演开始走无头脑的道路，追求视觉刺激，甚至有的知名导演公开撰文说，思想就是电影的垃圾。电影都是没有思想的吗？

我们有些通俗的作品，我称之为空心化的作品，它没有达到我们文化水平的平均数，更不用说高于平均数了。追求市场当然是对的，谁不追求市场？当年理想的东西也要追求市场，没有市场说明你不能被接受，票房在这个意义上如同选票。但是为什么我们一个比较好的东西，就不能在市场占有一席之地？是不是我们的受众已经都低级庸俗到但凡好东西都一律排斥的地步了呢？我看并不是这样。帕瓦罗蒂不是用歌星的那种方法，人家唱的是经典的歌剧，又高雅又有票房。为什么我们的文学家、艺术家不能够拿出既有比较高的文化含量又能够为群众喜闻乐见的好东西呢？我们需要从两个角度看，一种是，我们这些文艺家的水准不足以征服观众、征服读者，你不能让人们得到真正的感动。还有一种可能，你有优秀的作品，也有优秀的人才，但是我们的市场有眼无珠，我们的媒体有眼无珠。有没有这种情况？如果有，是不是需要造就一种大众的、高端的人才，这是一种平衡。

还有一种平衡，就是在社会急剧变化当中，如何面对某些艺术品类的窘境。这个很明显，戏曲尤其明显。到现在为止，方言在逐渐消退，比如上海已经有越来越多的人不会说上海话，沪剧和很多以上海话为基础的文艺就要受限。广东如果不用粤语演唱粤剧，今后怎么可能还有红线女呢？苏州如果不用苏州话，评弹怎么能继续下去呢？这样一种态势，我们国家对这个也有相当的认识。昆曲已经被联合国定为非物质文化遗产，连海外的一些同胞对此也十分热心，最近十来年，白先勇先生致力于打造《牡丹亭》的青春版，已经取得了很好的效果。但这些难以消除某些民族文艺样式所面临的危险，因为现在年轻人喜欢快节奏，他们要热闹劲。

社会要有一种引领的力量，需要有公信力的奖励系统

前不久我在北京看了一场民族音乐演出，它想了许多办法吸引观众，包括演员在台上带着悲情大声呼喊：“我们需要的不仅是观众，而且是尊重！”其实尊重这个东西不是邀来的，帕瓦罗蒂到世界各地演出，上台以前绝对不会讲一段“听众们，我要唱歌，请注意对我表示尊重”。其实我非常理解民族音乐渴望在今天这个时代焕发新光彩的愿望，我也希望我们的戏曲回到徽班进京那个时代，回到杨小楼那个时代，回到当年那种辉煌的盛世。

但是我们生活在一个传媒时代，有人说这是触屏时代，我们生活在这样一种“看不见的手起着巨大作用”的时代。文化体制改革正在把一大批的文学和艺术推向市场。这种情况之下，怎样能够取得一种更好的质与量的平衡，外来的艺术形式与民族瑰宝的平衡，群众化大众化的文艺活动和精英的高端的文艺创作的平衡。除了销量、点击率、票房以外，我们还需要建设一个强有力的、有威信的、有学术和艺术水准的、有专业水平的强有力的文艺评估的力量、评估的体系。我们社会应该懂得，什么是感人的艺术，什么是有道德有思想的艺术，什么是“润物细无声”的艺术，什么是有智慧的艺术，有良心的艺术，有头脑的艺术……

我们有那么多的艺术学院，有那么多文学的院校和科系，有那么多社科、人文科学类的研究机构，我们还有专业的文艺团体，还有文艺的群众组

织，有经费基本有保障的文联和作协，还有文化新闻出版广播影视行政部门……所以我们不可能没有专家、学者，不可能没有人告诉大家什么样的作品是好的，什么样的作品是空心的，什么样的作品是糊弄人的，什么样的作品是克隆外国的，什么样的作品是一种拿不出来的阴暗丑陋的思想精神在流露。我们需要有评论家告诉大家，这个艺术家哪怕名气很大，但是他的这部作品是失败的，是文艺垃圾。现在没有了，起码是少了。现在有些写评论的都是拿了红包的，连学术都跟红包有关系。

早在1982年，我去美国，拜访左翼剧作家阿瑟·米勒，他在中国最知名的就是《推销员之死》，由英若诚先生翻译和主演。我到他康州的家里去，当时阿瑟·米勒一部新的戏正在纽约上演，所以我就说“祝贺你”。但是阿瑟·米勒忧心忡忡，皱着眉跟我说“不好办”，我说怎么不好办？他说：“因为《纽约时报》的剧评对我这个戏到现在还没有表态。”我听完以后很奇怪，这么一个大牌剧作家，他还怕《纽约时报》吗？结果果不其然，我还没离开，《纽约时报》的剧评出来，对他这个剧作给予了否定，而且成了定论，他这个戏再没翻过身来。当然《纽约时报》这个剧评到底对不对，这个被认为失败的戏会不会50年以后咸鱼翻身又大演特演起来，我都说不准，但我要说，一个成功的媒体、一个成功的学者、一个成功的专家，他一定要在这个社会上发出自己响亮的声音，这个声音有足够的诚恳、严肃，与红包毫无关系。他面对的是学术，面对的是艺术，面对的是历史，他敢于发出经得起历史考验的声音。

有了这样的评估的声音，也就会有另外一个分不开的东西：有公信力的、强有力的奖励系统。我们推动艺术进步，要敢于肯定我们应该肯定的东西，这个奖励的系统不能让市场牵着鼻子走。诺贝尔文学奖不管你对它如何评价，它不跟着销售走，而且它专门喜欢奖励一点冷门的东西，你死活想不到的东西。比如它奖励意大利的左翼剧作家达里奥·福，被奖励者本人都不相信。更早的时候，1986年它奖励法国的作家西蒙，西蒙的文体是很怪异的一种文体，接受的人很少。作为一种品牌，奖励也有着对艺术、对学术、对历史的一种责任感。

不管平庸的东西、庸俗的东西乃至于低俗的东西，势力多么强大；无厘头的东西、空虚的东西、碎片化的东西、快餐式的东西多么强大，我们社会要有一种引领的力量，要有一种学术的责任心，要有一种艺术的使命感，要有人坚持不懈地告诉大家，我们现在哪些作品虽然名气很大，实际上还有很远的距离；同时也要告诉大家，哪些作品虽然没有受到群众的注意，没有受到市场的注意，但是它有很宝贵的东西，有值得珍惜的东西。而且要告诉大家，我们是有所期待的。

（此文发表在2014年1月《商周刊》）

对话王蒙：在整合中彰显中华文化的个性

张淑君

社会的开放带来了文化的多元化，文化的多元化进一步促进了理性的活跃和思想的解放，而不同时代文化间的流变与不同文化体系间的宽容恰恰体现了人类理性的自由。

改革开放 30 年，中国的知识分子一直在探寻并构建着这个与现代文化发展相适应的精神结构和价值观念。从某种意义上讲，王蒙走在了前列。

精英文化、大众文化在冲突中相互融合

记者：大众文化的丰富多彩，成为改革开放 30 年中最为热闹的一个盛景。它与人们的社会生活如影随形，在吃穿住行用玩等各个层次彰显自己的个性。您认为，这种文化形态如此强势存在的现实基础是什么？

王蒙：从理论上说，中国共产党一直就是非常重视大众文化的。毛泽东在七大报告里提出，新民主主义中国的文化应该是民族的、科学的、大众的。在革命的高潮当中，大众文化表现的是对革命的道理、革命的意识形态的通俗化的宣传。比如说，陕北的秧歌剧《夫妻识字》《兄妹开荒》都是大众文化，不是精英文化。赵树理在延安文艺座谈会讲话以后，受到高度的赞扬，确实也感动了许多人。当时，我是一名倾向于革命的学生，读了赵树理的书后直落泪。当时想，世界上还有这样的真正写给老百姓的书。不过后来因为众所周知的原因，很多大众文化的表现形式单一化了。

改革开放以后大众文化一下子活跃起来，这和我们党的指导方针不再以阶级斗争为纲，而是以经济建设为中心大有关系。大众文化的发展也是以人为本的体现。文化要满足人民的多方面的需要。实行市场经济以后，这种人民需要的影响就更大了，有需要才能有市场，文化生产、文化消费才能良性循环。这也逐渐形成了对于文化产品的多元的价值取向，人们越来越追求个性、娱乐、休闲、放松的精神生活，并且随着物质生活水平的提高，也有能力实现自己的文化权利了。

记者：特别是最近这几年，大众文化的表现形式又有了新的明显的变化，普通群众正从文化的消费主体演变为文化的表现主体和享受主体，也就是说文化的主角正越来越平民化，比如超女、选秀等文化形式受到了空前热捧。

王蒙：文化的大众化，这种现象并不是我国所特有的，也不是因为我国的大众文化原来受“极左”的压抑，在这个时候有了集中的爆发，这是一种世界潮流，有近百年的历史了。随着改革开放的不断深入，一些新的、有利于大众文化的自由、民主、平等、权利、共享等精神在我国政治、经济、文化领域都得到了不同程度的吸纳和体现。普通群众对此的感受可能更为深刻。

记者：大众文化这种多元的、混杂的价值体系，满足了人民群众丰富的精神需求。同时，我们也注意到伴随着大众文化的蓬勃发展，对它的诘责也从未间断，特别是来自知识精英方面的声音，表达了一种不屑与不满。您作为一位知识精英，对此怎样看?

王蒙：从一开始，我对大众文化就是不反感的。我觉得，大众文化能够让大家的精神有弛有张，能够有助于在社会上形成一种祥和的氛围，至少大家不会总是绷着一根弦斗来斗去，那样子哪个国家都是受不了的。

记者：在您任文化部长的时候，开放了全国的营业性舞厅。在改革开放初期，像您一样，知识精英对大众文化给予了一定的理解和支持。是什么导致了两者后来的疏离呢?

王蒙：精英文化是社会文化理想和人文精神的重要载体，它所追求的往往是学术的纯正性、规范性和对社会价值体系的护佑。而大众文化作为市场经济的产物，有时不免表现为肤浅、庸俗，表现为商业味道浓厚，甚至表现为“不讲教育意义”，只为取乐。二者之间本性上的区别，决定了它们的矛盾与冲突。此外，大众文化的兴起，在一定程度上确实对精英文化的市场形成了冲击。这也是知识精英一度反感的原因之一。我认为，文化艺术不能搞门户之见，你搞得成功不成功，不看你是否归属精英，而要看你的本事。功夫好的化腐朽为神奇，功夫臭的化神奇为腐朽。

记者：相对于精英文化，大众文化在伦理价值上也许存在着一定的缺陷。但是，我们也看到，正是大众文化谦卑的姿态、亲和的面目、独特的抚慰功能，赢得了观众的喝彩和喜爱，并在一定程度上替代了精英文化。从这个意义上讲，我们是否可以多些思考，精英文化能否首先走出自己所设的心理界限，放下身段，在形式上离大众更近些呢？比如，像易中天、于丹？

王蒙：中央电视台的《百家讲坛》，把经典的文化内容用通俗的形式和大众化的语言表现出来。对于这种形式，争论也非常多。

记者：您怎样看？

王蒙：对于这种形式本身，我个人没有任何非议。四书五经也好，经典文学著作也好，应该见阳光，应该和老百姓有接触，不能总躺在书斋里。具体到某个人，我主张个案处理，就事论事，比如张三讲得某一点不符合历史，不管怎么受欢迎，错了就是错了。但是不能就此而否定了这种形式，也不能因此就将他的讲解全部否定。其实，精英文化与大众文化在冲突中相互借鉴融合是一个全世界范围内的共同趋势。帕瓦罗蒂曾和一位盲人歌手合唱《我的太阳》，特别受观众欢迎。我亲自和多明戈谈过，他说，他不拒绝表演通俗歌曲。有一次和香港的作家谈到这个话题，他们也说这是个井水不犯河水的事情，这样也行。我认为，知识精英有责任把人文精神向社会世俗生活广泛渗透，从而唤起全社会的文化自觉。当然，不能大众化的、坚守学术的独立性也很好。总的来看，这两种文化力量在冲突中也在相互矫正，并逐渐认同对方的存在理由。这几年，大众文化的发展就健康、正常得多了。

中华文化的基本精神不逊色于西方

记者：20 世纪 90 年代以来，“国学”一词在民间的使用显著增多，与文化热兴起相伴而来的是中国传统文化话语权的渐次恢复。传统文化从被视为反现代精神的靶子来批判到现在的备受推崇，包括您自己也在研究佛学与老子，这种转变说明了什么？

王蒙：今天，大家有这么大的热情来谈传统文化，这是一件让人鼓舞也很感动的事情。因为，传统文化并不是一个凝固的概念。我们今天所说的传统文化，实际上和“五四”时期前人所面对的那个传统文化也有不同了，它已经经受了近百年的洗礼，已经把其中的一些糟粕剔除了，也已经用一种新的观点对其进行了解释和阐发。

诗经是一个早就有的客观存在，但是，现在对诗经的解释就吸收了现代的一些思想体系，闻一多对诗经的解释就吸收了许多弗洛伊德的理论；孟子关于民贵君轻的观点，他的民本思想，如果不是生活在现代，也得不到那么积极的阐释。我们现在所说的传统文化，已经包含了与文艺复兴以来近代西方的民主思想和马克思的社会主义思想相链接的契机。

记者：对于传统文化的重拾，人们更多的是在分析、寻找它与现代性之间的关系。对此，您怎样看？

王蒙：近百年来，西方文化和中国传统文化既是一个碰撞的过程，也是一个互补的过程。今天，我们重视传统文化，并不是希望回到旧中国，回到周公、孔圣人的时代，而是要发挥传统文化的凝聚力。刚健有为、自强不息一直居于传统文化的主导地位。《周易》有“天行健，君子以自强不息”的明训，孔子提倡“发愤忘食，乐以忘忧”的人生追求，庄子讲与时俱化，到宋明时期又有了与时俱进的说法。民间讲天道酬勤，讲不进则退，讲有志者事竟成。此外，中国的传统文化非常讲究“天人合一”的自然意识，强调

“与德配天”“尽心、知性而知天”，特别强调人与自然的和谐。我们今天所倡导的科学发展观，既是现代工业文明节能环保的现实要求，也是这种传统文化的一脉相承。可见，传统文化中所积极倡导这些精神，与现代化是不矛盾的，中华文化的基本精神并不注定要逊色于西方。

记者：在开放的过程中，文化的交流是必然的事情。这时候，我们经常会遇到一个问题，那就是，国外的人了解我们的传统文化吗？

王蒙：除了一些汉学专家外，绝大多数人远远谈不上了解。

记者：随着改革开放的深入，我国综合国力的不断增强，当代西方学者对中国传统文化开始重新进行全面的反思和估价。同时，经济自信也使得文化自信同步提升，国家也开始号召提高文化软实力，倡导中华文化走出去。在国外并不怎么了解中华文化的背景下，您认为，我国文化要走出去，主要靠什么？

王蒙：文化的力量首先在于它的有效性，就是说一种文化要使接受这种文化的人群或族群过上有质量的生活。凡是不符合这个要求的，就会被淘汰。所以，我觉得，在谈论中华文化能不能走出去或者说怎样走出去之前，最重要的还是提升我国的综合国力，提高我国人民的生活质量。这是一个大前提。不然，一种连本民族都不能滋养的文化，人家凭什么要接受你呀？近年来国外孔子学校的蓬勃兴起，就说明中华文化已经进入了世界文化的总体格局。而且这种进入，是一种主动的融合，因而它能够较强地展示中华文化自身的生命力。

主流意识形态的丰富与宣传仍有很大的改进空间

记者：改革开放 30 年，在文化建设中有一种现象非常值得我们关注，那就是以弘扬社会主义精神的主旋律文艺作品成为最引人注目的创作成就。您认为取得这个成就的最主要原因是什么？

王蒙：是解放思想。改革开放这 30 年中，我们可以清晰地看到，党和政府在文化发展的理论建树、政策措施方面充分体现了解放思想的特点，以一种更为开阔的视野和胸襟整合古今中外的文化基因，培育了繁荣的社会主义文化市场，从而有效实践了国家文化战略。这个文化战略就是“弘扬主旋律，提倡多样化”。虽然主旋律是在特定的历史条件下提出的，但是主旋律的内涵并不是狭隘的单一的“唯社会主义”的精神乌托邦，主旋律的表现形式也不是呆板的单调的。党和国家领导人多次强调过，要大力倡导一切有利于发扬爱国主义、集体主义、社会主义的思想和精神，大力倡导一切有利于民族团结、社会进步、人民幸福的思想和精神。并且要求反映主旋律的精神产品不仅思想内容要健康向上，艺术表现也应多种多样、生动活泼，也可以理解为艺术风格、形式、体裁等方面的多样化。可见，从很大程度上来说，“弘扬主旋律，提倡多样化”也是一种赋予当代精神新的包容性的发展。

记者：“弘扬主旋律，提倡多样化”的使命是在我国全方位开放的历史语境下重申并维护执政党的历史及现实合法性，以求在日益多元的文化现实中，建立党在文化、思想领域的主导权。您觉得，我们业已做出的努力和我们所追求的这个目标间还存在着怎样的差距？

王蒙：十七大有一个非常重要的提法，就是要增强社会主义意识形态的吸引力。在党的正式文件里提出，太重要了。对于这个提法，我这样理解，就是说我们在主流意识形态的宣传教育上还有可以改进的空间。但是，让人遗憾的是，从十七大的召开到现在一年多过去了，我没有看到后续的文章，没有看到相关方面的规划和实施的细则。

记者：您认为这个空间具体表现在哪些方面呢？

王蒙：第一个就是理论和生活的密切联系够不够，理论和新事物的密切联系够不够。这是一个决定意识形态的活力的大问题。比如说，在网络时代主流意识形态的表达问题，这是一个非常值得研究的问题。如果不研究新的传播形式，而只限于行政管理，那么在网络面前，主流意识形态就是被动的。要增强吸引力，主流意识形态就要敢于接触生活，敢于接触新问题，善于解决新问题。第二个，主流意识形态要增强吸引力，能不能增加更多的讨论空间？我看这也是很必要的。最后一点虽然看着是个小事，但是在这方面忽视了影响却不小，那就是语言。要增强吸引力，就要有个性化的语言，要有时代性的语言，要有充满新意的语言。如果领导干部只是怕犯错误，发言时每个字都按中央文件、按人民日报社论来，那能增加吸引力吗？所以，我认为，要推动当代中国马克思主义的大众化，有些场合的文风、会风、话风都要有所改进。

从某种意义上讲，十七大中关于增强社会主义意识形态吸引力的提法，决定着我们这个国家的未来，决定着我们党执政兴国的未来，我非常希望能尽早看到相关方面的动作与进展。

（原文刊载于2008年12月5日《人民政协报》）

傅庚辰

傅庚辰，男，1935 年 11 月生，黑龙江双城人。著名作曲家，少将。毕业于在东北鲁迅文艺学院。历任八一电影制片厂作曲、音乐组组长，总政治部歌舞团团长，解放军艺术学院院长，中国音协第四届理事、第五届常务理事，中国电影音乐学会副会长，中国音乐家协会名誉主席等。第八届至第十届全国政协科教文卫体委员会副主任。代表作有《雷锋》《地道战》《挺进中原》《闪闪的红星》《风雨下钟山》等。2015 年 11 月，获得第十届中国音乐金钟奖“终身成就音乐艺术家”称号。

继承优秀民族文化是歌剧的成功之路

“北风那个吹，雪花那个飘，雪花那个飘，年来到……”那沁人心扉的歌声，那刻入灵魂的旋律，又怎能忘掉呢！

去年，纪念中国人民抗日战争暨世界反法西斯战争胜利70周年，重新排演这部产生于70年前的人民的、革命的民族歌剧《白毛女》，理所当然地受到了全国人民的热烈欢迎。

1950年上演、反映东北抗日联军艰苦战斗生活的歌剧《星星之火》主题歌《革命人永远是年轻》曲调优美动听，充满了革命乐观主义精神。去年重演，也再次受到热烈欢迎。

1958年上演、反映洪湖人民革命斗争的歌剧《洪湖赤卫队》好评如潮，它的音乐受到高度评价。剧中的歌曲《洪湖水，浪打浪》《看天下劳苦人民都解放》广为流传，成为音乐会和各种演出的保留曲目。

1962年上演，反映党的地下斗争，歌颂共产党员光辉形象、崇高理想信念的民族歌剧《江姐》引起轰动。剧中歌曲《红梅赞》家喻户晓，至今传唱不息。《红珊瑚》里的《珊瑚颂》，《芳草心》里的《小草》，广为流传，很受欢迎。抗战时期新秧歌剧《拥军花鼓》《兄妹开荒》《血泪仇》；解放战争时期的歌剧《赤叶河》《刘胡兰》；新中国成立后的《王贵与李香香》《小二黑结婚》《红霞》；“文革”后的《伤逝》《原野》《苍原》《党的女儿》；不同时期、不同风格的作品百花齐放、不胜枚举、挂一漏万。

纵观近代中国革命史，95年的中共党史，96年的中国歌剧史，在党领导下的各个革命时期出现的近百部歌剧作品，主流都是围绕中国人民的翻身解放、自由、民主，围绕推翻帝国主义、封建主义、官僚资本主义三座大山，创建新中国、建设新中国而产生的。这些主流作品为人民歌唱，发出人民的呼声、时代的呐喊，是歌剧作家和作曲家与时代同呼吸、与人民共命运的心声。

《星光啊星光》是一部感人至深、催人泪下、否定“文革”的歌剧，上演时的反响异常强烈。1979 年全国第四次文代会，中国文联主席周扬在大会报告中说：“粉碎‘四人帮’以后，歌剧也有好作品，比如《星光啊星光》。”此言一出，争论骤起：“‘文革’能全部否定吗？至少要‘三七开’‘四六开’吧？……”当晚，看到简报的周扬即去看戏，看完后立即召集各代表团团长开会。他说：“文代会报告不是我一个人写的，做报告时我还没看过这个戏。看了大会简报，今晚我特意去看了这个歌剧。我认为我不但没说错，我说得还不够！”两年后的 1981 年中共十一届六中全会作出《关于建国以来党的若干历史问题的决议》，彻底否定了“文革”，至此，围绕《星光啊星光》的争论才得以平息。

歌剧在歌。是说一部歌剧，它的音乐，特别是歌唱很重要，尤其是它的主题曲、核心唱段、咏叹调，举足轻重。比如说，一提到《白毛女》首先想到《北风吹》；一提到《洪湖赤卫队》首先想到《洪湖水，浪打浪》；一提到《江姐》首先想到《红梅赞》。外国歌剧也是一样：一提到《茶花女》就会想到《饮酒歌》；一提到《水仙女》就会想到《月亮颂》；一提到《蝴蝶夫人》就会想到《晴朗的一天》。著名的英国音乐剧《猫》最初默默无闻，票房不佳，反响平淡。后来改了音乐，写出那美妙动听的新主题歌《回忆》，音乐剧从此才大放光彩，大获成功，演遍世界，也多次来到中国的北京、上海、广州演出，一演就是几十场，观众十分踊跃。1958 年春夏之交我在朝鲜，在中国人民志愿军文工团工作，一天晚上志愿军政治部广场放映祖国送来的电影《柳堡的故事》，影片里的插曲《九九艳阳天》那流畅甜美的歌声令我陶醉。没想到第二天晚上，朝鲜人民军协奏团来我们驻地慰问演出竟把《九九艳阳天》编成歌舞搬上舞台表演，台上台下欢声雷动，一片沸腾！志愿军撤军回国，我调到八一电影制片厂工作后，一次与电影《柳堡的故事》导演王苹同志交谈，她告诉我:《柳堡的故事》参加莫斯科电影周期间，电影周还未结束，影片的歌曲《九九艳阳天》就已经在莫斯科传开了。她说作为一个中国人，作为影片的导演，她感到很高兴、很自豪！可见一部影视剧里产生一首好歌的影响有多么大，多么重要！

上述例子，那些流传久远、家喻户晓的歌曲为什么会获得成功？为什么会获得人民群众的喜爱？久唱不衰，百听不厌。首先是因为那些成功的作品都有成功的音乐语言，有深刻动人的旋律，美好动听的曲调，它们流畅上口、形象鲜明、深入浅出、一语中的。

语言是桥梁，是沟通作品与受众之间的媒介。这个桥要是搭不好，作品就会塌陷。而这个桥的底座就是中华民族源远流长的优秀民族文化，我们要深入地钻研学习这个取之不尽用之不竭的宝藏和源泉，继承优秀文化传统。

前面所列举的几部经典中国歌剧和后继的许多成功歌剧作品都走过或正在走这条成功之路。

歌剧的样式要中国化、民族化，要有中国特色，不要照搬照抄外国模式和技法。外国技法要学，但要中国化，要结合中国的实际运用。习近平总书记最近在《在哲学社会科学工作座谈会上的讲话》中指出:“要在比较、对照、批判、吸收、升华的基础上，使民族性更加符合当代中国和当今世界的发展要求，越是民族的越是世界的。”

文化是民族之魂，是一个民族的精神支柱。党中央、国务院对文化建设极为重视。我国音乐事业发展很快，突飞猛进！“文革”前全国只有7所音乐院校，现在全国有700多所音乐院校，我所见到的有些省级音乐院校的设施都已超过英、美、法等西方大国。新建的音乐学院、音乐厅、大剧院都是世界一流的。近期出现的一些向着中国化、民族化、大众化方向前进的交响音乐、歌剧作品，如哈尔滨与中国音协合作的交响音乐会“江山如画”中有的段落很精彩；陕西推出的交响组曲《山丹丹开花红艳艳》已在多个省市上演；河南信阳最近推出的新歌剧《八月桂花开》等都很引人注目。

近年来，国家大剧院也在不断地组织歌剧创作，各地党政宣传文化部门都在积极抓创作，热气腾腾，一片兴旺。在促进歌剧繁荣发展上，我提两点建议：一、要加强歌剧剧本的音乐性。因为歌剧与话剧、电影不同，它的故事情节、人物命运、矛盾冲突主要是通过音乐，特别是通过歌唱来进行的。二、歌剧是一项综合性的艰深劳动，产出慢，牵涉多，音乐的难度大。要切实解决物质保证和奖励制度，以调动从业人员的创作积极性。

2016年春节临近的时候，中共中央总书记习近平同志第三次来到井冈山，看望慰问革命老区人民。他满怀深情地说："行程万里，不忘初心。""井冈山时期留给我们最为宝贵的财富就是跨越时空的井冈山精神。"此话情深意切，语重心长。

革命摇篮井冈山，
红色精神代代传。
胜利道路通天下，
红星故事唱不完。

祝愿作家、作曲家扎根人民，扎根生活，扎根实践，不懈奋斗，登上歌剧和音乐创作的高峰。

（此文发表在2016年6月6日《光明日报》）

六十年沧桑巨变　中国音乐的新辉煌

各位理事、同志们：

我们在空气清新、风景如画的武夷山开了两天会。昨天沛东副主席受主席团的委托，向理事会报告了中国音协近两年的工作，大家进行了热烈的讨论，对《章程》的修改提出了建议，上级领导机关还征求了大家对换届工作的意见，理事们表现出认真"理事"的主人翁态度，使会议开得很好，很成功。刚才沛东对会议进行了小结，会议情况我就不多说了。

此次理事会是在中国音协成立60年、举国上下喜迎新中国60华诞之际召开的。60年，是半个多世纪，也是一个人的大半生，波澜壮阔，峥嵘岁月，有多少往事萦绕在我们的心头！我们不能忘记，中国音协的源头是20世纪30年代左联的音乐小组，不能忘记聂耳、冼星海、吕骥、贺绿汀、任光、马思聪；也不能忘记萧友梅、黄自、青主、黎锦晖、赵元任；不能忘记李焕之、李凌、赵沨、时乐濛、沈亚威、瞿维、瞿希贤、李德伦、施光南；也不能忘记向隅、郑律成、马可、李劫夫、安波、刘炽、寄明、何士德等许多对中国新音乐事业做出过贡献的音乐家。没有他们，也就没有我们中国音协和中国音乐的今天。

我们不能忘记《义勇军进行曲》《黄河大合唱》和抗日救亡歌咏运动，那是中国音乐史上迄今为止音乐与民众血肉相连最为密切、影响最为深远的歌声。

中国音协成立于解放战争的炮火硝烟中，两个月后，中华人民共和国成立。历经28年战争，百废待兴。吕骥同志和第一届主席团，就是在这样的历史条件下开创中国音协的事业。我们不能忘记《歌唱祖国》《社会主义好》《我们走在大路上》《祖国颂》，歌剧《洪湖赤卫队》《江姐》，小提琴协奏曲《梁山伯与祝英台》，管弦乐《红旗颂》。我们也不能忘记，即使是在“四人帮”实行文化专制主义、万马齐喑的“文革”年代，人们也听到了电影《闪闪的红星》中那传遍全国的歌声和响彻大江南北、长城内外的钢琴协奏曲《黄河》。

粉碎“四人帮”之初，随着人们对“文革”的反思，出现了《欢庆舞曲》《祝酒歌》，歌剧《星光啊星光》；党的十一届三中全会之后出现的《我爱你，中国》《在希望的田野上》《军港之夜》《年轻的朋友来相会》，歌剧《芳草心》以及开始萌动的流行歌曲，再之后出现的《亚洲雄风》《春天的故事》《走进新时代》《爱我中华》《我和我的祖国》《当兵的人》《祖国，慈祥的母亲》等不一而足。1979年第四次全国文代会前后形成了粉碎“四人帮”后的第一次音乐高潮，涌现出大批优秀作品。2001年建党80周年前后，以中国音协组织的“阳光”“祖国”“希望”三台交响音乐会和首届中国音乐金钟奖为中心形成了第二次音乐高潮。首届金钟奖的交响乐评奖，就评出了21部作品，《土楼回响》获得一等奖，出现了歌剧《苍原》《党的女儿》和二胡协奏曲《长城随想》。2005年在纪念中国抗日战争和世界反法西斯战争胜利60周年前后，产生了《民族之声》《英雄河北》《三峡回响》，交响合唱《中国，我可爱的母亲》《东方红日》《巍巍昆仑》《长江交响曲》《乔家大院》组曲，声乐套曲《小平之歌》《长城颂》等大批贴近实际、贴近生活、贴近群众的交响乐作品；舞剧出现了《闪闪的红星》《红梅赞》等舞台精品，形成了第三次音乐高潮。随着金钟奖分赛区的设立和全国优秀流行歌曲创作大赛、“百首爱国主义歌曲大家唱”等活动的举办，我国音乐事业必将出现新的高潮。60年来，特别是改革开放30年来，我国的音乐创作、音乐表演、音乐理论、音乐教育、音乐市场有了很大的发展。今日中国，从城市到乡村，在公园、在广场，在社区、在学校，在企业、在军营，到处充满歌声，到处激扬音乐，我们的国家已经到了一个充满着歌声、激扬着音乐的伟大时代。

1999 年 12 月第五届中国音协换届的时候，我们提出音协工作的指导思想：当好桥梁，搞好服务，团结和谐，开拓前进，以及工作框架的“六个抓”：抓创作、抓建设、抓组织、抓活动、抓教育、抓联络。这些年来创作成果斐然，前面已经讲过。建设成果首推金钟奖，金钟奖已经举办过六届，从启动、立足、跨越、深入，到展开，今年是第七届。我们在一无经验、二无资金的困难条件下，启动了金钟奖，并首开先河设立了老音乐家的终身成就奖，这个奖产生了广泛影响，现在中国文联各协会、全国各省市纷纷效仿设立各种形式的老艺术家奖项。我们把交响乐的奖金设到 10 万元，这在当时也是最高的，引来 121 部作品参评，这也是没有先例的。近两年金钟奖又进行了重要的改革，设置了民乐、合唱、流行音乐的分赛区比赛，扩大了金钟奖的影响，提高了金钟奖的知名度。今年的报名人数翻了数倍，必将形成新的高潮。1999 年，中国音协有会员 8600 人，今年已有会员 14000 人。几年来，中国音协的各种活动多达上百项：中国音乐“金钟奖”、全国少儿歌曲创作演唱大赛、中国交响乐百年回顾暨第一届中国交响音乐季、全国优秀流行歌曲创作大赛、鼓浪屿钢琴节、厦门国际合唱节，以及各种比赛、展演、培训，与各省市区、各部门联合举办的各种征歌、各种采风、各类颁奖，名目之多不胜枚举。特别是 2008 年“5·12”汶川大地震后，中国音协立即组织音乐家创作作品，前往灾区慰问演出，并参加中宣部等单位组织的“爱的奉献”大型募捐活动，中国音协现场捐款 100 万元，音乐界捐款超过 1000 万元，还多次举办过“送欢乐、下基层”活动。在抓教育方面最主要的是音乐考级。这项工作最早是由中国音协发起建立，后普及各大音乐院校、艺术院团，现在已发展到舞蹈、戏剧、美术等多个艺术门类，仅钢琴考级一项就拉动文化内需上百亿元，再加上其他乐器和其他艺术门类，这笔资金的数目是相当可观的。这不仅是对精神文明建设的重要贡献，同时也是对物质文明建设的重要贡献。在周巍峙、吕骥、李焕之、孙慎同志的主持下，由中国音协编纂的《中国民间歌曲集成》《中国戏曲音乐集成》《中国民族民间器乐曲集成》《中国曲艺音乐集成》等四部大书共 119 卷巨著已全部编辑完成，耗时 30 年，长达 24600 万字。我们协会的刊物《人民音乐》《歌曲》《儿童音乐》《音乐创作》《词刊》在社会音乐生活中产生重要影响。中国音协成立之后，在相当一段时间里领导了人民音乐出版社，为人民音乐出版事业打下基础，开创事业，发展壮大，创造出骄人的业绩。近年来，我们的对外联络工作也有长足进步，每年有若干个团体“走出去”和“请进来”互相访问，相互交流。2007 年 10 月，由中国音协承办在北京召开的联合国世界音理会第 32 届世界音乐大会非常成功，展示了中国音乐事业蓬勃发展的局面。大会选举吴祖强、傅庚辰为世界音理会终身荣誉会员，加强了中国音协与世界音乐组织的联系，提高了中国音协的国际地位。今年 2 月 7 日，我就落实《著作权法》致信中共中央政治局常委李长春同志和中共中央政治局委员、书记处书记、中宣部部长刘云山同志。2 月 15 日、16 日，两位领导作出重要批示，予以支持。4 月 8 日，我又致信国务院总理温家宝。5 月 7 日，温家宝总理召开国务院常务会议，原则通过了《关于广播电台、电视台录音制品付酬办法（草案）》。在此期间，王立平、谷建芬同志进行了多次斡旋。事隔八年，时至今日，涉及广大音乐工作者切身利益的音乐著作权问题终于取得了突破性的进展，曙光在前。

回顾历史，感慨万千；面对现实，令人振奋；展望未来，充满信心。今天，中国音协和中国音乐已经站在了一个新的历史起点上。过去我们做了许多工作，但是，有些工作也还没有做好，今后，还有更多新的工作等待我们去做。我们在工作中，要注意处理好普及与提高的关系、粗放与集约的关系、一般与重点的关系，要以全局性、战略性、前瞻性的眼光审视我们的发展思路，优化结构，提高质量，走科学发展之路。中国音协是党领导的音乐界人民团体，是党联系音乐界的桥梁和纽带，是繁荣发展社会主义音乐事业、建设社会主义先进文化的重要力量，在团结广大音乐工作者、推动发展社会主义音乐事业中担负着重大责任。今天的中国音协是历史音协的发展，今日的中国音乐是革命音乐事业的继承和创新。目前，我们正处在一个伟大变革的时代，伟大的时代为我们音乐工作者提供了施展才华、实现抱负的广阔舞台，人民群众热切呼唤反映民族精神和时代精神、激励人民团结奋进的音乐精品。音乐工作者责任重大、使命光荣。我们要在以胡锦涛同志为总书记的党中央领导下，高举中国特色社会主义伟大旗帜，团结动员广大音乐工作者，为推动社会主义文艺大发展大繁荣、创建中国音乐事业新的辉煌而努力奋斗!

谢谢大家!

（此文系作者2009年9月4日在中国音协六届理事会第四次会议上的讲话）

中国音乐三十年

今年是我国改革开放30年，这30年里，中国发生了翻天覆地的变化。伴随着伟大历史的进程，中国的音乐事业也有了巨大的发展。最近，我经常回想一些亲身经历的音乐生活，感慨良多，不能释怀，我说出来，就算是为音乐历史留下一点资料吧。

粗略地回想，这30年的音乐发展大致上经历了三次高潮。

一、从粉碎“四人帮”到建国30周年献礼演出和全国第四次文代会形成了第一次音乐高潮。

粉碎“四人帮”后最早流传两首作品，一是歌曲《祝酒歌》：“美酒飘香歌声飞，朋友啊请你干一杯，胜利的十月永难忘，杯中酒满幸福泪。”《祝酒歌》唱出了粉碎“四人帮”、结束“十年浩劫”后，人们无比喜悦的欢乐心情。另一首是管弦乐《欢庆舞曲》。记得是在1977年7月下旬的一天，国庆办公室的一位我以前不认识的年轻人来到我家，对我说：“今年是粉碎‘四人帮’后的第一个国庆节，天安门广场要举行焰火晚会，各界群众将组成110个舞圈跳集体舞，国庆办公室正在征集舞曲，办公室希望你能参加应征，写出后用钢琴弹奏录下小样送审，选上后再写管弦乐总谱，由中央乐团录音发给各界群众。”几天后我交出了小样，再几天后通知我写总谱，再十天后这位年轻人到我家取走了总谱，中央乐团很快进行了录音。国庆节的当晚天安门广场一片欢腾，响彻着《欢庆舞曲》，十几万人伴随着《欢庆舞曲》翩翩起舞，兴高采烈，有如奔涌着欢乐的海洋。之后《欢庆舞曲》出唱片，出总谱，还成为中央电视台一段时间内一个栏目的开始曲。转年，国庆办公室又约我再为1978年的国庆晚会写作《欢庆舞曲》的姊妹篇《节日舞曲》，并准备拿到上海去录音，后因那次晚会没有举行，此事也就停止了。但《节日舞曲》被改成了军乐，直到现在还时有演奏。那位国庆办公室的年轻人就是现在中国音协的于庆新同志。

就我个人来说，1977年至1979年这三年是我音乐创作中经历的一个高峰期。继两首管弦乐曲之后，又为武汉军区描写陈毅元帅的话剧《东进！东进！》作曲，写了7首陈毅诗词歌曲。紧接着又为叶剑英元帅诗词《八十书怀》、周恩来总理诗词《大江歌罢掉头东》作曲，并于1978年底接受了中央歌剧院为建国30周年献礼的歌剧《记住啊请记住》作曲。之后紧接着又为中国歌剧舞剧院向建国30周年献礼的歌剧《星光啊星光》作曲。与此同时，我还担负着八一厂的故事片《雪山泪》、峨眉厂的故事片《挺进中原》、珠江厂的故事片《梅花巾》的作曲任务。两部歌剧、三部电影同时进行，偶尔还穿插一两首其他的歌曲作品，时间非常紧张。因为家里居住条件不好，我们写作组借住在空军学院招待所。开始阶段，中国歌剧院的车每星期六下午4点来接我，星期一早9点从家里接回来，这样就有一天多时间不能保证写作。后来改为星期二下午6点接我，星期三上午9点再把我送回来，在家里住一个晚上，但时间还是不够用。再后来干脆就不回家了，有整整一个多月没回家。《星光啊星光》初稿46段唱26天就写出来了，音乐像开水龙头似的从心中流淌出来。我写出来之后交我同学沪邑同志修改，然后再交由歌剧院一位同志、福空文工团一位同志和沪邑三人进行配器，因为我实在没有时间了，中国歌剧院急等着排练。开始在福州空军初排并试演，后来回北京在中国歌剧院联排，在中央党校彩排，在天桥剧场公演。演出时盛况空前，一票难求，各界观众络绎不绝，非常踊跃。中国剧协、中国音协、建国30周年献礼演出办公室纷纷召开座谈会，《光明日报》头版头条，媒体大量报道，该剧还为第四次全国文代会作了专场演出，形成了粉碎“四人帮”后的音乐高潮。

这次音乐高潮的兴起绝非偶然。十年浩劫，“四人帮”的文化专制主义，万马齐喑的局面一旦被冲破，文艺家激情迸发，豪情满怀，创作出大量激动人心的作品。由中宣部、文化部等六个部委组成的建国 30 周年献礼演出办公室评出大量优秀作品，仅音乐作品分获一、二、三等奖的就有几十部，我有三个作品获得一等奖。

这次音乐高潮兴起的原因是多方面的，但根本原因是思想解放，也就是破除“两个凡是”和《实践是检验真理的唯一标准》的大讨论，小平同志的讲话《解放思想、实事求是、团结一致向前看》，党的实事求是思想路线的恢复。但是，当时思想认识并不统一，分歧还在。《星光啊星光》是较早否定“文革”的一部歌剧，剧本写于十一届三中全会之前，交我作曲是十一届三中全会开过之初，距 1981 年中央召开十一届六中全会作出否定“文革”的结论还有两年多，所以编剧、作曲请他们的领导来审看领导都不来，因为不好表态。我们头上顶着压力，当时我们几个作者就说：“那咱们就文责自负吧。”事后当一切都明朗时，曾有记者问我：你当时为什么要写这样的作品？我说，只有一句话：那就是“文革”这样的历史绝不能允许它重演！ 7 月份在中央党校彩排的第二天，中央党校教育长宋振庭同志对我们几个作者说：“同志们哪！你们的戏在我们中央党校引起了轩然大波；看完戏的第二天上课，开讨论会时学员们都不讨论原来规定的题目了，竟讨论你们的戏了，焦点是‘文革’能不能否定，争论非常激烈！”1979 年 10 月底召开第四次全国文代会，中国文联主席周扬同志在报告中说：“粉碎‘四人帮’之后歌剧也有好作品，比如《星光啊星光》就是好作品嘛！”此话一出又引起了反对。周扬看到简报的当天晚上就去看了《星光啊星光》的演出，并于当晚召开各代表团团长会议，他说：“文代会的报告不是我一个人写的。做报告时我还没看过这个戏，看了简报后我才特地去看的，我认为我不但没有说错，而且说得还不够！”记得那一段时间，每天都有一些老同志去看戏，我们编剧作曲每天都到剧场去听取反映，老同志们看戏时往往是热泪盈眶，甚至是痛哭流涕。上海市委副书记兼宣传部长陈沂同志在剧场就向我要剧本和曲谱，说要带回上海，让上海歌剧院演出。转年我去上海录音见到陈沂同志时，他说:“开始歌剧院有顾虑，怕卖不出票钱，我说赔钱市委给你们补上。结果一个月内在小剧院连续演了 29 场，不但没有赔钱，还挣了钱。”陈沂在上海《文汇报》上发了整版文章给予好评。在剧协座谈会上，当时中央歌剧院的作曲家黄安伦说:“看演出时，我对观众做了调查，反映强烈，音乐和故事非常动人，我和身边的一位工人都哭了！”中国音协主席吕骥同志看过戏后上台说:“不是说粉碎‘四人帮’后音乐界没有作品吗？这不就有了吗！”

从粉碎“四人帮”到国庆 30 周年献礼演出和第四次全国文代会，这是第一次音乐高潮。从我个人的亲身经历，特别是创作历程可以看出，当时的创作热情是多么高涨！人民的命运、时代的风云和作者的联系是多么紧密，对一个作者产生了多么深刻的影响！

1983 年至 1985 年，汇聚众多文艺界人士、艺术团体创作演出的大型音乐舞蹈史诗《中国革命之歌》，以及后来的精神文明建设“五个一工程”奖、文化部的“精品工程”奖、中央电视台的青年歌手电视大奖赛等众多的评奖比赛，也都对新的历史时期的音乐发展产生了重要影响。

二、从第一届中国音乐金钟奖到纪念建党 80 周年是第二次音乐高潮。

2001 年“5·23”举办了第一届中国音乐金钟奖，从此创设了我国的第一个音乐大奖，吸引了全国音乐界的广泛关注和高度重视。第一届金钟奖设立了创作奖，分声乐和器乐；表演奖，分民族、美声、通俗三种唱法；还特别为年届八十高龄、从事音乐工作 60 年以上、成就卓著的老音乐家设立了终身成就奖，这在我国和世界上都是首开先河，引起文艺界和社会上的强烈共鸣。《音乐周报》头版头条登出“金钟奖交响乐一等奖奖金 10 万”也引起轰动效应。结果 121 部交响乐应征，评出了金银铜奖 21 部，刘湲的《土楼回响》获得金奖；应征歌曲 256 首，评出金银铜奖 36 首；参赛歌手 81 名，评出金银铜奖 18 名；老音乐家的终身成就奖评出了 27 位。颁奖晚会和庆祝酒会盛况空前，热烈非凡，一些与会者激动得热泪盈眶。

为筹备纪念建党 80 周年音乐会，推出新作品，中国音协在北京、山东、黑龙江召开了四次创作会议，先后派出傅庚辰、吴祖强、王世光、杜鸣心、孟宪斌、吴雁泽、顾春雨等专家，并会同时任中宣部文艺局局长李牧、处长张海琴到辽宁、黑龙江、山东、深圳等省市了解筹备情况，形成了辽宁的“阳光”、山东的“祖国”、深圳的“希望”等三台大型交响音乐会，产生了交响组曲《阳光下的祖国》、钢琴协奏曲《春天的故事》、交响合唱《希望》等一批精品力作和各类体裁的新歌。同一时期产生的歌剧《苍原》《党的女儿》也受到普遍好评，这都为庆祝建党 80 周年画上了浓墨重彩的一笔，有力地推动了音乐创作和音乐事业向前发展。

三、从纪念抗日战争胜利 60 周年到纪念中国人民解放军建军 80 周年再到第六届中国音乐金钟奖形成了第三次音乐高潮。

2005 年中国隆重纪念抗日战争和世界反法西斯战争胜利 60 周年。为此，时任中宣部副部长李从军主持召开音乐创作动员会议，中宣部拨出专款推动这项工作。中国音协积极投入，各地积极响应，中国音协与广州市委推出了“民族之声交响音乐会”在广州和北京隆重演出。中国交响乐团团长关峡说:“好久没有听到这样的音乐了，听得我心潮澎湃、热血沸腾。”时任中宣部文艺局局长杨志今主持，专门召开了座谈会，给予高度评价。同一时期，广东省委宣传部还举行了“时代之声——傅庚辰作品音乐会”，李岚清、张德江等领导同志出席并给予好评。河北举办的“英雄河北”、湖北举办的“三峡回响”以及其他省市的一些纪念音乐会也都取得了成功。中国音协在人民大会堂组织了隆重纪念人民音乐家冼星海诞辰 100 周年座谈会，时任中共中央政治局委员、书记处书记、中宣部部长刘云山出席并作重要讲话，时任中宣部副部长李从军主持座谈会。当晚由中国音协举行的冼星海作品音乐会极其成功，当《黄河大合唱》演唱结束时，刘云山与全体观众起立欢呼，长时间地热烈鼓掌。从 2003 年至 2007 年涌现了大批优秀作品：大型声乐套曲《航天之歌》《小平之歌》《交响乐 2008》，交响诗《红星颂》，交响组曲《地道战留给后世的故事》，交响乐《圣火 2008》，交响合唱《金陵祭》，歌剧《野火春风斗古城》《木雕的传说》，舞剧《红梅赞》《闪闪的红星》《红河谷》《一把酸枣》《风中少林》《南京 1937》《西游记》以及近期出现的交响组曲《乔家大院》，交响大合唱《神州颂》，交响乐《巍巍昆仑》《江山多娇》等。交响乐创作出现了新形势，出现了好势头，创作思想、创作道路更加贴近实际、贴近生活、贴近群众。中共中央政治局常委李长春同志对儿童歌曲十分重视。刘云山同志 2004 年 5 月指示中国音协要下决心抓好儿童歌曲创作。国务委员陈至立召开会议作出部署，成立七部委工作组织。中国音协坚决贯彻中央领导指示，召开词曲作者座谈会，广泛征集作品并与共青团中央、中央电视台联合举办儿童歌曲电视大赛。经过三年努力，儿童歌曲匮乏的局面有所好转，产生了《做一个合格的小公民》《读唐诗》《司马光砸缸》《朝霞之歌》《春天》《悯农》等一批优秀儿歌。电视剧音乐也出现了《誓言无声》《江山》《沙场点兵》《陈赓大将》《乔家大院》《红顶商人胡雪岩》《井冈山》《戈壁母亲》等好作品。第十届精神文明建设“五个一工程奖”评出了《吉祥三宝》《盖楼的哥们》《望月》等 20 首优秀奖歌曲、《永恒的彩霞》等 20 首入选奖歌曲。徐沛东为广东音乐作了新的编配，“国乐飘香”音乐会获得成功。

2007 年 7 月，由中国文联主办，中国音协、中国文联演艺中心和解放军电视宣传中心共同推出的纪念建军 80 周年大型军旅音乐作品展演周在京举行，革命诗篇——傅庚辰作品音乐会、当兵的历史——印青作品音乐会、长城长——孟庆云作品音乐会、相聚在军旗下——大型综艺晚会以及北京军区、海军、空军、武警共 8 场音乐会在首都掀起了音乐热潮，中央领导同志出席观看并给予高度评价。中央电视台、中央人民广播电台、北京电视台、北京音乐台以及首都各报用大量篇幅给予报道，盛况空前。这不仅展示了军旅音乐作品的精华，同时也雄辩地证明，作曲家必须与时代同呼吸、与人民共命运，必须弘扬以爱国主义为核心的民族精神和以改革创新为核心的时代精神。一个人民的音乐家，他的作品必须贴近实际、贴近生活、贴近群众，才能真正做到为人民服务，才能受到人民的爱戴，绝不能以“小众”自诩，盲目地陶醉在狭小的圈子里。

第六届中国音乐金钟奖是在党的十七大胜利召开之后举行的，是在党的十七大提出“文化大发展大繁荣”的宏伟战略目标前提下举行的。在总赛区广州之外，增设了长沙、南京、宁波三个分赛区，增设了合唱、民乐、流行音乐、理论评论等奖项的评选，扩大了评比面、受众面、影响面，是对金钟奖的重要改革，推动了金钟奖做强做大，使金钟奖迈入了新阶段。事情到此并没有结束，后面还有许多事情要做。

今年还将由中宣部牵头举办流行歌曲比赛，促进流行歌曲的健康发展。

今年还将举行交响乐百年回顾展。回顾不是目的，回顾的目的是为了发展，发展中国特色交响乐。借鉴中外交响乐发展的历史经验，要想发展好中国的交响乐，必须解决两个问题：一是雅俗共赏。二是现代技法中国化。就是要把现代技法的科学原理、科学方法和中国的实际相结合，和中国的民族文化传统相结合，创造出具有中国风格、中国气魄、中国特色的交响乐。毛泽东思想之所以胜利，就是因为把马列主义与中国革命的实践相结合；邓小平理论之所以成功，就是因为把马列主义原理和中国革命的具体实际相结合。离开了中国的实际，脱离了中国人民，就失掉了根基，就不可能取得成功。

当前，我国的音乐事业如日中天，正处在一个空前繁荣的发展时期。音乐在社会生活中的作用日益强大，音乐的影响力、渗透力、震撼力与日俱增，在人民群众、文化生活、社会活动中出现了空前的音乐热。从城市到乡村，在公园、在广场、在社区，到处充满着音乐之声，到处充满着欢乐的歌唱，我们的国家正处在一个充满着歌声、激扬着音乐的新时代。

30 年的改革开放，为音乐事业的发展铺垫了坚实的基础：中央政策好，形势需要好，队伍实力好，发展势头好，音乐创作、音乐表演、音乐教育、音乐理论、音乐队伍、社会音乐生活蓬勃发展。中国音乐大有希望。正是：

诸将老尚在，
中青挑大梁。
众心齐努力，
发展更辉煌。

三次音乐高潮的兴起，走出了历史轨迹，激励着我们、鼓舞着我们高举中国特色社会主义伟大旗帜胜利前进！

（此文系作者 2008 年 2 月 20 日在中国音协工作会议上的讲话）

努力发展中国交响乐事业

我认真地读了《中国艺术报》2011年12月19日发表的李长春同志《博采众长　推陈出新——促进我国交响音乐繁荣发展》的文章。我认为这是一篇很重要的文章，对中国交响乐的发展具有重要的意义。文章给我印象最深的有两个大问题：一个是交响乐团的建设，长春同志这篇文章对这个问题谈得很深入、很具体也很实际，比如指挥的形神兼备的问题，指挥一定要形神兼备，这个论点在我的印象中是第一次这样提出，特别是出自一位思想文化战线领导者之口；另外一个是谈到了交响乐队特别是民族乐队乐器的配置问题，甚至包括低音乐器的使用问题。作为一位领导，能深入到乐团考察、研究并且发表精辟的意见，这是很令人鼓舞的一件事。

两赴广州，感受交响乐惊人变化

党中央在十六大以来不仅抓了经济建设也抓了文化建设，并一步步踏踏实实地向前推进，十六大、十七大、中共中央政治局第二十二次集体学习，特别是不久前召开的党的十七届六中全会，才有今天文化大发展大繁荣的可喜局面。毛主席在新中国成立初期曾经说过，随着经济建设高潮的到来，必将有一个文化建设的高潮。我认为这个高潮现在出现了。党的十七届六中全会可以说在中国文化发展的历史上具有光辉灿烂的里程碑意义，将永载史册，影响非常深远。

十六大以来，我国交响乐团建设有了一个很大的发展。拿我最近的感受来说，去年12月25日，广州市委、市政府举办了“理想之歌”我的作品音乐会，我去广州听排练，令我惊讶的是，新的广州交响乐团的团址是在珠江边上一个很美丽的新建筑中，排练厅很宽敞，音响效果也很好，指挥、首席、演员的休息室等各个方面都很好，可以说是一应俱全，设备很先进，让我感到变化很大。因为七年前也就是2005年，在纪念抗日战争暨世界反法西斯战争胜利60周年时，广州市也举办了我的作品音乐会，题为“民族之声”，在这次音乐会的排练过程中我也到广州乐团听排练，那时的广州交响乐团在广州市的沙河顶一个破旧的建筑中，排练厅十分拥挤，环境很差。我想能在如今的环境中工作的音乐家应当是很愉快的。广州交响乐团的变迁就是一个很好的见证——在党的领导下，相关部门对文化建设抓得具体深入，出现了新的局面，朝气蓬勃、繁荣向上。

交响乐创作民族化是重要课题

李长春同志的文章不仅谈到了乐团建设方面，同时还谈到了创作问题，特别是谈到了交响乐创作民族化的问题。他在文章中说：“越是民族的才越是世界的。”他谈到了广东音乐交响化的问题，希望广东音乐能够发扬光大，能够传播到世界更广泛的地区，产生更大的影响，让我们优秀的民族音乐之花开得更加灿烂。另外，他在文章中还举了《梁祝》《黄河》《红旗颂》这样的交响乐作品代表中国传遍世界。因此他明确指出：“中国交响乐要走民族化道路。”我认为这一点十分重要！我们很长一段时间都在学习外国的现代技法，这个学习本身无可厚非，是需要学的、不能不学，问题是学习之后如何应用？以前不是说过学习马列主义全在应用吗？1942年延安整风时，毛泽东同志就提出马克思主义要中国化，现在中央提出马克思主义中国化、时代化、大众化，这就给我们指出了一个方向——交响乐的创作同样要遵循这样一个方向。这讲的虽然是政治问题、马列主义理论问题，但道理是一样的，难道我们学习现代技法就不要中国化吗？现代技法如果不中国化、脱离了中国实际能行得通吗？

回顾党的历史，20世纪30年代照搬苏联和外国的作战方法和军事理论，结果我们总是失败，毛泽东找出了一条符合中国实际的革命道路：党的领导、武装斗争、统一战线、农村包围城市、井冈山的道路通天下，把马列主义与中国革命实践相结合，才推翻了“三座大山”，建立了新中国。小平同志把马列主义与中国具体实际相结合，才有了改革开放，才有了中国特色社会主义和今天的繁荣发展，道理是一样的。社会的发展、经济建设、改革开放都要结合中国的实际，所以我们才叫中国特色社会主义道路。这是多年来正反两方面经验教训得出的结论。对音乐创作特别是交响乐创作，道理同样。改革开放30多年来，我们出了多少令群众喜欢、为世界公认的交响乐作品？收效甚微。交响乐作曲家孜孜以求，虽然报酬很少，但他们仍在继续努力，这种精神令人敬佩。但由于不恰当地强调了现代技法的作用，只是理论上学习现代技法，没有把它很好地化为中国的、时代的、大众的，这个问题不解决不行，会阻碍中国交响乐的发展。“创作中国的交响乐”是摆在我们面前的一项重要课题。长春同志的文章明确提出“中国交响乐民族化”问题，具有重要的现实意义和指导意义，音乐界应认真地贯彻。

我们可以引申开：世界上成功的交响乐作品有哪几部是没有调性、没有旋律的？1月3日晚上我听了波兰广播交响乐团的演出，施特劳斯的圆舞曲就不用说了，贝多芬的第七交响乐也有很动听的旋律。现代技法有它的长处，它使和声、配器、乐队的效果更加丰满、丰富，手段更多了，我们也希望更多的手段为我所用，百花齐放，推陈出新。音乐本身就是美的旋律，我们音乐的本质就是“美”、就是美育，我们的音乐要给人以鼓舞、给人以力量、给人以陶冶、给人以欢乐、给人以美的享受，否则就不能称为音乐。如果只是一些没有旋律、没有调性的音响的堆砌，仅是一些嘈杂、刺耳的音响，那是音乐吗？能给人以美的享受、让人愿意听吗？能让人接受吗？恐怕都不行！那样的创作道路是走不通的。

从我们国家音乐发展的道路也能看到有些东西是不行的，所以要走交响音乐创作民族化的道路，要创作中国风格、中国气派、中国特色的交响乐，这是我们音乐界特别是作曲家所面临的重要课题。这与整个国家的战略发展是一致的。从1992年小平同志的谈话“建设中国特色社会主义”以来，这个思想很明确，而且已经在经济领域取得了重大的进展，这样的经验应该借鉴到文艺、借鉴到音乐创作中来。我们的交响乐创作要现代技法中国化、音乐语言民族化、音乐结构科学化。

音乐结构科学化又是什么意思呢？胡锦涛同志提出科学发展观，我们党一直在倡导走科学发展的道路，经济建设，减少能源消耗、绿色环保、和谐，道理是一样的，我们应把它们运用到文艺领域、运用到音乐领域。脱离了中国实际、脱离了中国群众，就失掉了根基。有些同志说，交响乐不能是大众的，只能是小众的。其实他误解了。交响乐虽然有一定欣赏的范畴和人群，但不能说交响乐只给少数人听，只为少数人存在、服务，如果这样交响乐能存活下去吗？我们作者必须要解决与群众之间桥梁的问题，你的作品要让群众接受是需要桥梁的。什么是桥梁？我认为民族音乐语言就是一种桥梁。听众听着熟悉、亲切、爱听，这就达到了目的，作曲家的作品就没有白写。否则，作品被束之高阁。这个问题要想通。可以说，长春同志这篇文章的发表非常及时，会推动中国交响乐事业向前发展。

必须改善乐团设施及创作者待遇

当然，中国交响乐事业发展繁荣除创作这个基础之外，也存在其他实际问题。十六大以来，各省市都普遍重视了交响乐团的建设，据说目前全国有50多支交响乐团，有的省不止一支。但这些乐团的现状是苦乐不均，参差不齐。前几年，当时经费最充足的是深圳交响乐团，年经费2000万元，那时国交的年经费仅有700万元。前年，我到吉林交响乐团听音乐会，他们还在发70%的工资。有些乐团演出一场，演奏家们的收入仅有几十元钱。去年，我去河北参加我们交响乐艺术中心举办的“交响乐音乐周”，河北交响乐团请我去听排练，他们是在一个大厂房的仓库里排练的，还没有自己的排练厅，但仍然很热情专注，精神可嘉。国交目前的经费也仅仅是上千万元，国家一级的交响乐团这点经费显然是不够的，最新的情况是有的乐团的经费已经大幅度提升了，像北交、上交、广交。有些乐团纷纷提高了经费，排练演出的场地越来越好，改善交响乐团业务和生活的环境恐怕也是当前迫切需要解决的一个课题。去年，北京中国交响音乐季艺术中心交响音乐周巡演，到了河北、甘肃、河南、浙江等地，这个活动还要继续。乐团建设、硬件、乐器等需要改善。

此外，作曲家的报酬问题也需改善。现在是报酬比较低，极少数人稿约多一些的好些，大多数人靠工资生活，工资又不高。交响乐创作是一项很艰辛的劳动，现在一些著名歌星动辄出场费就几十万元，影视演员一集就几十万元，但这些劳动与写一部交响乐的劳动是不可同日而语的。举一个不恰当的例子，“又要马儿跑，又要马儿不吃草”，这样马儿是跑不动的，应该给他们一定的条件。颁奖要颁到正地方！需要设立交响乐的创作基金，需要鼓励交响乐的创作者。要建设中国特色的交响乐队伍，发展中国特色的交响乐事业，创作中国特色的交响乐作品，必须改善乐团的工作生活条件，必须改善交响乐创作者的工作生活条件。

（此文发表在2012年1月13日《中国艺术报》）

音乐语言民族化之路

我应何占豪同志之约来参加这个研讨会，觉得这个会很有意义，虽然音乐界来的人并不是很多，但是这个会还是很重要的。所以我也谈一点感想。

昨天的演出很成功。我对南音缺乏研究，但是我听这个作品感到很悦耳，很能接受，管弦乐队和南音音调的结合也很自然。而且合唱队是用普通话来唱的，南音是用闽南话来唱的，也不觉得不协调，管弦乐队的手法运用得也很自然，一些陪衬的地方、间奏的地方都很好，很舒服。

音乐的本质是美，要给人以美的享受、给人以陶冶、给人以鼓舞、给人以力量。不能让人听不下去，不能让人觉得难听，睡着了，都走了，那就失败了。不管你说你的技法多么先进，那也没有用。所以昨天的音乐会我觉得很好听，包括前半场、后半场，特别是《陈三五娘》这部大型作品，这是我的第一个感觉，是一次成功的演出。

由此我有一个感想，我们中国从有交响乐团到现在也有 100 年左右。新中国成立已经 64 年，改革开放也 35 年了，我们回想起来还是有很多经验和教训的。这其中很重要的一个问题，也是这场音乐会给我们的启发，就是音乐语言的问题。我觉得何占豪同志从《梁祝》到交响南音《陈三五娘》走了一条音乐语言民族化的成功之路。我们中国的交响乐作品被世界上演奏最多的就是《梁祝》《黄河》《红旗颂》。为什么《梁祝》受到世界人民的普遍喜欢呢？首先是因为它有动听的曲调，它的旋律非常好听。这是根本的，音乐的核心是旋律、是音乐语言，而不是其他手段，其他手段是辅助。我这样说有些同志未必同意，但是我有这种感受，我们可以回想世界上包括那些经典大师的作品，几百年以来流传到现在，最受欢迎的那些大多有生动的旋律。不过有的旋律是用交响乐的手法，不是大段大段地唱下来那样完整，但是它的主题甚至它的动机都是生动的，都是好听的，都是有生命力的，都是能给人打上深深烙印的音调，否则不可能流传到现在。如果仅是音响堆砌、仅是手法的罗列不可能流传到现在，所以我认为从《梁祝》到交响南音《陈三五娘》是走了一条音乐语言民族化的成功之路，我认为这个意义是很重要的。我没有听何占豪谈过他创作《梁祝》的体会，但是就像他刚才讲的，他那么虚心地、脚踏实地地去研究南音、学习南音，从开始不敢接受这个创作，到非接受不可，非把它写出来不可，这个过程就在于他真正深入地掌握了这个戏曲剧种的形式和神韵。做这件事是很有意义的，因为中国戏曲有几百个剧种之多，是汪洋大海，是一个富矿，如果我们把我们民族音乐的宝库开采起来，就像刚才占豪讲的，那么我们会有多么丰富的音乐资源和音乐语言，会有多么生动的、数量众多的成功作品。可惜这个工作现在虽然有人在做，但还很不够。我觉得这次交响南音就是一个成功的例子，是一个很好的经验，特别是总工会、市委宣传部组织这个工作，我认为值得赞赏。而且我还没有碰到过工会来组织创作这样的先例，这是做了一件大好事。

因此，这次的创作也提供了一个很好的经验。，从刚才占豪同志谈的情况来看，确实是好的做法，脚踏实地，而且和包括台湾的音乐家都有很好的深入合作，跟编剧等各个方面都是一次很成功的合作。

现在有一种说法，叫作音乐是世界性的语言，音乐是没有国界的。这话大概经常会听到。音乐是不是世界性的语言呢？当然是，美好的声音不管哪个国家，不管什么民族，大家都喜欢，但是，是不是音乐就没有国界、就没有民族属性了呢？我觉得不能这样说，音乐还是有它的民族性的，有它的国家特色的，我们叫中国特色。正因为有不同的国家特色，不同的民族属性，世界音乐才丰富多彩，它才叫世界。如果大家都一样，那还叫世界吗？那还有世界的丰富多彩吗？所以音乐有民族属性和国家特色，它才更是世界的语言，而且是更丰富、更生动的一种世界语言。所以特色是不能取消的，我们以往一些创作失败的重要原因之一，正是它没有特色，千篇一律。在一次会议上杜鸣心教授曾经举过一个例子，他说学校举行一场新作品音乐会，特别请了几个外国专家来听，听完了以后，外国专家发表感想说，你们这些同学写的作品技术是很不错的，跟外国没什么区别，但是我听不出来是中国人写的。这句话很值得我们深思啊，如果我们培养出来的学生最后写出来的作品都不知道是中国人写的了，那行吗？因此语言问题是根本性的。

所以从《梁祝》到交响南音《陈三五娘》的创作经验是很宝贵的，是很值得发扬的。这是一个在语言民族化的方面很成功的例子，这是我说的第一个意思。

第二个意思，我想提两条建议，因为第一次听，很不成熟，仅供参考。

一个就是我觉得要增加这个作品中间的矛盾冲突部分，甚至于包括正反面的矛盾冲突。交响性音乐一个重要的因素，就是矛盾冲突。增加这一部分，更容易发挥管弦乐的效果，现在虽然非常流畅、非常和谐、非常悦耳，但是感到矛盾冲突的力度不够，如果能够适当地增加正反面音乐力量的冲突，我觉得会有助于更好地发挥这个交响音乐的特性，也更好地表现这个作品的力度，这是一点。

还有就是结尾，结尾现在是大团圆。两个主角冰释前嫌，这时音乐回到了主题，是两句很好听的旋律。到这儿我有要结束之感，因为内容实际上已经结束了，但是后来演员再出来，完全是一种欢快的气氛结束，大团圆，很美好，这是一种老的程式。回到主题，要把主题很好地扩大、发挥，合唱别光唱那两句，多唱一些，乐队多发挥一些，让演员在合唱声中多做一些表演，我觉得这样寓意可能更深长，可能更自然，因为到这儿观众已经明白了，何必要再出来欢快一下，造成一个大团圆的结局？也不一定非要这样。这个地方做个结尾，把音乐力度加强，合唱也加强，乐队也加强，结束到这儿，我觉得可能是比较合适。这是我要说的第二个意思。

第三个意思不完全是这个会议上的，作曲家要在天地之间行走，生活、创作不能离开天地，天是谁呢？天就是人民。人民是我们的天，我们要以人民为中心来进行创作。

还有地，地是什么呢？地是生活、是时代，是我们优秀的民族文化传统，就是我们的脚要站在这个地上，不能把自己悬空。悬空能够写出生动的、深刻的作品吗？我还没有看到成功的例子。这个《陈三五娘》的创作，包括占豪他们以前创作的《梁祝》，那也是深入研究了越剧、江浙一带的民间音乐，这一次也深入地研究了南音，没有那个基础是不可能的。我以前到福建来考察的时候，王耀华同志请我听过一次南音，我还的确有些感觉，唱得很长，唱得很慢，怎么会像现在这么丰富呢？现在的交响南音当然是提高了，我是这么看的。至于怎么选取的，当时卓先生讲，协助何占豪选唱段，那是经过很艰苦细致的过程的，但是它是提高的，而且青年人也能接受，喜欢老的南音的老年人也能接受，这就是好啊！事物只有提高才能前进，只有提高才是创新，故步自封、原地踏步是不行的。因为当初不管你是 300 年也好，1000 多年也好，你也是从无到有，从无到有就是创新、就是开创。关键是你这个东西要好，要好听，他就被接受了。像你刚才讲传统南音没有激动的都是慢的，现在加入了快板，人的感情是有规律的，节奏也是有规律的，生活也是有规律的，生活中间不仅是慢节奏，还有快节奏，有抒情性，就有进行性，要习惯这种规律的发展。不是讲科学发展观吗？科学发展观就是尊重事物的客观规律，虽然可能原来某个曲调、某种拍子没有，那就是要新创的，正如卓先生讲，他要创作 1000 多首诗词，那是大量的创新哪！这是不容易的，很艰苦的一个工作。

所以呢，我们站在自己国家的土地上，我们从生活中吸取源泉，我们的创作、我们的作品和时代同呼吸、和人民共命运。我们从我们优秀的民族文化传统当中汲取营养，我认为这样的创作道路是值得的，应该脚踏实地走下去。

我想举一个例子，我们大家都知道聂耳、冼星海，聂耳只活到了 23 岁，只写了二十几首歌曲，他的真正的创作时间只有一年多，涉猎创作的时间也只有四年多，他的作品并不多，但是他为什么成了我们革命音乐的奠基人、成了大师、成了国歌的作者呢？就在于他深入到那个时代的现实生活当中去了，他从实际生活中提炼，他是中国第一位写工人歌曲而且写了那么多、那么好的作品：如《大路歌》《开矿歌》《卖报歌》《码头工人歌》等，他和那个时代那么强烈地共鸣，所以他取得这么巨大的成就。

2006 年我们全国政协应法国议会和德国参议院的邀请去访问，我放弃了参观巴黎圣母院而来到了巴黎音乐学院，提出想参观一下冼星海当时在那儿学习和住宿授课的教室等地方。巴黎音乐学院负责人说冼星海在他们那儿并不是很有名，于是我就说，我要向你们介绍介绍冼星海，我就边说边唱冼星海的作品，《在太行山上》《二月里来》《救国军歌》《黄河大合唱》，我说到每一部作品都是什么情况下写的，它在中国取得什么样的成就。我讲了一个半小时，说完以后她很感慨地说，一定要把我说的话向他们学校老师和学生介绍。最后我说：你们巴黎音乐学院要以毕业了像冼星海这样的学生为你们的光荣和骄傲，她接受我的这个观点。冼星海为什么在我们国家取得那么大的成就？就是因为他投入了抗日战争的洪流，投入了那个时代的怀抱，所以他才有那么多的作品，特别是《黄河大合唱》。他在法国巴黎音乐学院五六年时间，实际将近七年时间，而且还在杜卡斯高级作曲班学习过，那时他怎么没有写出来呀？回国以后投入抗日歌咏运动，投入抗日战争的洪流，他写了四部大合唱、两部歌剧和众多抗日歌曲，成为划时代的伟大作曲家。

所以，作曲家要在天地间行走，要知道上边是天，要知道下边是地，不这样是不行的。

我看了昨天的音乐会很有感触。谢谢！祝贺你们！

（此文系作者 2013 年 4 月 29 日在“中西交融 古韵新声”交响南音《陈三五娘》学术研讨会上的讲话）

对话傅庚辰：以炽热的情怀谱写壮丽的“理想之歌”

宁　静

记者：这台音乐会是您创作历程的集中体现，题材丰富、风格多样，除了在群众中广为流传的作品，还有大型声乐套曲《毛泽东之歌》这样的新作，请问这部作品是首演吗？

傅庚辰：《毛泽东之歌》是我历时三个月完成的新作，是第一次与观众见面。纪念建党90周年不能不想起毛泽东，回顾中国共产党的历史离不开毛泽东思想，所以我为这次音乐会新创作了大型声乐套曲《毛泽东之歌》。套曲包括了毛泽东的七首诗词：《西江月·井冈山》《七律·长征》《十六字令三首》《忆秦娥·娄山关》《菩萨蛮·大柏地》《沁园春·雪》《七律·人民解放军占领南京》，时间跨度从1928年到1949年，是从毛泽东开辟井冈山道路到解放战争的胜利，也就是到建立新中国，可以说是革命战争年代的历史概括。1948年3月5日毛泽东在中国共产党七届二中全会上说过，中国革命的胜利，只是万里长征走完了第一步，是一出长剧的序幕，高潮还在后面。今后的路更长、更伟大、更艰苦。我们的同志务必要保持谦虚谨慎、不骄不躁的作风，务必要保持艰苦奋斗的作风。写大型声乐套曲《毛泽东之歌》的意义正在这里。

记者：您为毛泽东、周恩来等老一辈革命家诗词谱写了一系列的作品，用音乐的形式表现了革命家的凌云壮志和献身精神。是什么缘由使您萌发了

这样的创作灵感?

傅庚辰：理想信仰是人生的精神支柱。常言道：诗言志。许多杰出人物的理想信仰都在他们的诗篇中放射着光芒。比如周恩来的诗《大江歌罢掉头东》，我亲自采访了周恩来早年在天津读中学和日本留学时的同学张鸿鹄，他给我讲了当年周恩来书赠给他这首诗的情况，使我更多地了解了周总理青年时代的一些闪光的事迹。我认为周恩来有一种精神，就是“身体力行，死而后已”。他为中国人民和中国革命立下了丰功伟绩，他在人民群众中享有崇高的威信，在世界上有着极大的影响；他的人格魅力无与伦比，中华民族的传统美德集于一身。基于这些认识，1978 年的春节我闭门谢客，将《大江歌罢掉头东》由一首只唱一分多钟的男中音独唱改为演唱五分钟的交响合唱，结构成五个段落的一幅音画。陈毅的《梅岭三章》也被人所熟知。1934 年红军长征后陈毅留下来率领着只有 1000 多人的部队坚持在赣南进行游击战，1936 年的一天，敌人从四面包围了他所在的山头，并放火烧山，不幸警卫员中弹牺牲了，只剩下带着伤腿的他一个人。他估计当天就是自己的最后时刻，自己必死无疑，大义凛然地写下了《梅岭三章》:“断头今日意如何，创业艰难百战多。此去泉台招旧部，旌旗十万斩阎罗。”放声高唱共产党人坚定的理想信念、崇高的精神境界、高尚的气节情操，写下了一个革命者的绝命诗和人间的千古绝唱。1962 年 7 月到 10 月我到江西赣州参加采茶歌舞剧《茶童歌》的音乐创作，这时我才第一次看到陈毅的一些诗词，了解到他在极其艰苦的赣南三年游击战期间所创作的以《梅岭三章》为代表的这些诗词的历史背景。读到这些诗，使我深为感动、深受教育。当时我就暗下决心：有朝一日我要把它们谱成歌曲。1977 年我应武汉军区之邀为以陈毅为主人公的话剧《东进！东进！》作曲，使我有机会在剧中写下了七首陈毅诗词歌曲，其中有《记遗言》《梅岭三章》和《青松与赠同志》等。

谱曲的过程，也是我学习的过程，革命前辈的光辉思想、壮丽人生、高尚情操给了我深刻的影响，推动我为理想信念而努力奋斗。

记者：从文学文本到音乐作品，艺术样式有了转变，我们从作品中能听出，您在创作中对这些诗作有独立的思考和深刻的理解，采用了多样的音乐技法，运用了乐队、独唱、合唱等多种表现形式，使作品呈现出多样化的态势。

傅庚辰：谈到老一辈革命家的诗词，首屈一指的是毛泽东诗词。大型声乐套曲《毛泽东之歌》在音乐结构上作了如下处理：以《七律·长征》为主导、贯穿，在全部套曲中出现三次；把《七律·长征》和《十六字令三首》衔接交织，用复调手法加以发展；把《菩萨蛮·大柏地》写成一首明媚的女声独唱；在《沁园春·雪》之后再现《七律·长征》并加以发展；序、《十六字令三首》后、《沁园春·雪》后用了三段交响乐队并加入一个抒情性的音乐主题。在音画《大江歌罢掉头东》中，诗人有如挺立在奔腾咆哮的大江边，乐队与合唱的强大音响如同大浪涌来，掀起巨澜，冲击着年轻诗人那忧国忧民的心扉，这是第一个段落“大浪涌来”。紧接着交响乐队以急促的音型响起，圆号、木管的和声节奏，弦乐的快速流动，衬托长号奏出的主题乐句以及长号与小号的模仿推进，渐次把音乐推向高峰，人民生活在水深火热之中，诗人心急如焚，这是第二个段落“江湖澎湃”。紧接着诗人（独唱）在合唱的衬托下慷慨高歌，这是第三个段落“引吭高歌”。接下来音乐转入如歌的行板，诗人在江边踱步吟咏，这是第四个段落“江边吟咏”。然后交响乐队、合唱、独唱全体上阵，将音乐推向辉煌的高潮，以示宏图大业一定要实现，这是第五个段落“矢志宏图”。陈毅的《梅岭三章》第一章的音乐，我设计了一个即将就义的革命者一步一步铿锵有力地走向自己生命归宿的沉重形象，长号、定音鼓与乐队奏出那沉重的引子，带出了悲壮的歌声。第一章之后紧接着一声大镲，乐队转为急风暴雨般的音型，第二章的音乐描绘出战火纷飞，硝烟弥漫的斗争画卷。第三章的音乐突出坚定性，中速，节奏短促而有力，与第二章的流动性形成鲜明对比，表达出革命者的鲜血不会白流，必将会浇灌出自由的花朵，换来人民的解放。《梅岭三章》三个篇章的音乐形象各有不同：第一章慢、深沉、沉重；第二章快、热烈、充满流动性；第三章中速，坚定昂扬。三章互有对比，但统一在革命者的光辉形象

之中。

记者：听完音乐会，观众们一方面为老一辈无产阶级革命家的理想情操所打动，另一方面也被您气势磅礴、优美动听的音乐所感染。老一辈革命家诗词的精神底色，也是您创作的思想内核，那么，您在为这些诗词谱曲的过程中，一定有很多的体会和感受。

傅庚辰：关于革命家诗词歌曲我有许多话要说。在几十年的音乐创作中我为毛泽东、周恩来、朱德、董必武、陈毅、叶剑英、胡乔木、张爱萍、傅钟等同志的几十首诗词谱过曲，谱曲的过程，也是我学习的过程，这些革命前辈的光辉思想、壮丽人生、高尚情操，他们的世界观、人生观、价值观给了我深刻的影响，推动我为理想信念而努力奋斗。1991 年建党 70 周年之际，我曾把 12 首革命家诗词歌曲结集出版了盒带、CD，名为《大江歌》，用的就是周恩来《大江歌罢掉头东》手书体的前三个字。

记者：这些作品在演出后都获得了强烈的社会反响。

傅庚辰：说到这个话题，我给你讲个小故事。1994 年 11 月初，全国政协科教文卫体委员会应泰国上议院文教委员会的邀请，派出了以我为团长和国家教委、北京大学专家共 5 人组成的代表团访问泰国，日程共 7 天，到曼谷的第二天是参观议会大厦和大王宫，出门前我问有关同志是否需要带礼品，他说不用，因为我们的日程是参观而不是会见什么人。但为了以防万一我还是把《大江歌》带上了。结果我们刚到议会大厦休息室，泰国上议院文教委主任高力上将（他原为海军司令）一路小跑地进来对我说："傅将军（泰国媒体称，傅庚辰将军率领中国政协代表团访问泰国），我们议长要会见你。"并且说议长已在会见厅等我们了。说话时一个女上尉军官过来问我：傅将军，你带什么礼品没有？我从西装口袋里掏出《大江歌》说，我只有这盒录音带。那位女上尉很快出去又很快回来，将盒带包装成一个彩盒。这时高力又来催促，当我们来到会见厅门口时，上议院议长米猜·立初潘和一些议员以及大批记者已等在那里了。会见时对方向中国代表团赠送的礼品很丰富，鳄鱼皮的制品、画册、影像集等琳琅满目，因为我是团长礼品更丰富些。他送完了就该我回送，于是我说：议长先生的礼品很丰富很漂亮，而我的礼品很简单，就是一小盒录音带，不过我要向议长先生介绍一下这盒录音带，这里面共有12首我谱写的中国革命家诗词歌曲，是毛泽东、周恩来、朱德、陈毅、叶剑英等中国老一辈革命家的诗词，这些诗词不仅是文学上的精品，同时也是他们为了中国人民的翻身解放，创建新中国，半个多世纪以来英勇奋斗的历史足迹和崇高思想的光辉写照。说完这段话，我很庄重地把盒带交给他，他也很庄重地接过盒带并说："哎呀！你的礼品太珍贵了！比我的礼品强多了。我很敬仰毛泽东、周恩来、叶剑英，我要好好地欣赏这些作品，要永远保存这盒录音带。"事后我们代表团都非常兴奋，大家都没想到一个与我们有着不同社会制度、不同意识形态的政治人物竟能这样高度地评价这些革命家的诗词作品，可见革命家诗词的思想艺术魅力。这件事给我留下了深刻印象。

记者：这么多年来，您一直担任着领导职务，肩负着大量的社会工作，但还一直保持着旺盛的创作势头，不断有新的优秀作品问世。在60多年的艺术生涯中创作了歌曲、管弦乐、声乐套曲和歌剧、舞剧、影视片音乐及主题曲等1000多件作品，这种创作精神令人敬佩。

傅庚辰：除了以前的创作，进入新世纪我还写下一系列作品，开了一系列的作品音乐会：2003年我谱写了由翟泰丰作词的大型声乐套曲《航天之歌》，开了"航天之歌交响音乐会"；2004年谱写了由翟泰丰作词的大型声乐套曲《小平之歌》，开了"小平之歌交响音乐会"；2005年整理了交响诗《红星颂》，写了交响组曲《地道战的故事》，开了"民族之声交响音乐会""时代之声傅庚辰作品音乐会"；2006年开了"创业者的歌——傅庚辰作品音乐会"；2007年纪念建军80周年开了"革命诗篇——傅庚辰作品音乐会"；2009年纪念新中国成立60周年开了"时代之声——傅庚辰作品音乐会"；今年的音乐会是为党的90华诞的献礼。

我从事音乐工作60多年，这60多年的人生经历刻骨铭心。人生好比一条路，人生好比一堂课，人生好比一首歌，路怎么走，课怎么上，歌怎么唱，关键在于你信奉什么样的理想信念。什么是理想？理想是美好的，理想是崇高的，理想是远大的，理想是人们认真选择的奋斗目标，理想给人以鼓舞，理想给人以热情，理想给人以无穷的力量，理想闪耀着灿烂的光辉，人们为了实现美好理想而进行着不屈不挠、艰苦卓绝的奋斗，甚至抛头颅洒热血，前仆后继英勇牺牲，均在所不惜。中共早期领导人李大钊同志在《论牺牲》中指出："人生的目的，在发展自己的生命，可是也有为发展生命必须牺牲生命的时候，因为平凡的发展，有时不如壮烈的牺牲足以延长生命的音响和光华。绝壮的风景，多在奇险的山川，绝壮的音乐，多是悲凉的韵调，壮丽的人生，则在为理想而奋斗的牺牲之中。"革命家诗词给了我们深刻的启迪：诚挚于人生，执着于事业，忠诚于理想。

（原文刊载于2011年6月27日《中国艺术报》）

冯骥才

冯骥才，男，1942 年出生于天津，祖籍浙江宁波慈溪县（今宁波市江北区慈城镇）。著名作家、文学家、艺术家，民间艺术工作者，民间文艺家，画家。早年在天津从事绘画工作，后专职文学创作和民间文化研究。创作了大量优秀的散文、小说和绘画作品，其中多篇文章入选中小学、大学课本。曾任天津市文联主席、国际笔会中国中心会员。现任中国文学艺术界联合会执行副主席，中国小说学会会长，中国民间文艺家协会主席，国际民间艺术组织（IOV）副主席，中国民主促进会中央副主席，全国政协常委等职。2004 年成立“冯骥才民间文化基金会”，2009 年建立了中国第一个非物质文化遗产保护数据中心。致力于城市保护和民间文化遗产抢救，弘扬与发展中华文化。

文化怎么自觉

近来，一个概念愈来愈响亮，这个概念是文化自觉。此于知识界是高兴的事。因为这个很早就发自知识界的声音开始有了社会回应。

30 年来，中国社会在进入全球化的商品社会之后显示出蓬勃与雄劲的活力。尽管“两个文明一起抓”提得很早，颇具远见，但对于贫困太久的中国来说，物质性的财富既是迫不及待的需求，又是挡不住的诱惑，故而长期以来“两个文明”一直处于“一手硬一手软”。于是，物质殷富与精神匮乏荒唐搭伴带来的种种问题日渐彰显。这便是提出文化自觉深切的现实背景，也是其意义重大之所在。

请注意，当今，是由于人们在现实中痛感到了文明缺失后果之严重，才关注到了文化自觉的必要。关注总是好事，但不是说文化自觉，文化就自觉了。重要的是什么叫文化自觉，谁先自觉，怎么自觉。不弄清这些根本问题，文化自觉最终会变成一个空洞的口号，真成了喊文化自觉就文化自觉了，甚至会搞偏，红红火火闹一闹“文化”，好像文化就自觉就繁荣了。

什么叫文化自觉？

依我看人类的文化（或称文明史）分为三个阶段。第一是自发的文化，第二是自觉的文化，第三是文化的自觉。以文字为例——在原始时代，人们为了传达信息与记事，刻划各种符号于岩壁，却并不知道这是一种文字，是文化，这便是自发的文化阶段；后来人们知道这种符号功能的重要，开始自觉去创造与应用，这便进入自觉的文化阶段；人类由自发文化迈入自觉文化是文明的一大进步，然而更重要的是对文化的自觉。具体到文字上说，就是如何科学地规范文字、保护濒危文字等了。

文化的自觉就是要清醒地认识到文化和文明于人类的意义与必不可少。反过来讲，如果人类一旦失去文化的自觉，便会陷入迷茫、杂乱无序、良莠不分、失去自我，甚至重返愚蛮。

文化自觉还有一个重要方面，是建设当代文化高峰的自觉。

那么文化应该谁先自觉呢？

首先是知识分子。我写过这样一句话："当社会迷惘的时候，知识分子应当先清醒；当社会过于功利的时候，知识分子应给生活一些梦想。"知识分子天经地义地对社会文明和精神予以关切、敏感，并负有责任。没有责任感就会浑然不知，有责任感必然深有觉察，这便说到了知识分子的本质之一——先觉性。先觉才会自觉，或者说自觉本身就是一种先觉。

我们说责任，当然不仅仅是说说而已，而是要去承担。这道理无须多说，从雨果到晚年的托尔斯泰，从顾炎武到鲁迅，他们的言行都在我们心里。然而，我们当今有多少人像他们那样勇于肩负这样的时代使命？这不能不做深刻反省。

再有，国家的文化自觉同样至关重要。

以我这些年从事文化遗产保护时的亲身经历，我以为国家的文化自觉是有的。比如知识界提出的对非遗保护的观念与种种措施都得到国家的接受。在确立文化遗产日、传统节日放假、制定与颁布非遗法、建立非遗名录等方面，国家都一步步去做了。可是，在我们口口声声说的"经济社会"中，文化到底放在什么位置？还有宏观的国家文化方略到底是怎样的？仍需要十分明确。

在现实中，问题最大的倒是在政府的执行层面上。或由于长期以来重经济轻文化，或由于与政绩难以挂钩，致使文化在经济社会中处于弱势。文化的缺失不会显现在任何一级政府当年的统计表中，但日久天长便峥嵘于各种社会弊端上，并积重难返。因此说，政府的执行层面的文化自觉成了关键。若要使这一层面具有文化自觉必须有切实办法。否则，文化在这个层面必然化为几场大轰大嗡、明星云集的文化节和一大片斥资数亿的文化场馆。因为，当前文化的遭遇，往往是要不依附于政绩，要不与经济开发挂钩，化为GDP；文化失去了本身最神圣的功能——对文明的推进，还有自身的发展与繁荣。任何事物只有顺从其本质与规律去发展，才是科学的发展。违反其规律与本质就是反科学——在文化上就是反文化的。当然这就更提不到文化自觉了。

我们现在常把文化自觉与文化自信并提，这十分必要。这两个概念密切相关，当然还有各自的内涵。文化自觉是真正认识到文化的重要性和自觉地承担；文化自信的关键是确实懂得中华文化所具有的高度和在人类文明中的价值。否则自信由何而来？

我对文化自觉的理解是，首先是知识分子的自觉，即知识分子应当任何时候都站守文化的前沿，保持先觉，主动承担；还有国家的文化自觉，国家也要有文化的使命感，还要有清晰的时代性的文化方略，只有国家在文化上自觉，社会文明才有保障。当然，关键的还要靠政府执行层面的自觉，只有政府执行层面真正认识到文化的社会意义，文化是精神事业而非经济手段，并按照文化的规律去做文化的事，国家的文化自觉才能真正得以实施与实现。上述各方面的文化自觉最终所要达到的是整个社会与全民的文化自觉。只有全民在文化上自觉，社会文明才能逐步提高，当代社会文明才能放出光彩。

（此文发表在2011年8月26日《文汇报》）

我们这个时代的文化使命

近来我基本在三个领域忙碌：一个是文学，一个是美术，一个是文化遗产保护。文化遗产保护的问题现在在困扰我，我今天把困扰我的问题交给大家，希望大家一起帮我思考。

历史不仅是站在现在看过去，还要站在明天看现在

我认为文化最迫切的问题就是文化所面临的挑战，我讲的是中华民族文化所面临的挑战。

每个时代有自己的文化使命，这个文化使命是被文化的困境逼出来的。这个使命不是自己确立的，是受一个时代性的驱使，时代性的逼迫。刚刚说的文化的困境是什么？就是文化遇到挑战。我们的文化遇到了什么样的挑战？首先，人类的文化都遇到挑战，主要遇到两个挑战。第一个挑战就是全人类的文明已到了一个转型期。人类的文明史上最大的转型期有两个：一是渔猎文明向农耕文明转型，还有一个就是农耕文明向工业文明转型。就是我们脚底下这个时代，整个的人类文明都在转型。原有的文明阶段不管多灿烂，都要瓦解，新的文明要确立。人类文化的多样性，人类各种文化的传统，各个民族文化的基因，还有大量的文化财富都是在原有的文化里面，但是这个文化整体性现在瓦解了，这是一个全人类的问题。

19 世纪中后期，一些考古学家从希腊的迈锡尼和克里特岛进行考古，他们到埃及去考古，到西亚去考察苏美尔人和巴比伦人的文化。实际在那时

期，人们还不是特别清醒自己做这些事最深刻的意义是什么？他们这么做的背景是什么？我认为是人类的文明在悄悄地向现代转型。因为人类只有进入一个现代社会，才将原来的文明和原来的文化作为一种历史文化对待。

人类的文化转型现在遇到了一个新问题，从19世纪末到20世纪初，转型愈演愈烈。到了工业革命以后，尤其是在当代，全世界的文明在迅速转型，遇见了诸多新的挑战。而我们那个时候在搞“文革”，那个时候有个比较大的概念出来了，就是现在我们不断从报纸上看到的词汇：遗产。我们一直认为遗产就是过去的，老的东西，都是所谓历史丢下的东西。杨澜在中国申办奥运会成功后说了一句话，就是中国人要考虑给这一届的奥运会留下什么遗产。我认为这句话说到最关键的、最现代的一个概念，就是现代人的遗产概念。

历史是什么？历史不仅是站在现在看过去，还要站在明天看现在。我们这个时代有了新的遗产观，遗产观并不是说站在现在看过去，而是要站在明天看现在，看我们在这个文明转型期保住了人类文明的什么东西。杨澜的意思就是说从明天看奥运会历史，这次北京奥运会中国人用什么样的文化、什么样的精神注入奥运会的遗产里，给奥运增添了什么有永久价值的东西。

把文化遗产当作精神财富继承，是人类了不起的一个进步

人类的遗产观在历史上从来都是个人的、私有的、物质性的。到20世纪，人类的遗产观开始发生变化，人类开始把人类共有的、精神性的东西看作是遗产。这个遗产是什么？就在人类文明的转型期才出现了新的遗产概念，这个概念就是文化遗产。

在20世纪的时候，人类就开始有了这样的概念，这个时期我们中国人没有，我们正在进行“文革”，疯狂地毁坏我们这个不知叫遗产的东西，我们中国人应该为“文革”感到羞耻。创造了世界上最伟大的东方文明的国家，却把我们的文化当作我们的敌人来扫荡。人类在这一个文明转型时期时

要有一个觉悟，就是从农耕文明向工业文明转型与从渔猎文明到农业转型不一样，从渔猎文明向农业文明转型时，文化基本未留下东西，人类没有遗产观；但这一次人类非常自觉，有了全新的遗产观，不是把遗产当作物而是当作精神。人类开始把遗产当作人的精神财富来继承，这是非常了不起的一个进步。

人类的文明史一共就几个阶段，一个是自发的文明，一个是自觉的文明，一个是文明的自觉，三大步。在墙上信手画一画，那是自发的；后来把画画、跳舞当作生活中的一种文化，当作一种仪式，当作一种艺术，这就从自发的文化变成自觉的文化；而我们把它当作一种事业，一种传统，要保护和传承它，我们就有了一种文明的自觉，也就是文化的自觉。

20 世纪人类在文化上很伟大，有了文明的自觉性，有新的遗产观出现，把遗产作为精神，而不是作为物质对待。对遗产的看法不是回头看过去，是为了未来，为了继承。这是一种很前卫的观念。

我看过一个材料很有意思，讲的是西方人在易拉罐刚刚出现的时候，马上就有人认为易拉罐的小拉环污染环境，很快就有人发明了新的拉环，就是按进去掉不下来的那种。而制作易拉罐的厂家宁愿把原来的模具毁掉，改模具，也要保护环境，这是一种前卫的、自觉的文明，是文明的自觉。但是我们在“文革”时，批孔子、批《红楼梦》，一切都批了以后，我们就剩一个空架子，我们的那代人对整个中国文化认识都是空空如也。跟着我们又把这样“空空如也的文化”都放到市场经济下，放到全球化时代。我们当代文化的轨迹不是线性的，我们和西方人不一样，西方人进入全球化时代是从古代从传统线性的进来的。这就是我要说的第二个问题，就是全球化的挑战问题。

全球文化正在遭遇商业化解构

我们的整个文化进入了全球化时代，遇到了一个非常重要的商业化的过程。就是说原有的农耕文明进入现代之后，它要被现代文明取代一部分，还有一部分就是被商业文化所改造。因为商业文化要从原有的文化中挑选卖点，能成为卖点的它才接受，不能成为卖点它就扔到一边。

我曾经说过，民间故事、民间文学马上就要消失，而且消失最快的是口头文学。因为只要一个电视信号，或者只要一有电脑，民间故事就消失得很快。我们现在日常生活中的文化菜单都是什么样的内容？我在天津大学教书，有一次我的研究生们来找我，三个女孩子，想当超女。我说你们知道超女是商品吗？一个女孩说：商品有什么不好？这个问题很有意思。我说商品有商品的规律，一个是促销，不断的炒作促销，然后是热销，之后是走红，所有的生活细节都能成为媒体的猛料，然后越炒越热，到一定的时候，新一代的超女出来，这时候就开始滞销。商业化的最大特点就是永远要有新的商品代替以前的商品，否则商业无法发展，商人也无法获利。比如手机，今天可以是彩铃的，明天是和弦的，再过两天就是立体声的，一代代变的过程中，不断地从你口袋中掏钱，这就是商业最本质的一点。做超女你就要做好有一天被清仓处理的思想准备。

商业文化的残酷性就是商业文化不追求永恒的，商业文化不对文化本身负责任，商业文化只需要从文化里谋利，商业文化不需要建设，对于原有的文化是挑选卖点，能成为卖点的就要，不能成为卖点的就撇掉。商业文化一定要对一个民族一个国家原有的文化进行解构，重新改造，把表面的能成为卖点的拿出来，对文化不负有任何责任，不负有传承责任。

在商业文化的霸权里面，文化菜单就剩下两道主菜，一个是名人，一个是时尚。虚构的人物林黛玉没有陈晓旭有媒体的价值，千方百计惹起公众的兴趣，这就是商业文化的特点。因为陈晓旭是名人，林黛玉是虚构的。媒体的主菜就是名人，名人的逸事、生活、爱好、穿戴、绯闻、车祸都成为公众的兴趣，是现在大家文化生活、文化消费里的重要一道菜。

商业文化菜单里另一道主菜就是时尚。现在的时尚和唐代尚胖、楚王好细腰、30 年代流行旗袍不一样。现在的时尚是商家事先制造出来的，明年流行紫色，他就先造势紫色，然后明年再生产紫色。所有现代的时尚实际都是商业的陷阱。在这样的文化环境里，人们是孤独的、浮躁的，没有人对你的文化负责，你也不会对你心灵中的文化的建设负责。在这样一个商业社会里，人不可能深刻，这就是我们一个时代的、文化上的一个问题。

“旧城改造”不能让文化的载体消失

人的价值存在于自己独立的价值中，民族的价值也存在于民族独立的价值中。东方的智慧，我们的传统，我们独有的价值观、审美观在我们的文化里。但是我们文化的载体正大量地从我们的生活中消失，而且是不知不觉地就失去，首先就是我们的城市。

全人类最伟大的创造就是创造了人类文化的多样性。大自然最伟大的创造就是多样性的大自然。我们保护濒危的动物，但是我们却没有保护好我们濒危的文化。我们的城市在“旧城改造”这个口号下，已经变得完全一样了，没有人怜惜它。因为中国人有一句话叫旧的不去，新的不来，旧的一定要把它毁掉。

在农耕社会里人是厌旧的，春夏秋冬是一轮一轮的，每年在冬天以后，在春天要来的时候，都希望万象更新。因为农耕社会太长，所以我们中国人在历史感上和西方人不同。在欧洲都可以深深地感受到他们每一个欧洲人的历史感，包括农民的家里面，都会把他老祖奶奶的一把椅子放在非常显眼的地方，他们是充满了历史感的，情感记忆的。他们不会把冰箱搁在房间正面，觉得气派。

我们的城市在迅速地消退。我说的城市问题是个非常严重的问题。改革开放以后中国多少城市，都是新建筑，都是玻璃幕墙，都是其俗不堪的门帘，都是“福”字倒着写。我曾经在敬一丹的节目里说过，“福”字是不能倒着写的。按照中国的风俗，一般在垃圾箱上、水箱上“福”是倒着贴，因为它要倒出来，倒出来就把福倒掉了，所以倒写矫正。住房最里面的柜子上福字是倒写的——福到——到里面，不是到你家大门口就不进去了。另外，中国还有一个门的文化，大门是恭迎客人的地方，应该是大方的，所以“福”字必须是端端正正写的，不能是颠三倒四的。这个倒贴“福”字其实是从香港那边来的，福字倒贴就有了卖点，实际也是商业化的结果。

保护古城、古村落和民族民俗文化刻不容缓

在古城消退的同时，就是我们大量的古镇、古村落、大量的民族民俗文化在丧失。

最近我在忙的一个事情就是中国古镇的调查。现在中国江南的村落，除西塘、周庄、同里、乌镇这几个所谓的“江南六镇”保护得比较好，但是也基本旅游化了。中国的古村落在迅速地消失。最近我们请一个民艺学家对山东的民居做了个调查。中国到底还有多少村落？我给了他三条标准：第一，是鲜明的地域代表性；第二，村落基本体系完整；第三，有非物质文化遗产，有活态的民俗，有自己的民间艺术，或者有他的民间艺术传人。因为我们想三年之内搞清这些问题，希望向中央建议，保护好我们整个的古村落，能不动的就千万别动了。

现在城市里已经没有土地开发了，就开始到农村买村庄了。有的地方在村庄前面、后面装上铁栅栏，然后打包卖给开发商，找几个比较像样的房子装修一下，找几个人扫扫地，两边都搁上熊猫抱着足球那样的垃圾桶。开发旅游总得有两个漂亮的房子，不够漂亮的时候就请人来刷刷漆，然后再请当地的一些文人们编点故事。一般都是一个老爷有六个妾，参观的时候便领你到一个黑屋子里说，这是老爷金屋藏娇的地方。所有的古村落都有一个金屋藏娇的地方。现在的旅游开发，就是这样糟蹋我们的村落遗产。

我们在第二个文化遗产日时，请了大量的民间的艺人，这些人有民间的乐师、琴师、民间的画工、民间的手工艺人、绣娘，还有各种各样身怀绝技的人，也有山东鲁西南地区印木版画的七八十岁的老人，我觉得每个人身后

都是沉甸甸的文化。

非常重要的一个问题就是这些人在大量地消亡，他们的后代对他们没有兴趣。前一段时间我去贵州访问，黔东南地区有 32 个少数民族，每年有 40 万人到江浙一带打工。这些初入大城市的女孩子们被花花绿绿的商业文化弄得眼花缭乱。到春节，把什么任贤齐、毛宁的光盘都带回去了，一回到村寨里面，还在寨子里的那些女孩子都围过来，立刻被吸引，跟着也出来了。这些人再回去，换上了 T 恤衫、牛仔裤，完全不一样了，给那个地方带来一个很大的冲击。现在这些少数民族地区，甭说穿少数民族服装，连说自己民族语言的人也越来越少，每年都有两三个村寨不再说母语。

前几年一个法国女人，很有眼光，她住在贵阳，使了一些小钱让一些古董贩子到村寨里专门去收购百年以上的苗族的银饰、项圈、手链，还有刺绣，非常漂亮的老的服装。她在每样东西上加个标签，标上什么年代，什么样的人家，干什么的，属于哪个村寨都写得很清楚，然后运回国。她做了 6 年，最后她在贵州说了一句很狂的话，她说 15 年以后中国的少数民族到法国来看。

于是我们这几年做了一个事，就是把贵州所有民间艺术做一个普查，请了当地很多大学的学生，把贵州的 9 个地区，85 个县，几千个村寨的，大到民居，小到荷包，做了全面的普查，然后做了个信息库。我在两会提过一个提案，就是重要的古村落全要建一个博物馆，把这些东西留在博物馆里。就像在意大利、奥地利，让这些古老的村庄像诗一样，那样的优美。我这个想法是不是过于浪漫？

我曾经到多瑙河边卡缪那个地方，看到一个女孩子从一个教堂下来，穿着很长的裙子，手里拿着一串很大的钥匙，钥匙很古老。她走到一个大拱门，把门打开的瞬间，我仔细一看里面，就像茨威格小说里描写的一样，都是古老的家什，还有艺术品，就是一个普通的人家，他们这么热爱自己的文化。而我们呢？包括宏村、西递已经列为世界文化遗产的地方，我们进了这个地方往里一看，基本上都是新东西，他们不是喜欢新东西，而是卖老东西才能多卖钱，我们的古村落基本被文物贩子给掏空了。

我注意了北京潘家园十几年的变化，后来写了一篇文章在《北京青年报》发了，名为《从潘家园看中国文化的流失》。最早这里的人家卖的是人们家里的细软，镯子，小银饰，小孩的长命锁，古董珍玩，文房四宝，然后就卖墙上的字画，字画卖完就开始卖家具，这些都卖完了以后就开始卖窗户。你看越好的饭店里老窗户就越多，都变成了装饰品了，那些窗户从哪来都不知道。最后卖什么？卖柱础、卖柱子，这说明房子已经拆了。

这个世界必须要有没被商业化的精神绿地

雨果在1835年写了一篇《向拆房者宣战》的文章，把那些没良心的开发商臭骂了一顿，说他们把法国历史的精华，把那些石头上尊贵的记忆都毁掉了。后来又出现了一个作家，是《卡门》的作者梅里美。他成立了一个法国古典建筑保护委员会。他保护的不是建筑，而是法国人的精神。后来又出现一个很了不起的法国小说家叫马尔罗，他当过文化部的部长，其间他对法国整个的文化做了一次普查，大到教堂，小到羹勺做了彻底的调查。调查完以后，他说经过这次普查，他们知道美国人是军事和政治上的超级大国，但是法国是文化上的超级大国。法国人不随便说英语，就说法语，他们有强烈的文化自尊。全世界每年有6000万人去法国旅游，那么尊崇法国，就是因为法国有一些先觉的知识界的人，他们站在了时代前沿，捍卫着法国。

有人说我们的问题是因为太穷，等到富了，这些问题我们就一定能处理好。穷的时候没有办法，只有先解决肚子问题。可是，现在中国的饭店恐怕是世界上最多的国家，肚子里鸡肉鱼肉都有了，为什么还没想到文化？一个国家富当然好，要富到哪里去呢？不值得思考吗？富到哪里去才能回来怜惜怜惜养育我们的生命的文化？

我们一代一代人之所以能够交流，是因为我们有共同的文化。文化不只是语言。我们用的一种表情、一种方式，我们就会有一种感应，这种感应就是文化造成的，因为我们从小在同样的摇篮里，听同样的儿歌长大。我们对绘画的水墨就有感觉，西方人对水墨就没有灵感。我们到过年三十那天如果没回家，非得给家里打个电话，那个电话就和平时不一样，因为那时有节日气氛，有民俗情感，这就是我们民族特有的情怀、凝聚力。

我在美国一个小城镇访问时，到一个保险公司，老远地看到一个雕塑矗立在那，是英国雕塑家亨利·摩尔的作品。往前走，有毕加索的雕塑，整个保险公司放满了现代艺术和现代雕塑。我问那个公司的老板这是为了什么？老板介绍说，第一，是因为现代的艺术大多是试验性的，他们需要人支持。第二，是为了让职工在一个非常高尚的地方工作，他们就会有一种尊贵的感觉。我想我们大学生也是如此，不是到大学里拿一个罐装点知识就走，他们在这里要建设自己的心灵，使自己高贵，变成一个独立的、有自己思想的人，走向社会。

去年在天津，在我的艺术学院办了一个画展，从意大利弄过来达·芬奇、米开朗琪罗等一批大家的作品，全国大学生来参观都免费，每天有7000人。我们就是想在大学里有一片净土，有一片把美视为神圣的地方，有一个精神的殿堂，没有商业化。这个世界上必须要有一片精神上没有商业化的绿地。我觉得大学生们在这个阶段最重要的就是人生的理想，价值观的确立，还要建设自己高贵的灵魂，要对我们的国家、民族负有责任。

（此文系作者2007年6月17日在东南大学的讲演）

我们共同的日子

个人一年一度最重要的日子是生日，大家一年一度最重要的日子是节日。节日是大家共同的日子。

节日是一种纪念日，内含却多种多样。有民族的、国家的、宗教的，比如国庆节、圣诞节等；有某一类人如妇女、儿童、劳动者的，这便是妇女节、儿童节、母亲节、劳动节等；也有与生产生活密切相关的，这类节日都很悠久，很早就有了一整套人们喜闻乐见、代代相传的节日习俗。这是一种传统的节日。比如，春节、中秋节、元宵节、端午节、清明节、重阳节等。传统的节日为中华民族所共用和共享。

传统节日是在漫长的农耕时代形成的。农耕时代生产与生活、人与自然的关系十分密切。人们或为了感恩于大自然的恩赐，或为了庆祝辛苦的劳作换来的收获，或为了激发生命的活力，或为了加强人际的亲情，经过长期相互认同，最终约定俗成，渐渐把一年中某一天确定为节日，并创造了十分完整又严格的节俗，如仪式、庆典、规制、禁忌，乃至特定的游艺、装饰与食品，来把节日这天演化成一个独具内含与情氛的迷人的日子。更重要的是，人们在每一个传统的节日里，还把共同的生活理想、人间愿望与审美追求融入节日的内涵与种种仪式中。因此，它是中华民族世间理想与生活愿望极致的表现。可以说我们的传统——精神文化传统，往往就是依靠这代代相传的一年一度的节日继承下来。

然而，自从20世纪整个人类进入了由农耕文明向工业文明的过渡，农耕时代形成的文化传统开始瓦解。尤其是我国，在近百年由封闭走向开放的过程中，节日文化——特别是城市的节日文化受到现代文明与外来文化的冲击。当下人们已经鲜明地感受到传统节日渐行渐远，日趋淡薄，并为此产生忧虑。传统节日的淡化必然使其中蕴含的传统精神随之涣散。然而，人们并没有坐等传统的消失，而是主动和积极地与之应对。这充分显示了当代中国人在文化上的自觉。

近五年，随着中国民间文化遗产抢救工程的全面展开，国家非物质文化遗产名录申报工作一浪高过一浪地推行；2006 年国家将每年 6 月的第二个周六确定为“文化遗产日”；2007 年国务院又决定将春节假期前调一天，把除夕列为法定放假日，同时三个中华民族的重要节日——清明节、端午节和中秋节也法定放假。这一重大决定，表现了国家对公众的传统文化生活及其传承的重视与尊重，同时这也是保护节日文化遗产十分必要的措施。

节日不放假必然直接消解了节日文化，放假则是恢复节日传统的首要条件。但放假不等于远去的节日立即就会回到身边。节日与假日的不同是因为节日有特定的文化内容与文化形式。那么重温与恢复已经变得陌生的传统节日习俗则是必不可少的了。

千百年来，我们的祖先从生活的愿望出发，为每一个节日都创造出许许多多美丽又动人的习俗。这种愿望是理想主义的，所以节日习俗是理想的；愿望是情感化的，所以节日习俗也是情感化的；愿望是美好的，所以节日习俗是美的。人们用烟花烛花爆竹，惊骇邪恶，迎接新年；把天上的明月化为手中甜甜的月饼，来象征人间的团圆；在严寒刚刚消退、万物复苏的早春，赶到野外去打扫墓地，告慰亡灵，表达心中的缅怀，同时戴花插柳，踏青春游，亲切地拥抱大地山川……这些诗意化的节日习俗，使我们一代代人的心灵获得了多么美好的安慰与宁静？

谁说传统的习俗全过时了？如果我们不曾知道这些习俗，就不妨去重温一下传统。重温不是模仿古人的形式，而是用心去体验传统的精神与情感。

当然，习俗是在不断变化的，但我们民族的传统精神是不变的。这传统就是对美好生活不懈的追求，对大自然的感恩与敬畏，对家庭团圆与世间和谐永恒的企望。

这便是我们节日的主题。我们为此而过节。

（此文发表在2014年第10期《民族论坛》）

文化遗产日的意义

本文的目的，是想直指我国文化遗产所面临的困境，兼谈如何走出困境的一些思考。这是在我国首次文化遗产日里必须面对的话题，也是关切当代中国社会不能绕开的十分紧迫的话题。我先从设立遗产日的背景说起。

一、人类的遗产观是怎样形成的?

遗产是个古老的词汇。它的原始概念是先辈留下的财产。在这种传统的遗产观中，遗产只是一种私有的物质财富。

进入 19 世纪中期以来，遗产的内涵悄悄发生了变化。

开始有人把祖先留下的具有重要历史文化价值的公共财物视作遗产。这是另一层意义上的遗产，就是文化遗产。它是一种公共的、精神性质的财富。需要人们共同热爱，世代传承。

这种崭新的遗产观的产生，缘于整个人类文明的转型。

人类的文明由远古到今天，一共经过两次“转型”。一次是由渔猎文明转为农耕文明。在中国，差不多是在 7000 年前的河姆渡文化时期。在那时人类尚没有文化的概念、文化遗产的概念，因此不可能懂得遗产的保护，所以渔猎文明荡然无存。再一次就是近一个世纪——农耕文明向现代工业文明的转化。在文明转型期间，新旧事物的更迭非常无情。而且人们不是很快就能看到正在逝去的事物内在的文化价值与精神价值。遗产的消亡正是在这种“物换星移”的时候。因此说，谁提早认识到遗产的价值，谁就能将珍贵的遗产留住。迷人而沉甸甸的巴黎和罗马就是靠着一种前瞻性的眼光才得以保存下来的。

最先和最鲜明地表达出这种新的遗产观的是法国作家雨果。他在那篇著名的《向文物的破坏者宣战》中，用激愤的语言斥责当时大肆破坏法国城市历史的人，昂首挺胸地捍卫着法兰西的历史文明。文中有这样一段话——他说要“为名胜古迹制定一项法律。为艺术立法，为法兰西的民族性立法，为怀念立法，为大教堂立法，为人类智慧最伟大的作品立法，为我们父辈集体的成果立法，为被毁坏后无法弥补的事物立法，为一个国家前途之外最神圣的东西立法……”

这段话写于 1832 年。法国正处于工业化发端之际。他的文化敏感和文化责任，令我们惊讶，也令我们钦佩和感动；这篇在人类文明进程中具有先觉性和超前性的文章，竟然把新的遗产观说得如此明明白白。

历史地看，新的遗产观最初总是被一些有识之士顽强地表达着。由于这些人不屈不挠的努力，逐渐得到广泛的认同，然后形成了遗产保护的法律法规。法国的第一部《历史建筑法案》就是作家梅里美努力促成的。到了 20 世纪初，英国、意大利、法国、日本、韩国等国陆续有了一些范畴不同的遗产保护法。

到了 70 年代，随着全球现代化的加剧，文化遗产在世界各地普遍受到惨重的摧毁。这促使新的遗产观被广泛地接受。法国历史学家皮埃尔·诺拉在《法国对遗产的认识过程》中说：“在过去 20 年（他指 20 世纪后半期），遗产的概念已经扩大，发生了变化。旧的概念把遗产认定为父母传给子女的财物，新近的概念被认为是社会的整体继承物。”1972 年联合国教科文组织颁布了《世界遗产公约》和《各国保护文化与自然遗产建议案》。这表明人类在遗产观上已形成共识。共同而自觉的遗产保护就开始了。

然而，对事物认识的过程总是一步步的。1972 年联合国的《世界遗产公约》主要是对物质文化遗产的保护。这时，人类对文化遗产内涵的认识还不完整，只看到了遗产的物质性一半，还没有看到另一半非物质的文化遗产。

物质文化遗产是看得见、摸得着的，是静态的，是实体。比如文物器物、经典古籍、大文化遗址、重要的历史建筑等。非物质文化遗产则广泛得多，但常常看不见也摸不着。这中间包括民俗、民间文学、民间艺术、民间技艺等。

然而，由于非物质文化大多是老百姓创造的、共同认同的，它一直被认为是底层的文化而不被重视。但它是养育我们的一种生活文化，每个人都是在这共同的文化中成长起来的。因此它直接表达着各个民族的个性特征，还有各自的认同感、亲和力与凝聚力。比如中国人的民族性情，不表现在颐和园和故宫上，而是深邃而鲜明地体现在春节的民俗之中。故此说，非物质文化遗产最能体现各个民族的本质，也最能体现人类文化的多样性。

最早关注非物质文化遗产的是日本、韩国等国家。日本人在 1950 年确立的《文化财保护法》中首次提出“无形文化财”的概念，并以法律形式规定了它的范畴。韩国人也较早有了这种观念。他们早在 1962 年就颁布了《文化财保护法》，并于 1967 年把江陵端午祭列为韩国的“重要无形文化财”。由于他们不懈的努力，这种前卫的遗产观渐渐得到世界各国的认知和认可。终于在 1997 年联合国教科文组织制定了《人类口头和非物质文化遗产代表作评选法》。进而在 6 年后（2003 年）通过了《保护非物质文化遗产国际公约》。至此，人类将另一半文化遗产拥入了自己的怀抱。

对于非物质文化遗产国际上有好几种叫法。如口头非物质文化遗产，无形文化遗产等。我们过去习惯称作民间文化。现在为了与国际上的称谓相协调，便称作非物质文化遗产。将遗产内容由物质的、有形的、静态的，伸延到非物质的、无形的、精神的、生态的，显示了当今人类对自己的文明创造的认识进了一大步。只有进入了现代社会，才会把前一阶段文明视作遗产。因此说，当人类相约对非物质文化遗产倍加珍视与保护时，一个现代的完整的遗产观便形成了。

现代遗产观也是一种现代文明观。文明的对立面是野蛮。那么，与现代文明相对便是对遗产野蛮的破坏了。

如上所述，人类文化遗产观的最终形成并不遥远，就在最近这 30 年。在这样的时间背景下，中国的文化遗产处于什么状况呢?

二、中国文化遗产的特殊困境

从 1972 年到 2003 年这 30 年，中国社会经历着历史上最剧烈的变化。即从“文革”进入改革。我们的一切，包括遗产都在这剧烈的变化中不断地产生前所未有的问题，也都是一些巨大而全新的难题和挑战。

对于文化遗产来说，“文革”是历史上最大的一次破坏。因为它直接以文化遗产作为“革命对象”。把自己的历史文明作为自己的死敌，这是多么无知、荒谬和匪夷所思！因此说，“文革”对中华文化的损害，不只是对有形文物大规模的毁灭，更是在人们心里注入了对自己文化的蔑视与对立。由此带来的对中华文明传承造成的损害，今天已经看得非常清楚了。在“文革”后期，从批判红楼、水浒，到批判克己复礼，实际上国人心中的中华文化已是空架子。然而，正是在这个时候中国社会突然之间急转弯地进入了改革。

我们的改革开放不是社会线性发展的新阶段。我们是一下子闯进改革、闯入世界的；外来文化也一股脑儿闯进我们的生活。

在这里需要说明的是，对外来文化的认识一直有个误区。似乎有一种观点认为当代中华文化的困境是外来文化的冲击所致，甚至认为这些麻烦是对外开放带来的。这是一种误解。如果外来文化是负面的，那么近言“五四”时代，远说盛唐时期，外来文化全都是十分迅猛，为什么没有给中华文化带来麻烦? 相反中国这条巨龙着着实实地饱餐了一顿外来的精神营养品，更加壮大了自己。从弗洛伊德和马克思到贝多芬、巴尔扎克、达·芬奇与牛顿，不都是“五四”那个时代舶来的吗? 那时，知识分子站在中国文化的前沿从容地对外来文化进行选择，从中挑选经典。但这一次不行了。你学贯中西也没用。由于这次从外部世界一拥而入的是麦当劳、好莱坞大片、畅销书、排行榜上的金曲、劲歌劲舞、超市、国际名牌、时尚以及明星大腕满天飞。这些商品性的、快餐式的、粗鄙又新奇的流行文化一下子填满“文革”后国人空荡荡的精神空间。应该说，当前文化矛盾的本质，不是中外文化的冲突，而是我们原有的文化和商业流行文化的冲突与矛盾。所以，在两会上我曾经做过一个发言，题目是“警惕当前文化的粗鄙化”。所谈的是如何认识商业文化的本质及其负面效应，如何对应。

进一步说，在从计划经济突然转型为商品经济时，我们没有自己的现成的商品文化，所以一定会照搬国外。然而由于语言关系，英语世界的流行文化不会一下子登陆中国，那就要通过周边的、汉字圈的、已有成熟商品文化的地区（港台）与国家（韩日）“转口”而来。20 世纪 80 年代曾经一度冒出过自己本土的流行文化的苗头，如“西北风”。但这只是一种自发而非自觉的文化现象，完全跟不上飞速发展的商品社会对商品文化的需求，那就只好四处伸手。于是，武侠是香港的，歌曲是台湾的，言情是韩国的，漫画是日本的。其结果是“外边的世界多精彩”，这更加深了人们对自己文化传统的漠视与缺乏信心。同时商品经济的根本手段是刺激消费，刺激物欲。在物欲的社会中，必然轻视精神。尤其文化遗产是公共的精神性的事物，辄必受到冷落。

新的一轮直接对文化遗产构成破坏的是高速的现代化和城市化。这些情况，大家都已经很清楚。现在可以说，中国的 600 多座城市基本一样。残余的历史街区已经支离破碎，有的城市甚至连一点历史踪迹都没有留下。我们可以将这城市文化的现代悲剧解释为对城市的改造缺乏文化准备；可以解释为老百姓迫切需要解决实际的生活问题；可以解释为在不可抗拒的政绩压力下不得已而为之。但是究竟在这个世界城市史上绝无仅有的全国性的“造城运动”中，已经将我们的大大小小的城市全部卷土重来一次，抹去历史记忆，彼此克隆，最终像蚂蚁一样彼此相像。同时，堆满了东施效颦般伪造的罗马花园、意大利广场、美国小镇、英国郡，大概我们还乐陶陶地以为自己真正实现了“改天换地”，实现了“与世界接轨”的现代化吧。为什么不去反问自己一句：我们为什么会这样糟蹋自己的家园、自己的遗产与文明？

我们的后代将找不到城市的根脉，找不到自我的历史与文化的凭借。当他们知道这是我们的所作所为——是我们亲手把一个个沉甸甸、深厚的城市生命，变成亮闪闪的失忆者，一定会斥骂我们这一代人的无知与愚蠢。

三、问题·压力·办法

2004年底，在对文化遗产考察进行总结时，我们认定非物质文化遗产比物质文化遗产濒危。一方面由于物质遗产是有形的和固定的，相对稳定；而非物质文化遗产是无形和动态的，容易被忽略，受到损害也不会立即看到。比如节日文化，直到人们几乎把传统的节日忘却了，才感到了危机。另一方面由于非物质文化遗产是以口传身授的方式传承的，没有文字记录，易于丧失，失去了便无迹可寻。比如说原先极其丰富的民间文学、史诗、传说、故事、民谣，还有几人在说，有几人会说？现在在旅游区内，导游们讲的“民间故事”，多半是为了提高游人兴趣而现编现造的“伪民间文学”吧。

目前，非物质文化遗产中最濒危的是三方面：第一，少数民族的文化遗产；第二，文化传承人；第三，古村落。

（一）少数民族的文化遗产问题

我国有55个少数民族，他们遍布全国，经济多样，生存环境各异，社会历史发展阶段不一，其文化底蕴深厚，特征独具，相互迥异，夺目迷人。少数民族为灿烂多姿的中华文明的形成和发展做出了不可磨灭的贡献。他们的文化是中华文明的重要组成部分，是人类文化宝库中的珍贵遗产；也是各个民族安身立命之及其民族身份与独自精神之所在。

由于历史原因，少数民族地处偏远，经济和社会长期滞后，人民生活相对贫困。改革开放以来，始入崭新的发展时期。特别是随着国家扶贫力度的加大，西部大开发的推进，少数民族地区的经济、生活和社会正在发生空前的急速的变化。这是人民盼望的，也是历史发展和社会进步之必然。但也要看到，在这巨大的变革中，少数民族的传统与文化正面临着濒危与消亡，值得我们特别关注和着意应对。

当前，在强大的经济一体化浪潮中，面对着来势迅猛的西方化、单一化、汉族化、消费化，处于弱势的少数民族文化无力应对，只有随着潮流改变自己。一些富起来的地区，少数民族传统民居已经被“小洋楼”取代，民族服装服饰及其工艺日渐式微。由于没有相关的保护法规，古董贩子乃至外国人在少数民族地区肆意廉价地搜寻宝贵的文化遗存。愈来愈多的年青一代外出打工，远离自己的传统。比如少数民族聚居的贵州黔东南地区，大约有 30 万年轻人到江浙一带打工。他们的文化兴趣逐渐被流行文化“化”了。不少地方听唱史诗与民歌的，已经不是本民族的年轻人而是一批批的旅游者。学校教育很少民族文化内容，青年人对自己的文化传统缺乏必要的知识，缺少必要的感情。杰出的民间文化的传人大多人老力衰，或相继去世，很多经典文化无人传承。如今，民族语言在不少村寨已不复使用。一些民族语言（如赫哲语、满语、塔塔尔语、畲语、达让语、阿侬语、仙岛语、苏龙语、普标语等），会使用的都不超千人。随着最后一个鄂伦春人的迁徙和定居农区，他们的狩猎文化至此终结。这些形成于成百上千年的民族文化板块正在松动和瓦解。

在今天这样一个高速发展的时代，如何抢救和保护少数民族文化是一个历史性的大课题，也是全世界都没有找到最佳方案的大挑战。就是美国对印第安人的保护、日本对阿依努族的保护也大有值得商讨的地方，也有许多难题。但是少数民族文化抢救和保护不是单纯的学术问题，不是几个“高峰论坛”就解决得了的。它正在瓦解，情况紧急，消亡在即。我可以举出大量耳闻目见、亲身经历的例子来说明，无数极其珍贵的民间文化已经永远地失去了。如果再不加紧抢救、存录、保护，就是对历史的犯罪。一些民族就会渐渐的名存实亡。对此我的建议是：

1.加快我国非物质文化遗产的保护立法。立法保护的重点应是少数民族文化。国家应加大民族地区濒危文化抢救与保护的财政投入。

2.在民族文化保护上不能项目化，而应该体系化。项目保护是枝节保护；体系保护是整体保护。应建立国家的权威的中国少数民族文化数据库。以图片、文字、录音、录像等多种技术手段，综合地存录民族的文化生态资料。各民族自治区域应制定文化抢救方案和保护体系。选择一些少数民族自治区域做经济、文化、社会协调发展的试点。取得经验，进而推广。逐步形成严格、严密与科学的中国少数民族文化保护体系和民族发展的科学模式。

3.对一个小民族的迁徙，一种重要民族文化形式的消失，乃至杰出民间文化传承人的故去，都要给予极大的关注，应做到事前有紧急抢救，即时开展抢救性记录、调查和整理。要以博物馆方式予以整体保存。

4.设立少数民族文化抢救基金。资助重要和重点地区的少数民族文化的抢救。募集资金要与唤起社会各界对少数民族文化的关爱紧紧联系在一起。

5.在全国各地学校教育中开设有关我国各少数民族的文化成就与重要特征的课程，增进民族间的学习与了解；在民族区域自治地区和少数民族较集中地区开展本民族或多民族文化知识的课程，培养民族情感，强化民族审美，提高少数民族传承自己文化的自觉。

6.少数民族文化的抢救和保护主要是政府的事。政府应当倾听专家的意见。政府应出面组织高层次、多部门、多学科的关于少数民族地区文化和经济协调发展的研讨；研究与探索现代化进程中文化保护与经济发展、传统文化与现代文化和谐发展之路；研究民族民间的建筑、服饰、生活用具的设计与民间工艺的发展关系，以使民族文脉循序进展。

当前，我国少数民族文化受到冲击的趋势正在日益加大，濒危是全方位的，抢救和保护已是刻不容缓。但如何保护少数民族文化，尚没有通盘的考虑。一些所谓保护尚好的地区基本上都是被开发的“旅游点”。在现阶段，旅游是获得保护资金的重要来源。但需要强调的是，少数民族文化是他们的民族之本，而非只供观光的“特色文化”，不能最终全都转化为一种旅游资源。他们的文化是其民族的根本，失去文化便意味着民族的消失。因此说，少数民族的文化的濒危是具有“灭绝的意味”的。

（二）民间文化传承人

由于非物质文化是靠口头传承的，一半的中华文化延续的生命线便是代代相传的传承人。如果传承人没有了，活态的文化便立即中断，剩下的只能是一种纯物质的“历史见证”了。比如年画，虽然它本身是物质性的，但年画的技艺与使用时的风俗是由一代代人口口相传的，非物质的，如果艺术没了，技艺消亡，不再制作也不再使用，剩下的却只有物质性的年画。它活态的生命便不复存在。

所以说，非物质文化遗产的保护主要是活态保护，物质文化遗产是静态保护。活态保护的关键是传承人。

在农耕社会里，我们缤纷而博大的民间文化，都是靠着口传心授、婆领媳做的方式，千丝万缕地传承下来。这些传人是灿烂的中华文化一个个具体的拥有者、体现者、活宝库。在当前的文明转型期中，随着家庭、居住、工作和生活兴趣的改变，这些传承的线索大量的中断。这也是我们常常感到中华文化日渐稀薄的原因。比如，当电视机进入一个农民的家庭，人们便不再讲民间传说，而讲电视故事。在所有民间文化中，民间文学消失得最快，也最彻底，而且是无声的，一切都发生在不知不觉之间。

但传承人保护的困难是，首先我们对传承人的状况没有底数。这些民间传人——老艺人、手工匠、画师、乐师、舞者、歌手、故事家、民俗传人等，分布全国，深藏山野，不见经传，没有任何记载。当他们人走他乡，或者辞世而去，便带走一份珍贵的传承久矣的文化遗产。现在我们已经开展中国民间文化杰出传承人的普查与认定，由于传承人消失速度太快，急需做的事情包括：

1. 建立国家的文化传承人名录。如同日本的“人间国宝”。进入名录者要经过专家严格的评议与审批。对列入名录者要建立档案。以文字、图片和音像方式存录其全部资料。

2. 传承人名录可采用我国文物法中“多级保护”的制度，除国家一级的杰出传承人，还要确定有省级、市级、县级的传承人。以全面和整体地保护非物质文化的生态。

3. 对传承人要制定具体的保护措施。国家和地方政府给予经济资助。重要的是保证后继有人，不让任何一项重要的遗产失去传承。

（三）古村落

在数千年农耕时代，农村是最基本的社会单元。由于历史悠久、民族众多，自然条件和文化板块不同，形成了形态缤纷、风情各异的村落文化。所谓五里不同风，十里不同俗。广大农村至今保持着极其丰富的历史记忆和根脉，以及丰富的文化遗存。农村的文化既包括村落的规划，各类建筑，历史遗址，这属于物质文化遗产；也包括各类民俗，民族语言，生活民居，民间文学、美术、音乐、舞蹈、戏剧、曲艺、杂技、武术、医药和各种传统技艺等，属于非物质文化遗产。可以说，古村落是物质和非物质文化遗产的综合体。我们的非物质文化遗产基本上在农村，文化的多样性也在农村，民族之根深深地扎在农村里。由于各民族各地域的文化都是那一方水土独特的精神创造和审美创造，它又是人们乡土情感、亲和力和自豪感的凭借，以及永不过时的文化资源和文化资本。

鉴于20世纪八九十年代，我国城市大规模现代化改造中，片面追求经济指标，对城市历史文化造成的破坏已不可挽回；这一次，在新农村建设起步之时，应以全面的科学的协调的发展观，将文化遗产的保护，率先列入新农村建设的总体规划之中。千万不要再出现城市改造的文化悲剧，把“新农村”变为“洋农村”，或者干脆都变成“新村”。

我国现在有大约1600个县，19000镇和3万多个乡、60万个行政村。文化遗存的状况和特色保持的程度不一，不是所有村庄都是古村落。

古村落应具备如下条件（即古村落的标准）：

1. 有鲜明的地域个性。

2. 建筑格局保存得较为整体和系统。

3. 有较丰厚的物质和非物质的文化遗产。

应该说，古村落的保护是困难的。因为它不是文物，不是颐和园和故宫，而是依然活着的古老社区，如今它正在发生“质”的变化。愈来愈多的村落因农民外出打工而出现“空巢”现象。有的古村落经年历久，多已破败，重修无力；有的在无序地翻建过程中，新老驳杂，不伦不类；有的在匆匆忙忙开发旅游；在现阶段的旅游开发中，只有能够成为旅游卖点的局部“景点”，才得到一些维护。而江浙一带经济发达地区，不少古村落早已从地图上抹去。这样一种状况的古村落，在即刻推动的新农村建设中，会出现怎样的局面？特别是对于一些尚未确立现代文化遗产观和科学发展观的古村落决策者来说，会不会重演城市改造中的文化悲剧？一些建设部门不是已经急不可待为农民设计什么“北方型”和“南方型”的住房了？

古村落保护的另一个难点是怎样使生活其中的百姓，逐渐享受到现代生活的舒适与方便？在欧洲，这些事是老百姓自己的事，而一般百姓都有文化保护意识，政府没有太大压力；而在我国，农村的建设是政府的事。如果一方面要改善百姓的居住设施，一方面再要保护老房子，这就使得事情内在的冲突与难度全集中到决策者的身上。政府又不能回避，压力自然就大了。

那么古村落应该怎样保护呢？

这几年在各处考察中看到一些地方在古村落保护方面做了一些努力与尝试。大致可分为下面几种方式：

1. 分区式。如丽江的束河。采取分区方式，如同罗马古城在老区之外另辟新区；巴黎在维护老城区不动的同时，另建一个全新形态的“拉德方斯”地区。老区原汁原味，新区为新建的现代化社区。

2. 民居博物馆式。如晋中的王家大院、常家庄园。将有重要价值的古民居集中起来保护。

3. 生态式。如西塘和同里。把现代的声光化电的管网埋在地下，村落格局与民众生活保持原生态。西塘的口号是“活着的千年古镇”。

4. 景观式。如婺源。注重景观的历史个性。邀请建筑师设计几种房型，外观是此地传统的粉墙黛瓦的徽派风格，内部的卫生间和厨房符合现代生活的功能需求。村民盖新房必须从这些房型中选择，不能随意乱盖，以保持历史文脉。

5. 景点式。如乌镇。基本上是按照旅游需要来维修和改造的。

上述这些方式各有特点，都有可取之处，也都有成功的地方。鉴于我国村落缤纷多样，原则应是一个村庄一个办法，不能一刀切，按照一种方式必然削足适履。然而上述的各种方式给古村落保护提供了一些很好的思路，值得借鉴。

应该说明的是，现阶段这些古村落的保护，多数与旅游相关。故此，比较注重外观、景点、路线，比较偏重于物质遗产。前几天在韩国，我对一位联合国非物质文化遗产委员会的委员说：“将文化遗产简单地划分为物质和非物质有不合理的一面，会带来新问题。比如古村落，都是非物质和物质文化遗产的总合，相互依存，不能切割开来。但是，现在中国的西递和宏村是按照物质文化遗产申遗的。如果只保护物质这部分，里边的非物质的成分渐渐没了，西递和宏村就会失去生命与灵魂，冷冰冰地变成了木乃伊。”她表示同意我的看法，并说联合国教科文组织正在研究这类问题。

对于古村落保护我的意见是：

1. 对农村文化的现状进行全面调查，以了解和把握全局。将具有文化特色和遗存的村落进行分类，针对性地制定切实的保护方案，列入新农村建设的各级规划，使文化遗产保护和发展农村经济同步和协调地进行，避免片面的开发带来人为的冲突和损失。

2. 国家应设置中国古村落名录，确定保护目标和办法。古村落保护是一种综合性和整体性保护。不宜单方面放入物质（文物）或非物质文化遗产中。其性质应是物质与非物质的“双遗产”。

3. 少数民族古村落的文化保护是重中之重。在开发的过程中，会使少数民族文化大量瓦解和失散，故而一方面要尊重少数民族的文化选择，一方面在重要的少数民族集居地，要像欧洲人那样建立乡村博物馆，以保存历史记忆，继承和传承民族文化。

4. 无论是农村的文化保护，还是旅游开发，都不能离开科学指导。应邀请人文领域的专家学者参与到各地农村建设中来，以准确地科学地把握保护与开发、继承和发展的关系，使新农村能真正成为新时代中国品格和主体的社会主义的新农村。

由于历史形成的惯性，每次大规模的社会变革，都容易一哄而起。当人们对什么是新农村的“新”还没有具体标准时，很容易把“破旧”视为“立新”，把当今的城市形态当作现代形态，把“洋”的当作“新”的。我们的600多个城市已经基本失去个性，如果广大农村也变得千篇一律，同时内在的个性化的精神文化传统涣散一空，我们的损失将永难补偿。新农村先进文化的建设也就无所凭借了。数千年的历史文化将从我们的脚下失去，厚重与丰富的文化大地便会变得瘠薄和单一。

文化与经济从来是一个整体，不可分割。况且在现代社会中，文化——包括文化遗产也是重要的生产力、资源与资本。我们要以科学的全面发展观来规划拥有几千年历史文化积淀的农村文明的未来。

四、积极的应对：文化遗产日

通过上述令人忧虑的背景来看，就会十分清楚文化遗产日的确立具有的非同寻常的必要性和极强的现实意义。

应该说近几年，社会上在对待文化遗产保护的观念上正在觉醒。其原因：一方面是疾速的现代化和遗产大量消亡而造成的文化失落感，从而引起了民族情感与精神的回归；一方面是协调和整体的科学发展观的提出。由此，文化遗产的保护，以及环境保护和对弱势群体的关怀自然地渐渐成为政府与社会各界的关注点。

还有一个原因是来自文化界和知识界的努力。

自 2003 年中国民协实施的中国民间文化遗产抢救工程，正在全国各地全面展开。大大小小数百个民间文化普查项目齐头并进。这一有史以来最大规模的、全方位的、地毯式的普查工作，各类专家组成的田野普查小组，纵入山野之间，目的是要对九州大地文化家底进行彻底的盘点与整理，以利系统而有序地加以保护。紧跟着，是政府文化部门主导的文化遗产的保护工作。一方面是各级文物部门对全国博物馆物质性藏品的普查与登记，一方面是确立国家非物质文化遗产名录。这些工作在我国都是首次。经过严格程序申报和专家科学鉴定而批准的国家非物质文化遗产名录，是推动历史文明进入现代文明的重大举动。

特别要强调的是，知识界和文化界所进行的文化普查，并不只是一种学术行动，一种出自对学术对象濒危处境的关切；而是缘自全球化时代，对民族身份、精神传统、核心价值和自身文化命运的深层的思考而使然。这是一种时代性的自觉的文化行动，是直接实践思想的行动。不少文化界的知识分子离开书斋，奔往田野，为文化的存亡而奉献。在商品化的沙尘暴弥漫着中国人的精神天地之时，这些知识分子显现出一种难得的灵魂的纯净，一种舍我其谁的高贵的责任感。然而，对文化遗产的珍视与保护不能只是少数专家学者和政府的事，主要是民众的事。民众是文化创造者，是文化的主人。如果民众不珍视、不爱惜、不保护、不传承自己的文化，文化最终还是要中断与消亡。特别是和世界一些遗产保护相当成熟的国家相比，我们的遗产保护只是刚刚起步。我们尚无非物质文化遗产保护法，公众的文化遗产意识还比较淡薄；文化遗产的本身——如上所述，全面濒危。我们的文化遗产日正是在这样的思考层面上设立的。

最早设立文化遗产日的国家是法国（1984 年）。后来遍及欧洲（1985 年后）。在面对全球化带来的文化同质化的浪潮中，文化遗产日大大提高了欧洲各国人民对各自文化的自豪与自觉。法国每年有 1000 多万人（占全国总人口的六分之一）主动参加这一盛大的文化活动。在这一天，欧洲各地大到城市，小到乡镇，人民以各种方式，设法把这一天过得五彩缤纷，有声有色。这种活动既有政府出面组织，也有各界自发举办，丰富多彩，效果极好。从而大大丰富人们的文化情怀，提高人们对各自文化的光荣感。

在文化遗产日方面，我们不是旁观者，也没有完全缺席。近年来，一些省（河南省）市（苏州市）以及大学生们（中央美院倡办，几十所大学加入的“青年遗产日”）自发地都举办了“文化遗产日”活动。今天由国家确定“文化遗产日”则更为重要，它显示了当代中国对自己文明的认识高度。表现了一个民族文明的自觉。只有进入现代社会，才会把历史文明视为不可替代的珍贵的精神遗产。所以说，珍视和保护遗产的本身是现代文明中一个象征性的内容。

今年 6 月 10 日是我国首个文化遗产日。遗产日不是纪念日，它是一种人为的主题日。要想使它落地生根，需要注意：

1. 要强调它的精神意义。不要变成千篇一律、表面热热闹闹的展示当地政府政绩的文化节。要设法使公众成为这一天的主人，成为主动的参与者而不是被动的参加者。要使国家文化遗产日成为全民的文化遗产日；使国家举措转化为每一个公民自觉的文化行为。

2. 遗产日是一个纯文化的主题日。所有活动都应是公益活动。一切文化遗产的场所都应免费开放。商家不能从中牟利，使遗产日变味，变成用来赚钱牟利的“黄金日”。

3. 社会各界都应为文化遗产日出力做贡献。首先是文物和文化机构的工作要在遗产日中充分发挥作用，积极进行遗产内涵与保护意识的普及工作。教育界也要利用好这一天，培养下一代人的中华文化的情怀是文化遗产日不能忽略的。对传承人的关怀，为少数民族文化的保护做实事，都应该是文化遗产日的重要内容。

4. 遗产日可学习欧洲方式。每年确定一个主题。主题要针对性强，立意新鲜，有吸引力和启发性。比如 2000 年法国遗产日的主题是“20 世纪的遗产”。在人们告别 20 世纪的时候，即刻引导人们以遗产的视角回顾刚刚成为往事的 100 年，将正在挥手告别的生活转为历史财富，并加以珍惜。这一主题，有助于人们树立现代的遗产观，又紧贴时代，紧贴生活，紧贴情感。

文化遗产日体现着当今一代中国人文明的自觉，也是一种自觉的文明。在这一天，我们做得好，一定会赢得世界的关注。

世界需要一个经济高度繁荣的中国，更需要一个社会全面进步与协调发展、比古文明更加文明的现代中国。一个尊重自己历史文明的国家必然赢得世界的敬重。

前不久，我在国外一次文化遗产论坛上说：我们保护文化遗产不仅为我们自己，也是为人类保护文化的多样性。

我们的文化虽然不是人类共有的，却是人类共享的。我们保护自己文明的同时，也在为人类保护一份巨大的、珍贵的、不可替代的财富。

（此文系作者 2006 年 6 月 4 日在国家图书馆为“国务院省部级干部文化学习班”所做的讲演）

“非遗后”时代我们做什么？

我想讲讲此次展览与活动的初衷。

这次，既是对十年木版年画普查与抢救的总结，又是一个新时期工作的肇始。为什么是一个新时期呢？

十年前在朱仙镇，也是一次国际性年画的研讨会上，我们中国民协把木版年画普查作为龙头项目，开启了历史上空前的对中国民间文化的地毯式普查。那也是个寒冷的初冬，在中原腹地我们燃起了一代文化人对自己的文明炽烈的激情。

由是而下，整整十年。

这十年，我们不仅完成了木版年画这一项中国重大文化与艺术遗产的全面的普查、记录与整理，全国各地的学者专家还协助政府，将散布在中华大地上的文化遗存，一项项整理好，送入《国家非物质文化遗产名录》。现在，进入文化部国家非遗名录的有 1200 多项。如果再加上各省市和县级名录，至少有四五千项。现在可以说，绝大多数非遗，都进入了政府保护的视野。

那么，在基本完成了非遗工作之后，我们就大功告成了，不再管它何去何从了吗？

当然不是。应该说，我们进入了“非遗后”的时代。即完成了非遗认定之后的时代。在这个时代，政府方面的责任是很明确的。凡是认定非遗的都是国家财富，都在政府保护职责范围之内。政府保护的依据是今年全国人大常委会颁布的《中华人民共和国非物质文化遗产法》。

那么专家学者知识界做什么呢？我提出四个方面的工作，供大家思考。

一、科学保护；二、广泛传播；三、利用弘扬；四、学术研究。

一、科学保护。政府虽是遗产保护的责任人，但政府怎么知道保护什么和怎么保护呢？这便需要我们提供具体的保护范围、标准和方法。没有具体的保护范围、标准和方法，保护工作就会陷入茫然乃至落空。这便是“科学保护”根本意义之所在，我们要帮助政府做好这些事。

二、广泛传播。遗产的最高价值是中华文明的优秀传统。这个传统也是我们民族的精神生命。在社会转型期，如何使这些重要而美丽的遗产得到广泛的共识并共享，乃是我们的重要工作。

三、利用弘扬。再有，便是利用与弘扬。这个工作便是怎样将遗产中的精华与当代生活和文化融合起来。延续历史脉络，充实当代文化。历史文明是一个文化大国之本，也是一个国家的文化自信之本。我们利用与弘扬的终极目的主要是精神性和文化性的。

四、学术研究。最后是回到我们自己的专业上来，就是学术研究。

必须强调，非遗是个时代性的新概念。在这个领域里，理论大大落后于实践，落后于田野。比如，我们所说的“非遗”，并不等同于“民间文化”。再比如年画调查，过去的调查基本是“艺术调查”，但作为非遗就远远不是“艺术调查”了，而是“文化调查”，甚至还要包括历史学与人类学调查。理论与学术的建设是逼到我们面前的工作，没有理论便会陷入盲目或乱无头绪。

民间文化其本质是生活文化，它的创造具有原始性、本源性，并有感而发，一任自然。在社会转型中，对民间文化的传承既要原真地记录，又要选择地传承。我的理念是“生活创造，文化剖析；民间创造，精英挑选”。这些想法，提供给大家在论坛中思考。

上述这些话，都在表明一个新的时代——“非遗后”时代的到来。

我们是从“非遗前”时代走进“非遗后”时代的。我们要带着往日的责任与激情，在新的时期努力使传统中华文明发出更大的魅力与光彩。

（此文系作者2011年11月5日在“硕果如花——十年中国木版年画普查成果展暨中国木版年画国际论坛”上的讲话）

对话冯骥才：文化的疼痛与守护

秦千里

记者：冯先生，您在20世纪80年代发表的小说《神鞭》《三寸金莲》影响极大，其主旨是批判中国传统文化的“劣根性”，而您从90年代开始从事民间文化遗产的保护却强调传统文化的保守和传承，从表面上看这种态度是矛盾的，逻辑上并不自洽，您自己是如何看待这种矛盾的？

冯骥才：问得非常好。我写《神鞭》《三寸金莲》，实际上是反省我们文化负面的东西、国民性中负面的东西。鲁迅先生早就做过很深刻的反省，对传统文化中负面的内容展开过批判。我做民间文化遗产保护，是保护传统文化。前者是批判，后者是保护，这两个东西是不是冲突呢？我也想过，实际上这是一个问题的两面。因为任何一个民族的文化，它既有优根，也有劣根。鲁迅先生当时提出国民性问题，是想催动国人的自省。鲁迅先生对国人的态度是“哀其不幸，怒其不争”，他要让国民有一种清醒的自我反省，这也是要唤起一种文化自觉。他从文化的负面入手，指出我们身上有诟病，这个病是封建性的东西。

我80年代对传统文化劣根的批判和90年代对传统文化优根的保护，实际上是一体的，是一体两面。80年代要进步，需要从国民性的角度来进行自我批评，求得自身的解放与健康的进取；90年代做的事是保护文化遗产，是在开放中怎么保持自己身上优秀的东西，不丢掉自己伟大的传统与本色，这两个是一码事。80年代强调国民应该自省，要看到我们身上的问题，因为这些不好的东西会妨碍我们开放与进步，就像鲁迅写的阿Q身上那类东西，我们需要这样一种自省与自觉；到了 90 年代，我们需要对传统文化中好的东西保持一种自觉。这二者如同一枚硬币的两面，所以我很容易就转过来了。

记者：从五四时期到现在，思想界对传统文化抱着截然不同的两种态度，或者全盘否定，或者全盘接受，您从文化自觉的角度将对立的二者统一于一体，这是一种思想贡献。那么在实际过程中，您从内心深处是怎样从文化批判转向文化保护的？

冯骥才：90 年代的文化保护基于一个时代大环境，就是我们把自己文化中好的东西忘掉了，我们不知道我们的文化好在哪儿。鲁迅那个时代是不知道我们民族的问题在哪儿，我们的负面在哪儿；现在是不知道我们民族好的东西在哪儿。为了急速地摆脱贫困，得到物质的丰富，取得经济的高速发展，我们忽视了精神性的东西，把我们民族优秀的东西像泼水一样，连同孩子一块儿泼出去了。“文革”期间，我们是恶狠狠地毁掉了我们文化中好的东西；改革开放期间，我们是乐呵呵地扔掉了我们文化中好的东西。

而且，这个时期我们对外开放，国门大开，外来的东西纷纷涌入，文化也跟着一块进来了。这个文化主要不是西方精英的经典文化，大部分是商业文化和消费文化，比如各式各样的时尚品牌、NBA、超市、迪士尼、好莱坞、汉堡包、动漫等。我们来不及对这些外来文化进行挑选，整个一套东西就一股脑儿地进来了，弥漫了我们国民的精神。我们的年轻孩子，脑子里全是这些东西。

体现在城市建筑上，就是不分好坏，不分有没有价值，认为只要是旧的都不好，全要盖新的，全要玻璃幕墙。我当时写过一篇文章，叫作《中国城市的再造》，因为在 90 年代很短的时间内，我们 600 多个城市以很快的速度基本变得一模一样。把自己原来的城市从地球上抹去，重新建造一个新的城市，这种情况全世界都没有。世界上除非遇到特大的地震或者是战争（比如说“二战”的时候，像华沙、杜塞尔多夫这些城市再造），很少听说把一个城市乐呵呵地拆除重造，好像这个城市没有发生过历史一样。

记者： 著名文物学家谢辰生先生说过，北京城城墙的拆掉，不是北京被毁得最厉害的，城墙拆了北京城还在，毁得最厉害的是 90 年代。

冯骥才： 对，真正代表北京的并不是北京的几个符号，不是天坛、故宫、颐和园，而是那些四合院、胡同，以及四合院和胡同里的文化。但我们一下子就把它们全拆了，城市伤筋动骨地改变了，历史中断了，魂儿散了，表面看也就没有自己的特色了。这时我们才发现，对自己城市的自豪找不着凭借了，城市的文脉断了。不仅北京，各地全是如此。几千年来不同民族、不同地域创造和积淀的深厚和各具特色的文化，被轻易地抛弃了，都被当作过时的、无用的东西抛掉了。我们干了多蠢的事、多没有文化的事！

一个多月前我到白洋淀去了一趟，回来后我写了一篇文章，叫《白洋淀之忧》。白洋淀原来的房子非常有特点，都是平顶子，粮食等东西都在房顶上晒，房顶周围一圈女儿墙；房子与房子很近，邻居间串门的时候从我家迈一步就可以到你家。白洋淀涨水时，一楼容易进水，人们就搬到房顶上去。这两年白洋淀为了搞旅游，把原来的房子全拆了，全盖成了徽派建筑，而且每个村庄外边居然垒了一个花园式的墙、苏州园林式的墙，粉墙灰瓦，中间做成各式花窗，菱形的、圆形的、扇形的，完全是江南特色。还有一个村子，请来美院建筑学院的一位博士设计，这位博士曾经在日本学建筑，喜欢日式建筑，所以就盖了一片日式房子。白洋淀是抗日根据地，是雁翎队出没的地方，这么干是不是太荒唐？直到现在，我们的历史文化还在遭受破坏！

这里有一个很大的问题，就是对优秀传统文化背后精神的忽视、对精神价值的忽视，一切都服从于市场的需求，好像我们的文化只有能够卖钱，才是有用的。今天仍然是这样。在中央文史馆成立 60 周年纪念的时候，我在人民大会堂跟温总理当面说，我们 600 多个城市没有了；从 2000 年到 2010 年，我们一共消失了 90 万个村落。原来是 360 万个村落，到 2010 年只剩 270 万个，可怕的是，到底消失了哪些村落我们并不知道。我对温总理说："汶川地震的时候，大禹的故乡淹没在堰塞湖底，您不是很着急吗？中华民族何止一个大禹的故乡，在我们还来不及对村落的历史逐一间一间的时候，这些村落已经没有了。”应该承认，我们沉甸甸的历史已经变得“稀薄”了；我们中华民族非常雄厚的、灿烂的、密集的文化，正在被快速地稀释，但是没有多少人为她着急。我们不是文明古国、文化大国吗，为什么没多少人为文化的命运着急？

记者：是什么机缘促使您开始民间文化遗产保护行动的？第一次保护行动是在哪一年？

冯骥才：90 年代初我画了一批画，我在这些画里放进了自己一些新的想法，我很想给人们看看，就到六个城市巡回展览。在上海展览的时候，《文汇报》和《解放日报》的几个记者朋友对我说，冯骥才，领你去看一个地方，特别好玩。我问哪里，他们说周庄，刚过完 900 岁的生日。我问还有什么，他们说还有个沈万三的故居。我小时候就看过沈万三的连环画，很有兴趣，就一块儿去了。

到这个村庄一看，900 岁生日过完，已经恢复平静。这是一个原汁原味的老村庄。因为是冬天去的，地上湿漉漉的，苔藓还有点绿，房顶和桥栏上都有苔藓。那天下着雾，站在桥上，可以听到空中有鸟飞过，桥底下有船划过的声音。我在那儿站着，就跟梦一样。这时我看见远处一座小小的房子，在河边，很美。当地人跟我讲，这是柳亚子的“迷楼”。柳亚子当年跟沈钧儒搞南社，常在这里聚会，交换进步思想。一个寡妇带着一个女儿，在这儿开了一个茶楼。

他们说，你很幸运，这个房子你要不看的话，很快就要拆了。我问为什么要拆掉呢？他们说现在周庄人都把自己在当地的老房子卖了，卖了以后把木料拆下来，在镇外找一块便宜的地盖新房，人们都这么干。这个迷楼店主也想把房子卖掉。我问卖多少钱？他们说不贵，也就几万块钱。我当时一听就有点着急。这是很自然的，在没有经过什么思考的情况下，就是一种很自然的感情。我跟朋友说，这个房子我买了吧，我的画正在上海美术馆展览，有人要买画，我说我不卖画，但为了这个迷楼，我愿意卖一幅画。一幅画可以卖几万吧，卖了之后我把钱给你们，你们把这房子买下来，作为《文汇报》接待客人的地方。回到上海，我就把一幅画——《太白诗意》卖给了一个台湾人，卖了多少钱我忘了，反正是几万块钱。

钱给房主以后，他说卖低了，得卖 15 万。我说好，我再卖画。但是还不行，卖主又要 30 万了。当时 30 万可是非常高的价钱了，90 年代初房价这么高是很离谱的。这一来我就跟他较上劲了。后来当地的负责人跟我讲，冯先生你放心吧，这个人不会卖这个房子，因为他也知道这个房子有价值。就这样，迷楼给留下来了。去年我这儿的一个摄影师还去迷楼给我拍了几张照片。

这是我的第一次文化遗产保护行动。尽管我还没有付钱，但是开始做了这么一件事，这是 1991 年 12 月份的事。

记者：保护周庄的迷楼是个很美的故事，听说您紧接着又卖画给应昌期先生，修缮了唐代诗人贺知章的祠堂？

冯骥才：1992 年 3 月，我回老家宁波办画展。展览期间，当地政府说，冯先生，在月湖边上有一个特别好的房子，是贺秘监祠，唐代诗人贺知章的祠堂，政府想把它改造好以后交给文联。如果你整个修缮了，这房子就给你。修缮费用大概需要 20 万块钱。

当时如果没有那 20 万块钱，这房子可能就拆了。我到那儿一看，觉得非常好，很有味道。房子后边临着湖水，有一个小院子，格局很好，典型的徽派建筑，就是马头墙的这种。我说这样吧，我正好在办展览，就把我展览中 6 尺对开的大画拿出 5 幅卖了，4 万一幅，卖了以后钱给宁波文联。他们说行。没过两三天，台湾著名企业家、应氏围棋计点制创始人应昌期来了。他一看，特别喜欢一幅《老夫老妻》的画。这是我的一个典型题材。“文革”期间，我的生活很难，我跟爱人一起住着一个很破的房子。有一天我画了一幅画，一片风雪飘飘的树林，一棵大树里边藏着一对小鸟，我说咱俩就像风雪里边的两只小鸟。1976 年地震，我们家房子塌了，那幅画还挂在墙上，我就把它摘下来了，这幅画对我有特别的意义。我对应先生说，那我给您重画一幅吧。画完以后拿给他看，应先生说，这就是我跟我妻子的一辈子，我们经历过很多艰难，特别有感触，我要了。当时他掏了10万块钱。很快这几幅画就卖完了，筹到20万块钱，把贺知章的祠堂修缮好了，交给了宁波文联。现在我每次回到宁波，必到这儿去一趟。

这都是我文化遗产抢救的前因。我找到了一个方式，就是卖画。

记者：这两件事情干得漂亮，可以说是源自一个作家和画家的内心情感而触发的本能的行动。90年代中期，天津进行“旧城改造”，您又挺身而出，留下一个老城博物馆。听说还“冒犯”了李瑞环主席？

冯骥才：1994年，天津报纸忽然发了一条新闻，说是天津城区要进行旧城改造。天津有600年的历史。1404年明成祖朱棣把首都迁到北京之后，天津建的城。它的文物非常密集，非常多。虽然义和团运动的时候，八国联军把它炸得面目全非，但是一些好的东西还在。

当时老城里的人民生活条件很差。这城五六百年没有人修，一代代人住在那儿，房子都是砖木结构，很容易烂，很容易坏。政府要改造，我觉得是出于好意。但是这城里边还有很多珍贵的东西。

有一次开政协会议，我跟李瑞环主席说，有一个不好的词，叫“旧城改造”。如果说“老城改造”，我们起码还知道这老城里还有好的东西，但“旧城改造”呢，首先想到的是旧的不去新的不来；而且“改造”都是针对不好的东西而言的，例如知识分子改造、劳动改造等。如果说“老城修缮”就好得多。李瑞环说，“旧城改造”这词是我发明的。当时那可是大会，400多人啊。我跟李瑞环说：“冒犯了，主席。”李瑞环就笑了，说：“你这话是对的。当时我们没有这个觉悟，我们想解决的，就是老百姓的生活问题。你们现在这个观点是对的。”李瑞环的气度我是真心佩服的，他是我的老市长，跟我们文化界的感情很好。后来我在天津做了很多事情，他都是支持我的。他甚至跟天津市长说，你们要听听冯骥才的意见。

这个老城当时承包给了一个香港商人做改造，他预备把这个城铲平，改造成“龙城”。我就跟市里边提意见，可是市里边说已经定了，没有办法。我当时在天津文联当主席，我就跟摄影家协会主席说：“咱们组织一个纯民间活动，请摄影家采风，我掏钱。”钱从哪里来呢？我只有一个办法，就是卖字卖画，这是从周庄和宁波留下的“老法子”。但是当时很惨，房管局、城建局、规划局的那些领导都要画，而且都要三张，本人一张，秘书一张，司机一张。这些人我全得给，因为我需要他们支持我。做什么事呢？一方面，尽量保住一些重要的历史建筑，一方面就是把整个老城考察一遍，记录下来，别最后把它铲平了后人什么也不知道了。我们把整个天津老城里里外外考察了一番。那时候我就是整天画画、写字，所有的活动经费全由我个人掏钱。对天津老城的考察前后历时两年多，1996 年初结束的。

在老城开拆之前，我找到天津市副市长王德惠，我说老城马上就要拆了，您能不能留一栋房子建一个老城博物馆？他问博物馆怎么运行，我说由南开区政府负责，我已经找他们谈过。他问博物馆的东西从哪儿来，我说搞一个捐赠，我来号召老百姓捐东西。凡是属于老城记忆、老城标记、老城特征的，都可以，家具、生活物品、照片、资料、书信文献都可以往里捐。只要老百姓捐，谁捐了谁都会惦记这里，他的感情跟老城就不会分开。他说你这个主意挺好，我支持你。那时候老城已开始动迁和搬家，我就在老城里买了一批东西，有砖雕、牌匾、家具。我还在博物馆房子前边开了一个会，会上我讲了为什么要建一座老城博物馆，然后我第一个把东西捐出来。在短短几个月内，博物馆就收了几千件老百姓捐的东西，老城博物馆就建起来了。现在这座博物馆还在老城保护下来的十字街上。

记者：在抢救天津老街——估衣街时，您跟市里面直接叫板，过程十分激烈，虽然以失败告终，但您以民间文化遗产保护者的崭新形象进入了公众视野。这个时候，在文化遗产抢救上，您已经相当自觉了吧？请您讲讲这个过程。

冯骥才：1999 年快到春节的时候，我们想在天津最老的一条街搞一个元宵晚会。这条街叫估衣街，后来叫文化街，天津市重要的商业铺面都在那儿，有谦祥益、青云栈、瑞蚨祥等老字号，铺面都非常漂亮，有点像北京大栅栏，有 700 年的历史，比天津城还要早，先有估衣街，后有天津卫。

就在我们要搞活动的时候，忽然看到公告，估衣街都贴满了，说要在一个月之内把估衣街拆掉，所有的店铺停水停电。我就跟市里边提意见。

说句实话，估衣街的保护在当时是非常难的，后来争论得很厉害。

保护估衣街，我也是不顾一切。估衣街上有个天津总商会老建筑，是中国仅存的五四运动的遗址，是周恩来和邓颖超演讲的地方。当时天津学联副会长马骏组织学生运动，让总商会也行动起来，可商人们为了自己的利益，不愿意罢市，马骏就拿头撞了总商会戏台的柱子——后来拆的时候没人知道这柱子的历史，我花 200 块钱很便宜就买下来了。这个柱子是一代青年人的热血。我当时建议把总商会留下，同时把谦祥益、青云栈、山西会馆都留下……我提出各种方案，他们都不接受。我只好重点保护谦祥益，因为谦祥益是文保单位。

后来开座谈会，我们文联的书记提前跟我打招呼说："你不要再提估衣街了。"可是在座谈会上我不能不说，我还是说了。我说，估衣街上很多都是木结构的房子，现在停水停电，如果一旦失火，谁负责任？不能停水停电，估衣街是必须保留的。我态度很坚决，但说得很平缓，也没有火气，我讲我的道理。在道理面前他们都没词儿了，谁也没出声就散会了。

说完以后，邮局就找我，说我们支持你，咱们出一套估衣街的明信片，把估衣街最后记录下来，留个纪念。我写了一些对联，做了一套估衣街的明信片，准备在估衣街上的邮局发行，我签名。可是报社不给发消息，因为他们已经接到通知：这段时间关于冯骥才的各种保护行动不许报道。我被"封杀"了。正好这时天津电台在做一个关于消防大队的节目，这个消防大队是我们文联经常采访的单位，他们请我去讲话，结尾时他们问冯先生最近在干什么，我说在做一套珍藏估衣街的明信片，几月几号我们将在估衣街邮局发行，希望大家来，东西很珍贵。估衣街邮局是天津市最老的邮局之一，现在还保留着最老的图章，我说非常值得去。

到了那一天，我去了，一看估衣街邮局门口贴了一个公告，说那个地方要拆了，房子不安全，谁也不能进。当时我就决定在估衣街街口的另一个邮局搞，老百姓就跟着去了。

那个队伍排了有三条街，正好那天相声演员牛群在天津，我说牛群你帮我一块签名去，我俩签了三个小时的明信片。签完名以后，我很激动，就到估衣街街中心拉了几个木头箱子，站在箱子上讲估衣街的历史。我说我们要爱惜我们的城市，这个街拆走的时候，好的东西必须留下来，要给城市留下来。

之后，市里边请我和一些专家、政府相关部门人员还有开发商在市政府开了个会，王德惠主持。他说，市里决定要用保护性的办法来解决估衣街的开发问题，叫保护性开发；估衣街六个珍贵的建筑要保留下来。还说，开发商几乎牺牲了几千万的利益来支持市里这个活动。之后他点名让我也说一说。我说，德惠市长讲的保护性开发很好，这证明我们政府有文化的眼光，开发商当然应该支持；但也不能说开发商牺牲了几千万，你要拆天安门不让你拆的话，你能说牺牲了几百个亿吗？后来估衣街流传一句话，叫“冯骥才加上谦祥益，××（开发单位）损失一个亿”。有人提醒我说，冯骥才你小心啊，你叫人少赚那么多钱，小心有人拿砖拍你。会后我特别高兴，专门写了一篇文章支持此事。

此后不久，法国科学院的人文基金会请我去法国，他们知道我在做城市文化保护，希望我跟巴黎的城市规划学者、建筑学家、艺术家见面，同时也让我看看法国的古典建筑到底是怎么保护的，城市是怎么保护的。在法国，我了解到雨果、梅里美、马尔罗他们关于城市保护的许多观点，了解到他们20世纪60年代的“文化普查”和文化遗产日，对此我做了很多研究。

在法国待了还不到一个月的时候，我忽然接到一份传真，是估衣街的店主集体发来的，每个人都签名盖了章。大概意思是说，在我走了以后，他们说趁冯骥才走了，赶紧拆，结果就拆了。我当时没想到会这样，政府不是说要“保护性开发”吗？政府说定的还会不算吗？我托熟人去打听，结果他们告诉我确实拆了，政府答应不拆的那几座建筑也开始拆了。我还托人找王德惠，也没有消息。我很着急，很快就踏上了归程。回到天津第二天我就到了估衣街，到现场一看我就傻了，整个估衣街一片平地，全是废墟，全拆了，到处都是铲车、吊车。原来说的那六个建筑，只剩谦祥益的一个门脸，它的另一半也拆掉了，像青云栈、山西会馆、总商会也全都拆掉了，一片瓦砾，什么都没有了。

我当时哗地一下眼泪就流出来了，情不自禁地哭了。面对北京记者的提问，我连话都说不出来了，最后只能喟然长叹。这些历史建筑一旦拆掉就没法恢复了，就算恢复了也不是历史了。后来《中国青年报》的记者写了一整版文章，反响很大，叫《冯骥才哭老街》。我把抢救估衣街的整个过程也写了一本书，叫《抢救老街》，但这书在天津不许卖。

拆了的建筑不可能再复原。习近平总书记有次在城市工作会议上讲到，一个城市要注意自己的文脉。我觉得这个概念特别对，城市不仅是文化遗产，文化遗产是平面的东西，文脉是纵深的东西。

投身民间文化遗产的保护，我觉得我是被时代逼迫的，当然也是由衷的。我认为这是命运。到2000年的时候，我觉得自己和文化已经融为一体，就是说从情感上、使命上，我已经把这件事情当作天职来做了，不知不觉地反而把小说放下了。从一开始的自发行动，到后来的主动投入，我觉得离不开我作家的身份和作家的立场。作家的立场，它不仅是一个思想的立场，而且还带着一份浓厚的情感。如果是一个纯粹的学者立场，恐怕没有那么大的社会效应，也不会投入那么多的情感。作为一个作家，仅仅把文化作为关切对象是不够的，你所要关切的文化是人的文化，你所关切的是人，是人对城市的一种自豪、人的一种最珍贵的历史记忆、人的一种乡土的情感。当文化疼痛的时候，你才会动心；你动心的时候，老百姓才会跟你有心灵的呼应。

记者：2001年，您到中国民间文艺家协会担任主席，从某个角度可以说是官方对您从事民间文化遗产抢救的一种肯定。这个平台对于您开展活动亦有益处。可我们听说这事并没有那么理想，实际情况是怎么样的?

冯骥才：2001年，中国文联找我谈话，说想让我到中国民间文艺家协会去当主席。一方面，他们说这是中宣部的意思、中央的意思。另一方面，他们说我写作里有很多东西跟民间文化关系密切，我又喜欢民间艺术、在民间文化方面涉猎广泛，还真找不着像我这样的一个人。

到了中国民协，我说我要到各省去看看。民间的各种东西我都有兴趣看，比如木版年画、剪纸、皮影、民间戏剧、民间文学、民间的手艺和作坊等。但一看才知道，我们的民间文化比我们的城市文化还惨，风雨飘摇。

很多的民间文化原来我就知道，比如说我小的时候就知道河北保定白沟的玩具特别好，可到了白沟一问，当地人基本上没人知道，只知道卖皮包、卖刘晓庆唱歌的盘。

一些地方的历史文化被破坏得很厉害。我曾经把中原的开封、洛阳、郑州跟意大利的罗马、佛罗伦萨、威尼斯做过比较，基本没法比。人家那个城市的历史，完全是被敬畏、被尊崇的，历史是闪光的，人充满了一种历史的光荣感和骄傲感，人跟历史全部是沟通的，很神圣的感觉；而我们基本跟历史是没有关系的。有次到郑州，我去到那个商代古城，在那古城土墙上面，到处都是人们扎着大铁棍子在摆摊卖东西，历史文化全毁了，就好像中国历史没有发生过一样。洛阳也一样，你根本找不着所谓九朝古都的历史感，都处于一种完全没人管的状态。

我情不自禁觉得要做一件事，这件事远比抢救天津老城要大得多。我当时提出，要对 960 万平方公里 56 个民族的一切民间文化做一个地毯式的调查。我提出一个概念，叫“一网打尽”。我在明确地把这件事提出来以后，民协认为很提气，但是他们认为这事必须先得到中央的认可，中央不认可这个事是很难做成的。

于是，我跟中国文联党组书记李树文一块去中宣部商谈此事。部长丁关根很重视，当时所有副部长也都到了，刘云山、李从军、刘鹏等几个人全都在。我讲了两个小时。丁关根也挺有意思，他先是用主持人王志那种风格反问我：“有那么严重吗？”后来他认真听过之后，很郑重地说：“这个事我们应该做，的确是很重要的事情。”

但具体怎么个做法呢？有人说最好跟文化部联系，这个事国家得支持，财政也得支持。后来我就到文化部去讲，部长孙家正很重视，开了一个会，所有的司长全参加了。我在那儿又讲了两个小时。讲完以后，孙家正当时就定下来，由文化部和中国文联合作此事，抢救中心就放在中国民协。我当时觉得这个事基本就成了。

但后来事情又有变动，政府把这个抢救中心从民协改放在了文化部辖下的中国艺术研究院，让我挂一个中国民间文化抢救工程副主任的头衔。可当时也有一个犯愁的事，就是说事情属于文化部管了，但中国文联和民协如果要搞活动，文化部却不能够下文件，因为不属于一个系统的。这样各省文联和民协是没有红头文件的，没有红头文件，各省就没办法接这个事。中国文联找过中宣部，中宣部也不能为此事发文。这就等于把我放在了孤岛上，我到任何省办事，第一没有红头文件，第二没有经费。中宣部后来把这件事放在国家社科基金里立项，经费只有 30 万块钱，财政部把款拨给了文化部，文化部却不给文联，文联就没钱给民协。

我在全国各地任何地方演讲，既没有钱，也没有名义，名不正言不顺，怎么办呢？我想出一个办法，就是把两个概念分开。文化部后来把这个工程改了，不再叫民间文化遗产“抢救工程”，而叫民间文化遗产“保护工程”。我说，文化部是对的。政府没法做抢救工作，因为抢救是专家的事，政府应该做保护，因为政府是文化遗产的主人。那么我们可以先抢救，把抢救的东西交给政府。所以我们之后做的事，就是到下面帮助各地方政府去抢救。我帮助文化部做国家非遗名录，然后把抢救来的东西放入国家非遗名录，这样这些东西就保护下来了。

虽然这下名正言顺了，可是没有钱怎么办呢？还是老办法，成立基金会，卖我的画。我搞了几次义卖，在天津搞过，在北京现代文学馆搞过。在苏州的那次义卖我感受最深。我是在南京搞完义卖以后到苏州的，我特意留了一些画到苏州，在贝聿铭设计的那个美术馆搞了一个展览。当时王立平、王石他们都去了，朋友们都来支持。在那个展览会上，画很快就卖光了。我问卖了多少钱，他们说300多万。我说，好，我现场捐献，就在大厅里边把这钱捐出去，一分不少，全部捐了。

之后，人都走了，我跟摄影师说，我在屋子中间站着，你给我照一张相，我跟我的画照张合影。这些画都是我自己的心血，我喜欢我的画，谁都不知道我把这些画卖了是一种什么感受。后来我说，我做民间文化遗产抢救有一种悲壮感。

记者：有人将您的行动比喻为堂吉诃德式的战斗，您也常感孤独和失败。从现代化历程来看，以农耕文明为内核的传统文化将不可避免地衰落，而您的“临终抢救”又具有人类文明高度的价值和意义，回首这段历史，您如何评价？对这项事业的未来您有何展望？

冯骥才：我有时为中国民间文化遗产的消亡感到悲哀，但也时常被老百姓对自己文化的热爱所感动。记得有一次，我们为了做一个抢救手册，组织一批专家到山西后沟村做调查。调查做完以后，他们要开一个会宣布这个地方可以旅游了，他们把我叫去了。我在村里的戏台上做了个演讲，演讲下来后，忽然从人群中走出几个老太太，她们拿着筐，里面全是枣子，就往我兜里使劲塞枣子。当时山西的领导说了一句话：“冯骥才，你们成八路了，老百姓对你真不错。”

下到民间以后，看到老百姓热爱自己的文化，有了这样的觉悟，心里真的是无比欣慰的。因为他们能理解你，知道你是来干什么的。

有人说，以后将会有人因为你对文化遗产的保护而知道你、记住你，可我说，因为这些知道我没有用，我的名字永远是留在我自己的作品里面的。巴金说过一句话，作家的名字是留在自己的作品里的。如果这20年我专心写作，我想我能写出一些我自己喜欢的作品来。我的名字留在那儿，那才是我的。你现在说巴金，不是首先想到的是他的《家》《春》《秋》吗？说普希金，不是首先想到的是他的诗吗？法国有个著名作家叫儒勒·凡尔纳，他在里尔捐了一座博物馆，可谁知道他的博物馆呢？人们记得的还是他的《八十天环游地球》《地心游记》《格兰特船长的儿女》这些作品。博物馆是他的心血，但没有多少人知道。

但不管怎样，这个心是我的。对文化遗产抢救，我有两个感觉。一个是有一种悲壮感，同时也是一种享受。因为悲壮的东西是纯精神的，你为一个你认为很神圣、很美好的事情贡献了自己的精力和努力，这个悲壮是很美好的一种东西。还有一个很遗憾的东西，就是失败感。有一个记者曾经跟我说，冯骥才，实际你做了一件坏事，很多的文化是快消亡了，但是没人注意到它，它还能在那儿苟延残喘，还存在着；你一喊，大伙都注意到了，都想拿这东西换钱，把这东西改得变了样了，这东西反而没了。比如一座房子，不管它原来挺好还是挺破，它毕竟是一个真的东西，来个人换一个好看的柱子，刷一口漆，原来的东西就没有了，被你那么一折腾，反而给折腾坏了。

有时候我想，我们只是做了我们这个时代人该做的事，我们毕竟喊出了这个时代知识分子符合科学规律的声音，这是一个知识分子应有的良心。其次，我们还是唤醒了一些人的自觉。记得有一次，我被安排到人民大会堂讲文化自觉，那天我本来是要去台湾的，可人家说你不能去，贾庆林主席听说你要来演讲，说要到现场去听。我在人民大会堂讲了以后，贾主席觉得讲得挺好，因为讲到了文化的自觉。

我认为文化自觉有四层意义：第一层属于知识分子层面，知识分子先要自觉，因为你是做文化工作的，对文化是最敏感的，你首先应该站在第一线，这是你的天职。文化疼痛了，你要先疼痛；如果文化疼痛了你还不痛，那就坏了。第二层，先觉之后，你要把它喊出来，使之逐渐成为一个国家的自觉。国家一定有高明的领导人，他们有这样的文化眼光，会使之成为一种国家的战略。第三层，要形成一个地方的自觉，地方各级政府的自觉，这样才能贯彻下去。最后，达到一个目的，就是全民的自觉，因为全民的自觉才是社会文明的最终提高。

记得有一次，我请联合国教科文组织的一个代表去日本参加一个活动，事后我表示感谢。他抬头对我说，你不应该感谢我，文化是你们的，你们不热爱，谁来也没用。我觉得他说得特别直率。最近我老想起这句话，觉得我们的问题就是我们太不在乎我们自己的文化。我们连文化人都不在乎我们自己的文化，还老说我们的文化博大精深，这是不是有点虚伪呢？知识分子在整个文化自觉里面应该有一个概念，就是文化先觉。我特别赞成习近平总书记在文艺座谈会上谈到的，知识分子应该是先觉者、先行者、先倡者。

一种先进的思想或观念，一开始只有一部分人能认识到它，大多数人认识不到，这就需要有人把这个东西提出来，这是一代知识分子的时代使命。虽然他们不可能把问题都解决，但这个时代使命总得有人去完成。就像梁思成一样，他为北京呐喊，虽然当时没解决问题，但是他的声音到今天还是有作用的。我们现在做的这个事情也是这样，是为了后人。

（原文刊载于2018年第3期《纵横》）

刘心武

刘心武，男，1942 年 6 月生，四川成都人。著名作家、红学研究家。笔名刘浏、赵壮汉等。曾任中学教师，1976 年后任北京出版社编辑、《人民文学》主编、中国作协理事等。1977 年发表短篇小说《班主任》，开“伤痕文学”先声，获首届全国优秀短篇小说奖。代表作有短篇小说《我爱每一片绿叶》，中篇小说《秦可卿之死》，长篇小说《钟鼓楼》《四牌楼》《栖凤楼》等，其中《钟鼓楼》获茅盾文学奖。2014 年推出长篇小说《飘窗》。20 世纪 90 年代后，成为《红楼梦》的积极研究者，曾在中央电视台《百家讲坛》栏目进行系列讲座，对红学在民间的普及与发展起到促进作用。还出版有《红楼梦》研究文集、散文集、理论集、儿童文学等作品。

在写实中弘扬人性之美

“激活”写实主义的一次尝试

我的长篇小说《飘窗》去年5月出版以后，颇受读者欢迎。总有人问我：你这些年不是在研究《红楼梦》吗？怎么又写起长篇小说来了？其实我研究《红楼梦》的目的，恰是为了向母语经典学习，在生活素材积累得比较丰厚时，来写长篇小说。写长篇小说，进入技术层面的时候，我觉得讲故事、设置悬念还是很重要的。我在《百家讲坛》讲《红楼梦》尝到些甜头。《百家讲坛》栏目组曾把红学会的专家几乎全都请来讲《红楼梦》，播出并且制作光盘，根据央视索福瑞的统计，收视率不高。我是在一个很偶然的机会走进《百家讲坛》的，因为要面对也许是不耐烦的、没有知识准备前提的观众，我在讲的时候注意设置悬念，开头十三讲就是揭秘秦可卿，收视率很快就上去了。我的相关书籍也是这样的特点，让读者就像读丹·布朗的推理小说一样，产生兴趣。

讲《红楼梦》时采取这样的叙述策略，现在自己写小说，更应该发挥这个长处。在《飘窗》里，我有意识地设置悬念，大悬念套入小悬念。每个出场人物都有他的故事，每个故事都有枝杈。过去我写的小说情节性也强，不是单纯的文本技巧展示，不是拼接、变形什么的，我是现实主义的文本，这种文本在20世纪80年代后逐渐衰退，受马尔克斯等外国作家作品影响，很多小说创作是从想象出发的。这种写法也好，很奇诡，使20世纪50年代的一批作家取得巨大成功。但这种文本不提供人物画廊，只是以文本的颠覆、意念的想象完成创作。后来是后现代主义，靠拼贴，时空迅速转换。这种文本我也欣赏，读了也拍案叫绝：亏他想得出来！

但我写小说还是写实主义的路数。写实主义有两个特点：一是用最笨的办法——过去叫深入生活；二是要提供丰富的人物画廊，要接触人，要有素材，要有人物库和生活细节库、语言素材库，不能完全靠想象，这是一度被人嘲笑的写法。我从那个时代过来，一直钟情于这种写法。现在有些作家的全部素材来自阅读，更多来自想象中。

我是20世纪40年代出生的作家，我尝试写作的时候，拉美魔幻文学还没产生，我受写实主义影响比较深。中国古典四大名著里也有魔幻的成分，但总体上基本还是写实的。我青年时代对引进的作品也是欣喜若狂，外国文学读了很多，巴尔扎克、托尔斯泰、契诃夫等写实主义的作品对我影响很大。我的阅读史和写作史跟20世纪50年代出生的作家都不一样。他们是纯洁的写作史，从改革开放后才开始写作。

我于1958年发表出第一篇文章，在“文革”前我陆续发表过约70篇小文章。“文革”刚结束时，被打倒的老作家还没解放出来，知青作家还在为返城而努力，那时我是出版社的编辑，能够写作，就写出了《班主任》。其实“文革”后期我就开始发表作品并且出版了《睁大你的眼睛》那样单本的书。

《飘窗》是写实的作品。但书中人物的名字像《红楼梦》一样，也有很多隐喻。为人物取名我掌握两个原则，一是生活化，非常真实，尽量不重样；二是多少有些寓意。比如薛去疾坎坷一生，老想把这些“疾”去掉。我的人物库分几类，一类是深入接触的，像卖水果的顺顺，我去过原型他们租的房子，也吃过他们做的蒸包。这是比较深入的交往，了解他们的生命前史和现在的生存困境；一类是观察，小说中的报告文学作家、台商、回国经商的华人，也都是有原型的，所有这些原型不可能直接挪用到小说中来，会有变化；一类是比较难以真正深入的，像麻爷，写的时候想象的成分多一些。

小说横扫了社会众生相，包括退休工程师、歌厅小姐、保镖、票贩子、论文枪手、黑社会、极左分子、创业青年。有评论说这是一部特别接地气的作品，包罗社会万象。这部作品篇幅不大，但是动用了我 20 来年的生活积累。

我的写作，一是扎扎实实接触人，接触生活，过去的写实主义作家都是这么做。20 世纪 80 年代初我是北京文联的作家，那时的专业作家队伍充满名家，老前辈有萧军、骆宾基、端木蕻良、雷加、阮章竞、管桦等，新中国成立后成名的一批作家有杨沫、浩然等。这些资深作家都主张深入生活。他们对我有一定的影响和感染。骆宾基就说，即使是写一个山区收购站，那人物都得有原型，提及的山区药材都要有根有据。当然从生活到艺术有升华，不能对号入座。有人说《青春之歌》里的“余永泽”就是张中行，这只是调侃的说法。

但是这些小说后来遇到了困境，一是干预生活、干预现实，这就变得敏感；二是改革开放以后，年轻人的写作就像有“疯狗”（即现代派）追着，不现代派就被视为落伍。当然作家“疯跑”也“跑”出了很好的文本，也有的被世界公认。近 30 年过去了，我认为一些现实主义写法到了该“激活”的时候。

我认为现实主义回归恰逢其时。讲完《红楼梦》之后，有很多年轻的读者追着读我的作品。我的助手从网上把看到的贴吧里的帖子，以及涉及我的微博，下载给我看，从评论的语气可以看出，有相当多的“80 后”“90 后”读者：“耶，刘心武原来是老头耶，还写小说耶！”他们就查到我有“三楼系列”(《钟鼓楼》《四牌楼》《栖凤楼》)，评价说写得好看，尤其是《钟鼓楼》。

我觉得《飘窗》是“激活”写实主义的一次尝试。我不是故步自封。写《钟鼓楼》时已经和杨沫他们不一样了，是橘瓣式的结构，在文本上，我有一些自己的巧思，开始注重悬念。《飘窗》是强悬念的文本，有新的元素，语言上追求海明威式的简洁。我不搞语言“瀑布”，不造文字“摩天楼”，有时完全用对话推进情节，也不回避性的因素，这在以往的现实主义一度是禁忌。我有突破意图，不是无形中一不小心的突破，而是构造文本时主观的突破。

《飘窗》写得非常愉快，没有任何写不下去的苦恼。我的心智健全，只是年龄大了，有做体力活的感觉。过去一天写一万字，现在一天几百字，有疲劳感。这也是控制文本字数的一个原因。

这部小说，我觉得某种深刻性在于，解构了庙堂和江湖二元对立的说法。看完之后读者会想，薛去疾这个“疾”究竟去没去？作品中最让人绝望的，是薛去疾对麻爷的一跪。这一跪，使庞奇的崇拜彻底粉碎，动摇了信仰或信念。有记者问我：这里的绝望，是不是也是您的绝望？庞奇最后要杀死薛去疾，是否别有寓意？叙述者往往要提醒读者，不能从大概念理解人物——每个角色都是独特的“这一个”。庞奇本来是和文化有隔阂的，薛去疾对他有启蒙影响，而且是西方古典的人文思想的影响。但是小说最后，庞奇要杀薛去疾，这是启蒙的困境，更是启蒙的悲剧。我的作品不是否定这些，而是体现这些。

另外有一个始终在所有人背后的角色，就是资本。资本无处不在。薛去疾为什么下跪？所有的生命被罗织在资本之下了。这是全球问题。我们怎么办？中国的反腐，西方欧盟的困境、经济的衰弱，这里有资本运作的艰难。薛去疾跪的不是麻爷，而是笼罩全球的困境。麻爷只是资本的工具。

《飘窗》整个文本，采取《红楼梦》的写法，所谓地域邦国朝代纪年皆失落无考，小说中一概没有具体的年代，但能感觉到是当代故事。叙述者本身有意不凸显年代标记；二是几乎没有真实的地名出现，就是大都会。

我是写小说的人，说到大胆，无非是小说叙述文本大胆——也不是胆大胆小的问题，我就是观察者、叙述者，是讲故事的人。所谓“大胆”，是驾驭的时候没有犹豫，只是中性叙述。我对书中人物夏家骏有些调侃，何司令是好人坏人，我在叙述上没有任何否定，没有讥讽。我是中性叙述，没有引导读者。我希望大家读了以后体味一些东西，体味多少算多少。一是每个人都有困境，我在写他们的生存困境。以探索人性的文本，写人性的复杂和脆弱，这是很具有悲剧性的。我以为这才是文学的功能。有一种观念认为，所有人都应该投入政治，作家应该是公知，这种期望我能理解，但是不能勉强。

文学书写人生

《飘窗》之前，我的一个写实的长篇小说是《栖凤楼》，已经是近20年的事情了。我从1959年写小小说，发表在《北京晚报》“五色土”副刊，现在也还经常写一些小小说，在《新民晚报》“夜光杯”发表，有的被收入课本。2012年天津地区的高考语文题是我的小小说《掐辫子》，占了20分，我试着做了一下，得不到满分。现在考学生很大程度上是考察思维方式是否敏锐。写小小说是一种享受。我很珍爱这种享受，每年写几篇，都取自真实的素材。有人觉得，写这些成不了文豪。有亲友很真诚地劝我，到晚年了，再多出几个大部头多好。

写作是一种享受，我的人生目标不定位于文豪。我是一个被冷落的边缘化的人，中心意识非常淡薄。我给自己的定位非常准确。我没有什么焦虑，没有创作任务，这么多年不写也没关系，我不是专业作家。写作变得纯粹，成为生命的乐趣，使我能获得有尊严的生活。我从小喜欢写作，一路写来，小有坎坷。我目前也不是专业作家，坚持下来了，我为自己高兴。不需要专业作家的头衔，也不需要待遇，报纸或传媒不看你身份。2012年江苏人民出版社出版了《刘心武文存》，共40卷1000万字，从1958年第一篇文章收到2010年底，2012年我又出了《人生有信》，2013年出了《空间感》。

我经常会回过头来看自己的作品，像看自己孩子似的，很亲切，不是为了修订或挑毛病。当然，我在《钟鼓楼》里发现过错字，再版时改掉。

《钟鼓楼》是我的第一部长篇。1980年中国作协召开长篇小说座谈会，茅盾说，我们的中短篇都有了，文化要发展，要尝试长篇创作。他问：“刘心武来了吗？”我站起来，茅盾对我微笑着点点头。他鼓励我写长篇，对我来说是很大的激励。后来他宣布拿出全部稿费设立基金。我想，我一定要争取得到茅盾文学奖。

我是从北京出版社出来的，《钟鼓楼》完成后，自然要给北京出版社的《十月》先发，这是不消说的。一个副主编说，因为刊物提前组稿，排满了，只能1984年最后一期发上半部，1985年第一期发下半部。这样就错过了评茅盾文学奖的时间。我找了《当代》杂志的章仲锷，他答应撤掉当期的小说，马上安排在1984年内全部刊出。结果第二年评第二届茅盾文学奖，我就被评上了。茅盾对《班主任》特别肯定，亲自给我颁奖。《钟鼓楼》获奖后，是在北京国际俱乐部举行的颁奖仪式，茅盾那时已经去世。有人说我“名利熏心”，我没否认，当时得茅盾文学奖的确是很大的荣耀，可谓名利双收。更重要的是，茅盾本人和我四目相对，给过我激励。

第二届茅盾文学奖，第一名是李准的《黄河东流去》，第二名是张洁的《沉重的翅膀》，第三名是我的《钟鼓楼》。李准全票，张洁少一票，我少两票。结果颁奖的时候，李准病了，张洁有个人的事情，只有我一个人出席。这是一场别开生面的颁奖仪式。颁奖的时候，当时北京市分管文教的副市长上台讲话，他手里拿着一份《文摘报》，上面刚摘了我的《公共汽车咏叹调》，他很兴奋地说个没完，并且念起了《公共汽车咏叹调》。

《钟鼓楼》是在什么情况下写出来的呢？20世纪80年代初，北京市文联要作家上报深入生活的计划。我报了去隆福寺商场体验生活。有人批评，说老作家还去农村深入生活，为什么刘心武不去？王蒙当时是北京文联作协副主席，王蒙说农村需要有人写，城市生活也要有人去写。后来我写出了《钟鼓楼》，素材大都来自那儿的采访。我的兴奋点在这里。我没有在农村长期生活过，农村题材跟我的生命体验难以衔接。这部作品为北京风情作了记录，传达了来自底层的温暖，表达了人性真善美的一面。

我非常后悔，由于非常羞涩，没有去拜访茅盾。茅盾是一个严格的写实主义作家。他甚至认为非写实主义是不对的。茅盾倡导革命现实主义，他有一本书，《夜读偶记》，梳理文学史的脉络，认为是写实和非写实的斗争。

上《百家讲坛》、出《刘心武揭秘〈红楼梦〉》的书，带来很多争议。尤其是续写《红楼梦》。揭秘《红楼梦》就引起议论了，但喜欢的很多。续书说好的不多，彻底否定的不少。我很坦然，我做了一件我喜欢的事，销售也很成功。苏联的一位戏剧家梅耶荷德的定律就是，所有人说你好是彻底失败；所有人说你坏，那你可能还有些自己的特点；如果有的人非常喜欢，而另一些人恨不得把你撕成两半，那就是真正的成功。我的解读《红楼梦》就符合这个定律。

我还从事建筑评论的写作。王明贤主持中国十大地标的评选，邀我作评委，我接受了。我出版过《我眼中的建筑和环境》《材质之美》，我的评论能从城市规划、设计风格一直谈到建筑材料的问题。当年我曾和高中同学马国馨一块画水彩，他后来顺利考上清华大学建筑系，成为吴良镛的学生，现在是中国工程院院士。

我的写作开始得很早。16 岁时，我在雪片般的退稿信中，终于发现一张用稿通知单。这一年，我的一篇文章在《读书》杂志刊登了，题目是《谈〈第四十一〉》。很快接到编辑部来信，大意是大文刊出，表示感谢。他们以为我是老学究，没想到是一个高中生。但是我的写作走过弯路，直到写出《班主任》，才算摸上正道。

总有人问我:《班主任》还有生命力吗？我认为，作品生命力是指有一代代读者来读。我的作品发表，一开始是同年代人读，有的现在还源源不断印下去。《班主任》给我带来了名利。《剑桥中国史》从先秦一直写到“文革”结束，写到改革开放，关于我的内容有一页半，其中包括《班主任》《我爱每一片绿叶》。也有一些中国人或外国人写史，对《班主任》不以为然，放在次要位置。名利是一把双刃剑，使你处在“风险”中。“风险”是指成为一个符码后，有些人从政治上为了解决问题，首先冲着符码而来。

《班主任》的深刻在于，“文革”切断了和四种文化的联系：中国古典文化、中国现代文学、当代文学，外国文学。打蛇打七寸，《班主任》重新把这四种文化接续了下去。茅盾喜欢我不是偶然的。很多人认为伤痕文学就是哭哭啼啼，其实《班主任》里没有眼泪，获取了最大公约数。《飘窗》也试图打“七寸”，但不够厚重。我是有能力厚重的，但没有刻意去厚重。

《班主任》得到了那时主流文艺批评家的一致肯定，但是我的第一个中篇小说《如意》却并不“如意”。后来我从《我爱每一片绿叶》《如意》《立体交叉桥》转移了文学的落点。《班主任》的诉求我还在坚持，但那种写法需要改进。从那以后我就确认文学是写人性的，要展示人的生存困境，弘扬人道主义，没有任何事情可以使我停笔。我所舍弃的都是可有可无的，一些名分、待遇与我无关，关键是不可剥夺我写作发表的权利。

我不存在没的可写的问题。我只是觉得，力气没那么大了，写不动了，有这种惶恐。我的心态好，基本达到与世无争。《飘窗》中夏家骏追求副部级，我能理解。我用不着焦虑，他们要的是什么？住房？我通过自己的努力及时买到了空间；待遇？我从来也不在乎级别待遇。大家都享受医保挺好的，一些与名位相关的小乐趣我不追求。

我还有创造力，我的各种书还在一印再印，尤其关于《红楼梦》系列的作品特别畅销。我被市场认可，这是多大的乐子！我去复旦大学讲课，二三百人的大厅坐满了人，还有人挤在门边站着听。我有这自信：我的生命价值，不用津贴和头衔证明。这也是我长期埋头创作积累出的效果。

（此文发表在 2015 年 3 月 30 日《人民政协报》）

中西文化撞击与作家的选择

一、在泛西方文化的大撞击当中，我们怎么办?

现在是世界文化走向中国，而不是中国文化走向世界。西方人对中国当代文坛的了解非常之少。最近我们有几个中青年作家到联邦德国参加一个学术讨论会，双方发生了重大的撞击。我们的作家去就谈意象，说我们现在有非常好的小说，我们的小说有相当的古文化意识，有道，有意象等。你们不要老觉得我们只有写改革、农村变革这类作品，我们的作品达到了相当的水平，跟你们最先进的作家，比如说戈拉斯写得一样好。对方对此一点兴趣都没有。你谈意象，那么好，据我们知道，意象这个词在中国可信的古籍中共出现 2138 次，国际上早在 1960 年就有定论，归纳为七种解释，请问你讲的意象是出于哪一种国际公认的前提? 我们的发言者茫然，并不知道。这么对话是没有用的。泛西方文化不那么容易接纳你，他很希望你保持和他的区别，包括你政治上、意识形态上的区别，往往当他发现你不体现跟他们的区别，而去拼命地跟他们靠近时，他感到厌恶。泛西方文化，一方面对中国文化是厌恶的；另一方面，如果你真正有什么变化的话，他比你还惶恐。他有一种失落感，觉得自己的存在价值受到了威胁。这是很古怪的心态。在这样的情况下，出现了双向逆反现象。中国要搞工业化，西方已进入后工业化社会。我们必然要门户开放，西方文化就要来堂而皇之地撞击我们，因此，在我们的心态上就可能会产生一种向泛西方文化认同的心理趋向。这是当前地球上的一种心理运动，很多第三世界国家，他们的年青一代都是这样一个心理走向。西方由于后工业化社会以后，西方文化走向小型多样，没有凝聚力了，权威没有了。人们面临新的困惑，他们需要一种东西，所以目光反而朝向东方神秘主义。《老子》《易经》禅学非常盛行。他们一部分人扑向东方，狂热地要到中国访问，朝拜名山大刹，要跟中国学者谈道，谈易，参禅悟道。而现在中国有一部分人风浪式地扑向泛西方文化，沉浸在泛西方文化的气氛中，觉得自己就是泛西方文化的人物。

我认为现在要解决一个心理问题，即是怎样在西方文化的撞击中找到自己的位置。我个人认为你完全去向泛西方文化认同，作为个人的一种生活态度，是不应该遭到非议的。今天，你向泛西方文化认同，但你要尊重其他各种各样的选择，比如说冯友兰先生和梁漱溟先生的选择，他们提出新儒学，不要一听他们的提法就火冒三丈，觉得他们老朽。他们从他们的生活道路中，从他们所目睹的中国社会的变革当中，产生了这种想法，我绝不是说他们的这种想法就对，但是务必认真对待。他们认为中国的出路不可能是一条全盘西化的道路，所以他们提出要重建中国的儒家文明。像李泽厚这样崭新的人物，也提出西学为体、中学为用的主张。对这些主张都应该尊重。在东西文化的大撞击当中，清楚地了解东西文化的重大差别，清楚地意识到自己作为一个中国人目前的状况和处境，从而做出你自己独立的判断和选择，是非常要紧的事。地球村意识出现以后，人类家族的交往是很正常的事，但是整个民族要进入西方文化，这恐怕是很困难的事情。作为一个中国作家，不要关起门窗，不问外面。现在有很好的机会，整个世界开放了，西方文化扑进来了，这是好事情，为我们提供了了解世界、了解西方文化的极好的、巨大的机会。但是它也潜伏着巨大的危险，就是我们容易忘记自己的位置。我作为一个中国作家，为什么西德邀请我去访问？并不是因为我像一个西方人，或者我的思维方式像西方人，也不是因为我可以跟他们谈歌德、席勒，可以跟他们谈西方哲学，或者我的作品中渗透着西方哲学意识，如果这样，他们就不会请我。就因为我是一个中国人，我是属于中国新时期文学的一个角色，我去了以后可以告诉他们中国的文学界发生了一些什么事，我们所弄的这些东西跟他们有什么区别。在泛西方文化的大撞击当中，我们怎么办？每个人都可以进行选择，找到自己的位置。

二、要学会宽容，学会相处

来川前我去过湖南，湖南作家群可以列一个长长的名单，总体力量当然比在座的要强，我这不是贬低四川作家的意思。韩少功、何立伟、叶蔚林、古华、莫应丰、孙建中、蒋子丹等，这些人都上过《人民文学》，而且不少人都上过头条，很多人都得过奖。他们中间的不少人既有理论又有实践，比如说韩少功，他提出寻根，他有实践，拿出过硬的、体现他自己主张的作品，如《爸爸爸》《女女女》。我跟他们接触是做好思想准备的。这些年轻人对泛西方文化很了解。我估计他们是狂焰万丈。我是夹着尾巴进长沙的。结果没想到，他们对我真是非常友好。这种友好不是一般的友好，并不是说他们觉得我高明，比他们强，恰恰有时候觉得我不高明，他们痛切地感到我跟他们的区别是那样的大，但他们非常愿意理解我。他们对我比较满意就在于发现我也非常愿意理解他们。我们在宾馆几乎是坐谈通宵。交谈双方的目的不是为了认同，我不是说假话，虚伪地认同“寻根”。他们那个群体体现出一种宽容精神，比较豁达。韩少功最近写的文章多次表明，他没有排他性。他们那个群体素质比较好，非常自觉地凝聚在一起。他们互相之间也是非常宽容的。他们互相之间也有很多区别。他们之所以处得好，就在于他们很宽容。你走在前面，你名声比我大，你得了奖，我也没有浮躁的情绪。你走在后面，暂时影响没我大，我决不排挤你。他们互相之间的关系非常值得羡慕。我觉得他们这个群体是很有希望的。在当今世界上，越懂得不能以自己标准，越懂得在选择了自己的位置以后，也要给别人留下座席，生存力就越强。

我在谈当代意识时讲过地球村意识，我讲的地球村意识是指地球变小了，人们的社会性也相应变小，跟不同观点、不同文化背景的人离得更近了，因此要学会宽容，学会共存，学会相处。我指的是这样一种认识，更多的是人际间的这种认识。这几年，我们国家开放后，新的思潮激荡。我是一个战战兢兢的作者，随时随地处在危机感当中，所以我要不断调整我跟周围世界的关系。西方文化不断撞击，文学潮流风起云涌，浪花激荡，我要不断调整，取得一种心理平衡，懂得这个世界不只是为我存在的，也不是只为与我观点一致的人而存在的。不是为我这样一种文学主张而存在的。地球村意识派生的一种最宝贵的当代人的情绪就是宽容。坦率地说，现在有些比我年轻的兄弟，他们在文学当中，妨碍他们视野更开阔，心胸更博大，感情更深沉的一个最主要的原因是缺乏宽容。我一点不反对自信，自信是很宝贵的东西，但是一定要宽容。

三、巨大的空缺与巨大的机会

现在《人民文学》稿件来源上有巨大的空缺，谁捕捉到这个空缺，而且你又很适合补这个空缺，你补上了，这就是巨大的机会。一方面现在文学走向多样化；另一方面就我们《人民文学》来说，目前的状况是，新潮先锋派的作品供大于求。用不着你外地供稿子，北京的很有才能的中青年作家的稿子就堆积如山，他借鉴西方的东西确实达到了圆熟的地步，有的虽然有一些模仿的痕迹。因此，你往这条路上挤，就存在着一些问题，你本身具不具备这种素质？你具不具备竞争性？这条路比较窄，不好往上挤。我们要发新潮的作品就选其他的发。现在寻根的稿子也非常多，纷纷都表示发现本地的地域文化，有的稿子确实写得不错，本刊也准备再发一点，这不是缺门。现在缺的就是贴近现实的、土得掉渣的作品。你自己不愿意搞，这绝不强求，但也许你自己恰恰适合搞这种东西。我不是说大家都来填补我们的空白，不是这个意思。有的作家明明很适合写这种东西，很适合走这条路子，但他没有走这条路。

另一个缺门，就是文学观念非常新，确实不跟任何人雷同的作品。你搞地域文化，韩少功早已提出来了，李杭育他们已经搞了。你搞嬉皮士，对不起，徐星已经搞了嬉皮士。你要创新就要新到我们确实没见过、前锋文学的真正锋尖，这是大缺门。如果你有，那我们马上发。总之，我们支持文学探索，支持前锋文学。

再有，纪实性的作品也是个缺门。到目前为止，就是我自己搞了3篇，最近蒋子龙发了1篇。如果说要向泛西方文化汲取营养的话，泛西方文化中有一个已经持续了起码有二十几年的很重要的潮流，就是超现实主义。在我国，首先在造型艺术上出现。罗中立的《父亲》不是现实主义作品，而是超现实主义作品，他所追求的不是真实而是逼真。国内现在有些人开始朝这方面努力，比如我本人、张辛欣、刘亚洲，还有一些其他的人，或朦胧或清醒地认识到超现实主义这种纪实潮流是世界性的文化潮流。从读者审美趣味来说，这是一种普遍的审美心理。现在人们希望进入唯美的境界，得到美的享受。意思就是我要知道真相，这是全世界性的越来越高涨的社会心理。超现实主义，越过真实达到逼真的作品甚嚣尘上，中国现在是方兴未艾。《人民文学》已经带了头，但现在缺这种稿子。张辛欣的《北京人》明明是脱胎于《美国梦寻》，但仍然受欢迎，为什么？文学上的这种移植甚至于模仿，为什么有时候并不让人讨厌？因为普遍社会审美心理当中有这种审美意识的储留，他需要这个东西，这么缺的时候，即使是模仿的他也要。冯骥才现在就意识到这一点，他宣布他要写“文革”当中的100个人，转向纪实。现在有许多读者给我们刊物来信，要求继续发纪实性的作品，但是稿子没有。这是一个公开的大缺门。当然并不是每个人都有兴趣，也不是每个人都能写好的，但这确实是一个巨大的机会。希望有这方面兴趣的同志，大力支持我们。

（此文系作者1986年9月在眉山短篇小说研讨会上的发言）

我的城市文化酷评

“您觉得‘大鸟巢’好不好看？”一位大学生问我。

“大鸟巢”指的是现在已经破土动工的2008年奥运会中心运动场，相信人们都从传媒上看到过它的设计效果图。这位大学生知道我涉足建筑评论，所以想听听我的看法。

我对提问的大学生说：“好不好看，也就是视觉享受，只是一般人评判一个建筑物的起点，有的人对建筑物的评判总停留在这起点上，再迈不出新步，更上不了层楼，起点也就成了终点，这个建筑好看，那个建筑难看，评来判去，意思不大。其实，评判一个建筑物，视觉固然首当其冲，但建筑物应该取悦于我们的，主要是其功能性，也就是好不好用，以人为本来评判建筑，那就应该从其对人的眼、耳、鼻、身、心等的感受全方位来展开探究。拿‘大鸟巢’来说，对其鸟瞰、远观以及置身其中的视觉感受只是一个层面，而且是一个比较肤浅的层面，我们务必要再提升几个层面来评判它，比如，当一个观众活动在其中时，他的身体与整个运动场的那些空间的比例感受如何？这种‘比例感受’在大型公众共享空间里，对于进入者是非常重要的，如果普遍觉得‘比例失当’，让个体生命的身心觉得狭促，或觉得空间过大从而产生不安全感乃至恐怖，那样的设计就应该视为失败。除了这些层面以外，因为建筑从艺术构思到总体设计再进入到技术方面的落实与工程的推进，那涉及的方方面面可就太多了，其中材料的选择、运用就是一个万不能忽略的方面。何况，建筑与自然的关系，与周边已有或将有建筑的关系，也就是环境配置方面的问题，还有，单个建筑与建筑群的关系，与道路桥梁的搭配，扩大来谈，也就牵扯到城市规划问题，而且建筑特别是大型的公共建筑，里面包含的社会学、心理学等方面的问题更复杂而深刻，像业主与建筑师的关系，设计师与工程师的关系，而归里包齐，还有一个跃升至形而上层面的问题，就是建筑理念、建筑哲学、建筑美学、建筑人类学等方面的探讨。所以，希望我们今后谈论建筑时，可以从'好不好看'入题，但绝不能停留在此踏步，一定要从这个起点辐射出去、提升几个层面，才能有较多的收获。我现在写的一些建筑评论，其实已经不是只涉及建筑，应该说是系列的城市文化批评。"

"嗬，您可真够酷的！"大学生笑着揶揄我。

我的文风，有人认为是比较温柔敦厚的，思考问题往往能尽可能多照顾几个方面，立论避免绝对化，多元、宽容的主张贯穿在字里行间，因此我的建筑评论与城市文化探讨，似乎也就很难说是酷评。其实，这些年来"酷"的流行，是从西方引进的，按我的理解，英文 cool 的原意是凉爽，后来转意为一种冷的美态，比如走猫步的服装模特，大概是为了主要以身上的时装引人，面部表情永远保持在一种冷然的状态，但人们追求时髦的结果，是不但欣赏那些时装，也欣赏那模特的冷美，后来也不仅服装模特，大凡新潮的消费文化，都推出冷美式的风格，这风格的内涵渐次增多，冷美而冷傲，冷傲而"冷眼察世""冷语臧否"，传到中国，文坛上出现所谓"酷评"，多以刻薄、不留情面为其特色。我以为中国的"酷评"，把"酷"的内涵限定得太狭隘了。其实宽泛意义的酷评并不一定是一味地刻薄，以羞倒对方为能事。我的这些评论，切入点相当时髦，冷眼旁观，绵里藏针，坚持个性己见，努力提升层次，从形而下到形而上，游刃不敢自称有余，但相信读者读来能有快刀切肉的感受。当然，因为毕竟只是个这方面的"票友"，外行话总不可免，而且"站着说话不腰痛"，我恳请所有读者特别是建筑界人士多多指正。

1998 年中国建筑工业出版社出版了我一本《我眼中的建筑与环境》，至 2001 年已印了四次。2004 年另一家中国建材工业出版社又将推出我的《材质之美——刘心武城市文化酷评》，这本书里所收入的，是与那本全然不重复的近几年的新文章。我之所以大言不惭，敢说自己的这些文章是建筑评论，是城市文化批评，而且是更上层楼的酷评，说老实话，那心理动机，一是自问也问人：我们究竟还要把自我收敛当作“谦逊谨慎”来相互约束到几时？反正我是不想再自轻自敛以求一声“乖乖”的夸奖了。二呢，这是更重要的，我想现在的新建筑真如雨后春笋，城市的扩张也真如墨泼宣纸，但我们非广告推销非宣传报道也非说古论旧的，针对时下、直面现状的，非派领任务而是独立发言的建筑评论和城市文化批评，不是稀少得很甚至是缺席状态吗？这几年我算是持续地进行独立发言的一个，我抛出这些砖石，确实意在引出天女散花般的块块美玉。我的这一企盼，一定不会落空！

（此文发表在 2004 年 4 月号《中国地产市场》）

以和平渐进的方式提升世界

以对话形式著书立说，中外文化史上都不乏先例。然而到这个世纪之末，有一种新的文化气象，就是对话式著述不再仅是圣贤立言的专利，这种方式逐步民间化、平民化了；中国大陆进入90年代以后，仅文学一界，便不仅报刊上频频出现对话式文章，对话录的出版，也引出了出版界的兴趣；而面对图书市场的出版者们之所以有这样的兴趣，除了意在为一个时代的文化发展留下痕迹外，当然也是对会有相当数量的读者来充当对话录的文化消费者，抱有并非虚妄的信心。漓江出版社前些时推出《王蒙、王干对话录》，不长的时间便进行再版；现在他们又支持我们，继“二王”对话录后，再推出这“二武”对话录，看样子他们还可能陆续推出可构成系列的对话录，我们除了感激他们的容纳外，也非常佩服他们的胆识和魄力。

我出生于1942年，颐武出生于1962年，我们应该说已属于两代人了，我们之间在人生体验、性格特征、心理结构、教育训练、美学取向和参与当前文化实践的方式上，都存在着很大差异；此前我们来往也不多；这或许恰是我们乐于坐下来作一次涉及面广泛并尽可能深入探究的对话的原动力。在这个社会生活的各个方面，特别是文化又尤其是文学，开始呈现出明显的多元分流趋向的转型期中，各元之间，已站定一元或正在选择甚至创建新元的文化人之间，当然不可避免会摩擦甚或碰撞，因此元间对话便成为非常必要的事了，这不仅可以促进各元的良性定位，更可能使各异趣乃至异质的元得以尽可能在切磋争论中互补互济，整合为一种有利于世道人心和社会进步的新的文化景观。

这本书的外在形式是我们两个人的对话，而其实质又是在参与当前文化界特别是文学界的热点讨论。因此，这“对话”的含义不是单一的而是多向面的。在对话中，我们发现各自从独立的经验与思考出发，都对从 1995 年在文学界凸显出来的一些浮躁与焦虑的论说，如判定当下“中国作家正领导中国人民走向堕落”，以及尝试发动“抵抗投降”的“圣战”，也就是从立论开始进入实际操作，欲拿文化界特别是文学界又特别是某些作家开刀，以此一揽子解决当下中国社会所存在的问题。这样一种苗头与态势，不能苟同并深感忧虑；因此我们针对这种我们称之为文化冒险的现象，直言不讳，并且相当尖锐地发出了我们的反对声音。我们的这种共识与共鸣并非事先所规定，而是在交谈过程里逐步形成的。值得特别提出的是，某些持文化冒险立场的人，他们推出来作为旗帜与楷模的作家本身，其实或仅仅是在其著述言论中表达一种属于其个人的认知与皈依，并不一定是要推及他人和整个社会，或总体而言并非推崇他们的人所诠释的那样，给他们所贴的标签或所引申出的东西，多属于有意无意的误读。对此我们是心中有数的。我们力图在评议中将二者区分开来；但有的作家的著作确也给持文化冒险立场的人提供了可使用资源，我们便不得不在对话中与这些作家的某些论点迎面碰撞。当然，我们不仅并不以为我们的想法一定正确，我们还真挚地期待着所涉及者，以及所有读到这本书的人，对我们的论说提出批评，以期能引出更深入的讨论与思索。

正当我们整理这部书稿的过程中，发生了以色列总理拉宾被刺杀的事件。这一惨剧的最令人震惊之处，在于经过精心策划、冲上前去将拉宾刺杀的，并非以色列的对立面巴勒斯坦的恐怖分子，而是一位地地道道的以色列犹太青年，一位高等学府的法律系学生；他把对原有的对外敌的仇恨，转化到对自己营垒中主张以和平方式解决争端的人身上，并以暴烈的恐怖行为，不是把枪口对准外敌，而是索性以国际禁用的达姆弹，来“实地解决”掉自己营垒中与自己想法做法不同的人。这一思路和做法本身，作为一种政治、社会的文化现象、心理现象，实在值得进行学理性研究。我以为这其中积淀着20世纪人类的大苦闷。20世纪里的各种理想，似乎都未能如愿以偿。“阿芙乐尔”的一声炮响过后，曾开出了多么艳丽并且硕大的理想之花。万没想到“苏东波”过后，却出现了目前呈现于我们面前的怪局；而那些曾经不惜以“地毯式轰炸”的“特种战争”，扑灭其视为绝不能任其“蔓延”的主义的纯西方价值理想观的坚守者，他们现在也不得不眼睁睁看着美国政府与那里的当局改善关系；并且，那被“卷毯式轰炸”过的地方，也在自我发生着很大的变化；至于我们中国大陆近20年来的变化，不要说对于旁观者来说往往目瞪口呆，就是置身其中的我们，又有几位敢说已获得了充分的诠释权？可以说，到这下一个世纪即将来临的前夜，人类中的各种理想主义者，包括同一理想范畴之内的左右两翼与各个分支派别，谁都不会非常满意。并且，越来越多的人意识到，以一己的理想统一人类实在非常困难，尤其是在实践理想的过程之中，不得不更多地与异己的理想持有者从战场转到谈判桌边，并痛苦地认识到，适度地妥协并非投降，在经济领域和资讯交流中实行国际合作实不可免……也许，人类社会本应尽可能容纳各种不同的宗教信仰，各种不同的政治、社会理想；在精神领域中，文化活动，尤其是文学艺术的实践中，美学理想更不必也更不可能划一。

我们其实也是在困惑的大苦闷中来进行这个对话的。我们只对必欲杀灭其他各元的那一元持严厉的批评态度。我们企盼“后世纪”尽可能减少你死我活的暴力冲突，而能是一个多元并存，并以和平渐进的方式提升的世界。

（此文发表在1996年第1期《文学自由谈》）

对话刘心武：知识分子位置的再寻求

刘心武　张颐武

张颐武：去年夏天，我在南京参加了一个会，会上的议题很多。但有趣的是一位美术批评家坚持认为艺术就是贵族的，和大众完全是两回事，只有像他这样的人才懂艺术。有人谈及电视这样的媒体给文化带来的改变时，他说这些“垃圾”根本不值得讨论。这种心态还是很引人注目的。我想它涉及了我们如何看待世界和我们自身的大问题。在这里英国文化研究的创始人雷蒙德·威廉斯的思想和行为还是值得我们借鉴的。这位“文化研究”的创始人毕其一生之功投入了“大众文化”的探索与研究之中，他始终批判那种简单的高雅/通俗文化的二分法，他也认为这种对于“高雅”的简单的辩护其实是为了保护旧的文化特权。所以他强调的是一种沟通与交流中的“承担”的意识，强调知识分子必须把“文化”看成一种普通之事，一种可以共享之物。这位出身工人、一生孜孜不倦地探索通俗文化的哲人对于文化和普通人的这种趋势的关怀的确是意味深长的。我们恐怕还是要以文学和文化来造一座“桥”，让人们和我们有沟通和交流，而不是要铸一座墙，让人们和我们分开。也不是要训导别人必须模仿我们的样子生活，把他们用墙禁锢起来。这里的选择的挑战还是相当尖锐的。这也是知识分子陷在启蒙时代的全知全能的“立法者”的旧的角色中沉迷和陶醉，还是寻找一个新角色的问题。

刘心武：我觉得我们要关心个体与群体、群体与群体之间的关系。我近来的一些作为受到了很多的指责。我90年代以来在报纸上开设了专栏，写了不少为一些人激烈批评的随笔。这些人认定这些随笔散文乃是“泡沫文学”，认为是速朽之作。我承认我这一段时间确实写了不少这样的散文随笔，当然我的小说写作也还是很多的。有长篇《四牌楼》和《风过耳》，还有中短篇小说等，像《四牌楼》还得了上海的一个相当大的文学奖，也还有改编成电视剧的作品。这些小说创作倒没有引起批评，反而有不少好评。但这些报刊随笔受到的指责很多，什么“泡沫文学”“大花猫文学”之类的说法，也还有“我的……”等。这样一些趋势和倾向很值得我们关注。这些论者的意见在我看来，实际上是想厉行文化烧荒，一律种植他们认为好的“植物”。把社会中本来管理较少的部分也纳入强有力的统一管理之中，一些已开始活跃起来的社会空间，这些人非要把它收回去，欲用极其严厉的办法统一起来，或吁请管起来。与这些吁请和呼唤的愿望相反，却是民间的社会空间的迅速的展拓，雨后春笋般地出现了许多新的事物新的需求。像许多同乡会、同学会的邀请开始越来越多，但这些东西也不是很明确地由哪个政府部门出面搞的，而是主要依赖民间的力量自己搞起来的，是横向的社会联系开始丰富了。像有一些演出、研讨会，也不是什么机关单位组织的，有的甚至说是几个人凑起来，一件事就办成了。像这样的情况正是说明社会的公共空间开始出现了。我最近的这些散文随笔也无非是对于这个公共空间的开拓，对社会的多元发展进行一些吁请和呼唤。我认为我的这些看起来没有那些人想要的治国安邦的大话的散文，也仍然有它不可替代的作用。这是对一元的、排斥其他元的单一的声音的反拨，它提供了一种人和人如何比较和谐相处的表述，它也起到了一些文化和社会的作用。让那些普通人从中获得某些启迪是非常值得的。我一点也不后悔写了这些东西，它们有一些可能是速朽的，随着时代的发展可能会湮没，但却有某些篇章有可能会留下来。历史上从蒙田的随笔到鲁迅的“花边文学”，最后都获得了独立的价值，起到了很大的作用。所以目前这个时代是非常有意思的，这种报刊随笔热一方面适应了社会的需求，适应了人们对于某种特殊的文化的选择，所以一下子兴旺起来了。它有一定的世俗性的因素，这我们也不必否认。但我觉得我写的这些随笔是一种对话，而不是迎合，是与人们对话，和迎合他们的趣味是两回事。

但目前一种要以“清洁”清扫社会的思潮和欲求一下子兴旺起来了。它拒绝和人们沟通。要把一切世俗的欢乐扫掉，打掉。这我看是危害性相当大的一种思路。它会制造社会的一种紧张和敌意，它也打“启蒙”的旗帜，但那一套做法却是非常独断的。这非常值得我们从各个角度重新思考。这种社会思潮究竟是如何产生影响、如何进行运作的，我们恐怕不能视而不见。

张颐武：这的确是很引人注目的一种社会、文化的思潮。这里你们，包括你和王蒙还有许许多多追求、想法、思考方式和创作风格均有很大不同的作家都表现出一种试图与大众沟通的取向。也就是相信人和人之间尚有一种交流与沟通的可能，人们也还有能力相互了解，于是，一种以人与人交流的可能为基础的选择就出现了。而另一种选择就是你刚才分析的那种社会选择，也就是根本不相信人与人之间交流与沟通的能力，不相信人们可以借自身的力量继续向前发展。以一种相当深刻的绝望感作为立论的基础，也就是主张“仇恨”，主张“清洁”之类的很峻厉的言论被异常的明快地得到了陈述。这里透露了一种深重的迷惘与无奈。这些作家是最恐惧目前文化状况的。他们业已完全不相信人与人之间可以有沟通与交流的可能性。而你们这类的作家却仍是有一定的信心，持一定的乐观态度的。像你们的写作受到欢迎，即使是这些报纸上发表的短文，它使得不同阶层、不同生活方式的读者发现了一些可以与作家扣连、沟通的点。而另一种就是把“启蒙”变为一种仇恨、一种“不宽容”。这里可能有很可笑的局面。一是要启蒙别人的人觉得别人之“蒙”已不可启，他们已是太“蒙”了，于是产生了激愤、狂躁的情绪；另一方面，被启蒙的一方已经形成了自己的文化选择和品位，业已有了一种新兴的市民社会的文化作为自己的依托，就像我们前面言及的那种特殊的文化的勃兴，使得大众感到他自己已经获得了一种文化，他已不需要别人去启他的“蒙”，甚至认为他自己本来就不“蒙”。他已有能力有水平去识别了解文化，了解他自己的需求何在。因此无“蒙”可启，甚至拒绝或冷漠地对待“启蒙”。而这种情况又不能简单地类比于鲁迅时代的麻木的沉默的国民。“大众”也仍在发声，而且在这个后现代与后殖民的语境之中，声音还显得甚为宏大。这便产生出一种强烈的“启蒙”失落感，“启蒙”无所归依的焦灼与痛苦。于是一小批沉溺于旧的话语中的人们的激愤、狂躁、绝望也不奇怪。因为旧的思维方式还简单地将大众视为群氓。这种思路预设了一个高高在上、“君临”世界的“我”，和一个卑下庸俗的“大众”。其实这和他们对于“人民”的神圣伟大的礼赞恰成一个尖刻的讽刺。“人民”在这里不是指我们周围的芸芸众生，而是一个特殊的教派，或是一个未被现代文明的“污秽”侵染的乡村里的一群善人。当然我不是说这些小群体不值得尊重，而是恐怕用这些小群体作为“人民”的代表是太武断而没有根据了。所以这种“启蒙”反而是用一种“蒙昧”来反抗“文明”，让人们去信一个小教派的神秘的教义，或是像徐福那样漂海去寻一块净土，固然有它可贵的地方，但只能是一种很迷人的幻想，把它作为解决社会问题、包医百病的良方拿出来就很为可笑了。这种所谓“启蒙”，往往是要人们顺着他那一条路走向未来。但你们这些作家却是要在容忍差异中找到一些边界，大家能够共生。除了少数的主张极端主义，或是采取社会破坏性活动的吁请之外，其他的多种思考似乎可以有一种互相认识中的了解和体认。这我觉得是非常可取的。我想你在《钟鼓楼》中还是强调人与人之间相爱，人与人达到一种“善”的境界。但你发表于90年代的《四牌楼》中，却并不认为这么一种理想状态可以达到了，而是试图让人们相互容忍，相互认知，这样达到一种“共存”的形态。你的这些散文似乎也是这种诉求的表现。

刘心武：首先，人和人要有相互认知的重要恰是最值得强调的。而在认识之后就是要“宽容”。“宽容”也不是人与人相爱。对于与我对立的另类的东西，对于甚至我是反对的东西，当然我不能去爱它，但这不妨碍我“宽容”它的存在，在这个前提下与它辩驳或是争议都是可行的。

张颐武：这里有一些很值得深思之处，我想过去我们习惯的是一个“同心圆”，也就是大圈里有小圈，最后由一个点、由统一的“圆心”支配一切，其他人只能围绕着这个圆心旋转。这就产生了那种旧式的思路，诸如精英对大众的支配，或一个“神”引领大众走向一个方向之类的想法大体上都是这种“同心圆”意识的产物。只有一个“圆心”，只有一个像太阳系那样的井然有序的行星绕太阳转。但现在却是发展到无数个自在“圆”之间的相交、相切乃至到不相干等的多种形态，许多个大圆圈、小圆圈各有各的轨道，各种不同的思想、行为、道路的选择就好像浩渺无垠的宇宙一样，构成一种新的景观。

刘心武：这大概就是文化冒险主义与我们的根本的分歧。文化冒险主义的主张就是把自己的一元的半径无限地放大，要吞没、压倒、消灭其他诸元。而我们主张的是各个圆之间的共存，不能用我们这一圆统率其他所有的圆。这里恐怕是有独断意识与共生共存意识之间的很大的分歧和差别的。我想有一些“圆”的确是不能允许它存在的，不过这种“圆”的数量极少，如法西斯主义这样的“圆”是不能让它存在的。

张颐武：这种“启蒙”的独断的“圆”，还认为自己可以“代言”，代“人民”说出自己想说但还说不出来的话。它把自己放在一个既在人民之中，所以最了解人民，又在“人民”之外，所以他们产生了“代言”的欲望，就是要代表人民表达欲求。这和“启蒙”构成了一个金币的两面，它们共同构筑了一个文化想象的空间。这个空间之中充满启蒙/代言的欲望。知识分子在目前的90年代文化中，恐怕角色的转变已是不得不出现的情况，一种新的知识分子，以沟通、交流、对话，在不同的社群、不同的层次之间寻找可以共生的点。这种知识分子放弃了过去的“全知全能”包揽一切的自我幻想，而是寻找一个可供交流和沟通的公共领域。这的确是新的任务和责任，也是一个新的归宿。知识分子在当下文化中何为？何所归依？我想这还是有一些脉络可循的。

刘心武：你刚才说，“启蒙”和“代言”是同一些人的想法和工作。但也有另外的情形。“代言”的情形还是很复杂的。有不少知识分子都是特定的社群、特定的阶层、特定的社会倾向的代言人。这种代言人起码有三种不同的人：一是自认为代表主流话语，乃是主流话语的忠实执行人。另一种是人民的代言人，要为人民讲话的代管人。而文化冒险主义者则是“神”的代言人。“人民”或“主流话语”都不行了，只有自己是“神”的代言人，芸芸众生都是“不洁”的存在，一定要清扫之。谁来清扫呢？只有“神”的代言人出来。像日本奥姆真理教的麻原彰晃实在是此类人物的代表。他认定只有自己能给人类幸福，而在地铁施放毒气，造成别人的死亡却是让这些人得了解脱。你刚才分析的启蒙的缺陷已经相当透辟了，那么“代言人”的角色也有很大的缺点。目前的社会是更多样化，民间的空间和人选择的空间都前所未有的多元化了。于是像我这样的作家，你说我是“人民”的代言人，这显然是不行的。因为人民也有不同的取向，不同的追求，不同的利益与要求，你说“我”要为谁代言呢？就拿一个不算大的私人问题——婚姻状况来说，现在就有一类是“单身贵族”，自己选择不结婚的，还有一种是自己选择不生孩子，只保持一个二人世界。

张颐武：这叫“丁克”家庭，也是很广泛的现象。

刘心武：还有不办手续就同居的等各种不同的选择，你说我为哪一种代言，恐怕也说不上。同时也很显然，我也不是一个“神”的代言人，能俯瞰芸芸众生，这也没有道理，没有根据。但我作为一个有非常强烈自觉意识的写作者，我可以从非常广泛、非常宽阔的角度去思考问题，甚至可以思考一些非常渺远、非常复杂的问题。如个体生命与群体的关系，人类的命运与前途的问题，或是一些超出人类的命题，如动物、自然界的生命等，都要很真挚的思考。我也有终极的关切，但我不是神的代言人。像即使是受人嘲骂的“大花猫”之类，它们也有自己的生命和尊严，描写这些动物怎么让一些人这么痛苦和激愤呢？对这些动物的关切是一点也不可笑的，怎么能一笔抹杀所有这些写作呢？我觉得必须要有共存意识，必须要相互协调，对话。像我和你不太一样的是我的年纪已比较大了，我常常会考虑到死亡的问题，想到人的不可逆的个体生命的消逝。像你今天刚去参加了女导演张暖忻的追悼告别仪式。我就在想她现在到哪里去了呢？我觉得我个人目前作为社会存在是处于这样一种状况下，一是我的写作尚有不少读者，二是不必因为一些其他因素而恐怖和焦虑，我只要寻找我个人与社会之间的沟通之点，共同去探索。我觉得这种状况没有什么不好的。至于对于文化冒险主义加以反对，我想是必要的。因为它制造社会的敌意、分裂、不信任，破坏一种和谐的、沟通中保持差异的状况。这是没有道理的，而且它所造成的潜在的精神上的社会损害，是潜移默化的，它也会在社会生活中表现出来。因此我们必须和他们进行讨论。

张颐武：我想，写散文随笔也是一种社会责任感的表现。这种写身边事的作品看上去小格局，不起眼，一两千字就够了。也缺少治国兴邦平天下的内容，是一种“小文学”，一种从传统的观念看来很边缘、很不入流的东西。但我想这有可能提供一个个体生命的所思所想，让处于不同的社会地位，有不同的观念、意识的人看过以后，他们可以了解有这么一种与他有差异的意识，也很难说这就能使他的想法和你完全一样，但可以使他了解这种不同的思想，使他产生一种与你的观念思想的潜对话。这也就尽到了一个知识分子或文化人的职责了。但如果一个知识分子越出了这个界限，要对社会进行清扫时，就产生了极大的危险性。你的个体的选择是无可厚非的，甚至也在多元的文化中起了积极的作用。如某个作家信仰某个神秘的教派，或是某种小的组织之类，都自有他的道理。我觉得不干扰别人、不妨碍别人的生活是一个基本的前提，这些标准是很有价值的。

刘心武：这也牵涉到所谓“泡沫文学”的问题。有些人不断指责目前的写作中有“泡沫”，乃是堕落。其实大自然中最为雄浑的景象就是瀑布之堕落。许多人专程去看大自然的堕落。瀑布在下落时一定会激起很多的泡沫，这些泡沫乃是转瞬即逝的。但它们却是瀑布激起的不可少的东西，也是有它自己的美丽的。我们恐怕要正视它的价值，而不能这么简单地采取骂掉的方法。这种方法是无法持久的。它最终是只能变为一个宣泄情绪的方法。

张颐武：这么看来，知识分子对“位置”的选择是一个无法回避的课题，知识分子把什么作为自己的选择，如何变化自己的角色，如何在当今的时代中发挥自己的作用，这是不能回避的问题，也是每时每刻知识分子都要面对的。我想我们就由启蒙者向沟通者的转变的角度谈了不少，这是让我们自己冷静地审视自己的道路的方法。我想，实际上我们触及了一个葛兰西式的“有机的”知识分子的想法。“有机的”知识分子与“传统的”知识分子大为不同的地方在于，“有机的”知识分子积极地介入和参与社会生活，起到自己的作用，也和那种沉溺在文化的幻觉中的人不同，不是很简单地站在大众的上面，而是找到一个新位置。“有机”我想就好像盐溶在水中一样，你不太能够看得到他，但他却发挥极大的作用。他不是像领袖人物一样振臂一呼，众人景仰，而是对人的精神、人的文化取向的选择发生作用。他不试图全面支配别人的生活，而是让人们和他在互相改变，互相对话。这应该是一种不同于文化冒险，不同于目前出现的那种狂躁激进的思潮的选择。

（原文刊载于1996年第4期《艺术广角》）

叶小钢

叶小钢，男，1955年9月生，广东南雄人，出生于上海。著名作曲家，教授，博士生导师。曾任中央音乐学院副院长。现任十三届全国政协文化文史和学习委员会委员，十三届全国政协常务委员，中国音乐家协会第八届主席，中国文学艺术界联合会第十届全委会委员、副主席。1978年考入中央音乐学院作曲系，师从杜鸣心教授。创作了大量的作品并在世界范围内演出，代表作品有《开罗宣言》《中国之诗》《地平线》《深圳故事》等。历获“文华大奖”、“五个一工程奖”、中国音乐“金钟奖”等。近年来，他的“中国故事”系列音乐会在国内外上演，受到观众一致好评。

扎根人民生活，创造美好未来

今天参会的作曲家来自全国，也有来自各省市的音协机构的负责人，很多人是著名作曲家，令人高兴的是我们还请了几位有一定代表性的青年作曲家。这个座谈会，我主要是想和在座的各位共同研讨和交流，既是学习会，也是动员会。我们要讨论一个经久弥新的话题——中国音乐创作的未来发展，这是我们现在面临的极为重要又亟须解决的问题。

党中央和国家领导同志对文艺创作工作非常重视。党的十八大指出，“建设社会主义文化强国，关键是增强全民族文化创造活力”，因此提出“要坚持以人民为中心的创作导向，提高文化产品质量，为人民提供更好更多精神食粮”的要求。去年 10 月，中共中央总书记、国家主席习近平同志召开具有历史意义的文艺界座谈会，在座谈会中，习总书记的讲话非常明确，其中主要有六条：一、明确社会主义文艺的性质是“人民的文艺”； 二、文艺工作者的中心任务是“创作”；三、文艺工作的中心环节是“生产优秀作品”；四、文艺创作目标是“生产出无愧于我们这个伟大民族、伟大时代的优秀作品”；五、文艺创作的要求是“静下心来，精益求精”，“坚持以人民为中心的创作导向”，“扎根人民、扎根生活”，“把握好人民需求”，“为人民抒写、为人民抒情、为人民抒怀”，“走进生活深处，吃透生活底蕴”，“坚持洋为中用，做到中西合璧、融会贯通”，“结合新的时代条件传承与弘扬中华优秀传统文化”，“传播中国价值观念，体现中华文化精神，反映中国人的审美追求”，“把社会主义核心价值观生动活泼地体现在作品创作之中”，“把爱国主义作为文艺创作的主旋律”，做到“随着时代生活创新，以自己的艺术个性进行创新"；六、优秀文艺作品的评价标尺是"符合时代要求"，"思想精深、艺术精湛、制作精良"，"思想性、艺术性、观赏性有机统一"，"传递真善美，传递向上向善的价值观"，"反映人民的心声"，"能够启迪思想、温润心灵、陶冶人生，能够扫除颓废萎靡之风"，"最好是既能在思想上、艺术上取得成功，又能在市场上受到欢迎"，等等。值此讲话将一周年之际，中国音协重温和进一步落实习主席的讲话精神，有极大的必要和重要意义。从音乐从业者来说，包括从哲学角度来说，音乐创作——音乐表演——音乐接受是音乐活动的基本内容。音乐创作或者说音乐生产是核心，是源泉，是根本，没有音乐创作就没有音乐文化。今天我愿意就这个问题与大家交流与讨论。

如何领会贯彻党中央以及习总书记的文艺座谈会讲话精神？具体到音乐创作，我们当前面临和需要解决的问题是什么？从近现代中国音乐文化历史发展中观察，当前音乐创作的时代使命是什么？需要规划并逐步完成哪些工作任务？从音乐艺术的发展规律出发，认识和把握当前的问题，规划解决好问题、完成好任务是我们今天的意旨。

第一个问题，要出音乐精品力作。解决这个问题，习总书记给出了许多具有实践指导性的意见，如"扎根人民、扎根生活""洋为中用、融会贯通"等。从我国近现代音乐发展史来看，每个时期音乐家都做出了其应有的贡献。

从歌曲创作来说。20 世纪一二十年代，是"启蒙"时期，并没有太主流的意识形态，赵元任、萧友梅、李叔同、沈心工等通过东学西渐，将日本和欧美歌曲曲调引入，填上具有推翻帝制、倡导富国强兵、自由平等启蒙思想的歌词，创作出一些学堂乐歌教习传唱，以图实现改良国民的品格和理想，例如《送别》《中华男儿》等。

20 世纪 30 年代，是"左翼革命音乐"和"抗日救亡"时代。这一时代在聂耳、冼星海、张寒晖等具有极高音乐禀赋音乐家的带领下，创作了大量体现救亡图存的著名歌曲，如《义勇军进行曲》《游击队歌》《在太行山上》

《松花江上》等。

20 世纪 40 年代，1942 年，毛泽东同志发表《在延安文艺座谈会上的讲话》，明确音乐为工农兵服务的文艺思想。这一时期流传至今的音乐有《南泥湾》《咱们工人有力量》、歌剧《白毛女》等。

20 世纪 50 年代，是社会主义音乐印记鲜明的时期。新中国进入社会主义建设时期后，《祖国颂》《我们走在大路上》《歌唱祖国》《克拉玛依之歌》等歌曲广为流传。

20 世纪六七十年代，这时期很特殊，有劫夫同志大量脍炙人口的歌曲，这些歌曲政治色彩虽然浓厚，但由于词曲结合优异，取得了相当的成就。还有许多至今仍然流传的优秀艺术歌曲，比如《抬头望见北斗星》《毛主席的话儿记心上》等。这些歌曲散发出灿烂的艺术光泽。应该说，在那种政治环境下，我国许多作曲家，运用他们的智慧与真诚，给我们留下了很多优秀的歌曲，也为我这一代音乐家留下许多专业范本和印记，如《井冈山上太阳红》《请茶歌》《映山红》《红太阳照边疆》等许多歌曲。

改革开放后，歌曲创作出现井喷，多元化不同风格类型的歌曲大量涌现，有些取得极高的艺术成就，比如《青藏高原》《天路》《我像雪花天上来》《你是这样的人》等。这些歌曲在技术难度上超过了以往大众喜闻乐见的歌曲。我个人看，这些歌曲每首都能立一个纪念碑，因为有形式与内容高度统一，也有广泛的群众基础。

还有一条不占主流的歌曲类型值得提及，那就是艺术歌曲，这类歌曲虽然没有主流歌曲流传面广，却在音乐专业领域持续传承，如早在 20 世纪二三十年代的歌曲《教我如何不想他》《问》《玫瑰三愿》、50 年代的《玛依拉》等。

再说说器乐曲的创作，粗略可分成三个时期：第一时期是 20 世纪 20 至 40 年代，这一时期可以说是中国当代音乐体裁的开拓、奠基时期。比如黄自第一首管弦乐作品《怀旧》、萧友梅第一首弦乐四重奏作品、贺绿汀第一首富有中国风味的钢琴曲《牧童短笛》、马思聪的《思乡曲》等。这一时期的器乐发展主要受到欧日俄影响较大，学院的老师大都毕业于或者来自这些地方。

第二个时期是20世纪50至70年代，这个时期是社会主义音乐类型期。社会主义新中国成立，共和国欣欣向荣，许多作曲家都进行了鲜明特色音乐的创作，如丁善德的《长征交响乐》，杜鸣心等人创作的芭蕾舞剧《鱼美人》《红色娘子军》，罗忠镕等人创作的交响乐《沙家浜》等。这一时期也有例外，如何占豪、陈钢创作了至今都非常流行的小提琴协奏曲《梁山伯与祝英台》。还有一些优秀的管弦乐作品，如朱践耳的《节日序曲》、集体创作的《幸福河大合唱》、施永康的《黄鹤的故事》以及茅沅、刘铁山的《瑶族舞曲》等，留下鲜明时代印记。

20世纪80年代至今，是当代音乐多元发展期。这一时期器乐创作在数量上和品类上体现出文化繁荣，不少借鉴西方当代音乐手法写作的音乐（又常被称“新潮音乐”）、电子音乐、民族交响乐都在这一时期欣欣向荣，协奏曲、交响乐、室内乐等各类器乐体裁形式几乎都有涉及。改革开放以后的交响乐作品和室内乐作品，可以说已有了相当的历史定位，音乐创作的百花齐放局面已初步形成，中国当代的音乐文化，因扩大了国际交流而繁荣已成事实。音乐高等教育的核裂变式的极速扩张，培养出几十万音乐人才，创造出大量音乐作品，然而，真正长期广泛流传的作品不多，即处于有“高原”无“高峰”的量变发展期。

通过简单梳理，百年来的中国音乐发展史上，在精品力作的创作方面呈现了七条规律。

一、大众歌曲作品在群众中流传最广，其具有明显的意识形态属性。但意识形态标签鲜明的作品如“红太阳”系列，可以一度达到广泛流传，但是否能真正历史性地流传，还需要时代考验。

有些意识形态标签偏弱的作品，如反映民众生活的《让我们荡起双桨》等类型歌曲经久不衰。

二、大众经典歌曲的作曲者，并非全是专业作曲家，业余作者同样可以取得令人瞩目的成就，最突出的例子就是自学成才的人民音乐家聂耳。

三、优秀艺术歌曲最具有跨越时代的文化属性，其成功完全取决于其歌曲艺术质量，其创作基本由专业作曲者担任，如《玫瑰三愿》《我住长江头》等。

四、中国作曲家创作西方类型的音乐极少能够被中国观众长期接受，但如果能够和中华民族文化题材结合起来，去表现具有人类普遍人性的作品，可能更容易取得成功。

五、擅长中国民族乐器的作曲家创作的民族器乐作品更具有成为经典的可能性，如阿炳和刘天华的二胡琵琶音乐创作。

六、经典音乐的创作者都具有丰富的生活感性体验，可见只有扎根人民、扎根生活才能创作出体现人民心声的精品力作。

七、注重政治内容和艺术形式的完美统一，不能只注重政治而忽略艺术性。在音乐艺术创造中过分靠近政治性反而会远离了审美的维度。在大众经典歌曲的创作方面，部分体现了这一规律特征。

下面再从音乐艺术创作的规律层面对“音乐精品力作”的创作做一下分析。

首先我们先来思考一个问题，音乐创作是什么？

它是一种完全的知识创造吗？显然不是，否则萧友梅博士留下的经典歌曲应该比中专学历（云南省立第一师范学校毕业）的聂耳留下的经典歌曲的影响要深刻得多，而实际情况正相反。这显示出一条重要的音乐创作规律，即精品音乐创作不完全依靠知识和技巧。

为什么？因为音乐创作本质就是生产一种特殊的供人欣赏的感觉。回顾欧洲音乐发展历史，音乐风格发展从来没有历史逆行。听众喜欢古典音乐，但贝多芬之后再没有贝多芬，所以又出现浪漫派，如肖邦，但之后又出现了印象派的德彪西，后又出现了民族乐派的格里格，表现主义的勋伯格，等等。勋伯格的伟大在于他和他前辈作曲家一样创造出了特殊感觉。有特殊才能而又幸运的音乐创作者，创作出听众欣赏的特殊感觉，也就创造出了经典。不幸的是，许多追求摘取艺术桂冠的人，终身也没有创造出这种供人欣赏的特殊感觉，因而默默无闻、平淡一生。

因此，音乐要产生人民大众的普遍共鸣，就要扎根人民生活，对人民生活中的微信号而不是强信息产生强烈感受，能够在精微之处感应到隐含的大主题、大精神和深刻的人性与人文情怀，并以此为对象创作出人民群众普遍欢迎的力作。

现在再来考虑一个问题，怎么理解社会主义的艺术是人民的艺术这句话？

浏览世界音乐历史，我们会发现一个规律，多数严肃音乐的力作都体现出高尚的精神。精英精神崇尚高尚，平民精神追求实用。艺术具有超现实的品格，是人类的一种精神生活，本身没有或者说不注重实用价值。具体说，西方交响乐、芭蕾、歌剧等高雅艺术没有一个来自农民田间，中国《诗经》中的“雅”“颂”也大都来自先秦文化水平偏高的阶层。所以，无论从艺术的发生还是从艺术的本质，高雅艺术都是和精英精神契合的，但是，它们一旦得到民众的认可，其艺术的火花便会引燃，高尚将感动平民。所以，如果要在艺术歌曲和交响乐等艺术品类中创造出精品力作，应当坚持精英与民众相结合的精神。这句话的意思理解为，艺术在现代社会中也应是人民审美享受的对象，是体现现代文明的重要标识。

综合以上分析，最后对如何以“精品力作”为目标展开音乐创作工作提出五点建议：

一、创作应扎根人民、扎根生活去反映和表达人民的共同心声，要有很深的人文理想和文化情怀，紧扣社会主旋律，高扬社会主义价值观，讴歌伟大的时代与伟大的中国人民。

二、艺术歌曲和交响音乐等类型音乐创作应贴近人民、贴近生活，以人民熟悉的生活内容为对象，创造出有独特个性的艺术精品，让中国的音乐文化走出去，让中国时代精神在世界文化环境中产生影响。

三、重视民族器乐音乐精品的创作，发展民族器乐音乐是中国作曲家不容推卸的社会责任。生活方式的变化促进产生艺术的新变化。

四、西方类型的音乐在创作题材上要和中华传统及民族文化相结合，加强体现中国风格韵味、中华审美趣味、中华文化精神、中华审美追求的优秀音乐作品的生产。创造力就是核心竞争力，做好内容，内容才是立身之本。

五、加速音乐传播渠道的整合和利用，要让作曲家精心的创作第一时间走出去，让千家万户人民随时欣赏他们喜爱的中国音乐。让汹涌的音乐新流量改变我们的文化未来。

我相信从现在起，中国音乐将走进一个新的发展时期，一个寻根并在古老根脉上生发新枝绿叶的时代，在悠久历史空间里勤劳智慧的中国人民曾创造了灿烂的文化，并形成和合之美、自强不息、厚德载物等具有人类永恒价值的文化精神，这种精神必将像不灭之火炬，照亮东方与人类的未来。只要我们扎根到人民生动的现实生活中，扎根到中国丰沃的传统文化土壤里，去创作，去抒怀，中国音乐必将承载这种高昂向上的文化精神，以其独具的性格与魅力，伴随中华崛起而以自信的姿态，走向世界与未来。让我们共同努力，为中华伟大的复兴而奋力高歌！

（此文发表在 2015 年 9 月 16 日《音乐周报》）

传统从未离我们远去，用音乐散发中国文化的光芒

说到我的音乐与古诗词的渊源，还跟从小的阅读有关。我记得当时有一本书叫《屈原九歌今译》，我看后就想，总有一天，我要把这些诗词都谱成曲。那些美术和文字的意象，让年纪那么小的我就产生了这样的憧憬。能够受到中国传统文化的熏陶以及灵感的激发，我觉得这是中国音乐家的幸运。

传统文化与音乐相结合，是需要契机的。例如，2013年，我的“中国故事——大地之歌”音乐会在美国林肯中心上演，就是对著名音乐家马勒的同名作品进行了重新创作，歌词是李白、钱起、孟浩然和王维的7首古诗。为了保持原汁原味，我就特意营造出一种文化语境，让中国的意味更加深长一些。

透过音乐来表现中华文化的博大精深，于我个人也是很好的学习。我曾写过一个作品叫《岭南四首》，从唐、宋、明、清各选一首描写岭南的诗，构成了4首交响组曲。我觉得这部作品非常有意思，镶嵌在古典文化灿烂的墙壁里的那些诗词，能够再次发出它应有的光芒，我觉得音乐的力量不能忽视。

我还写过《临安七部》，挑了7首著名的诗。演出时，当字幕打到舞台边侧，你会发现自己跟这些诗词没有隔阂。中国文字的力量，根本没离我们远去。我很自豪，也很高兴能够看到这些优美的诗句依然活在现代人的心里，我们在今天还能感受到先人那些伟大的创造，这对于我们每个人都有很

重要的意义。

文化发展是一个民族强盛的标志，每个致力于推广文化发展的中国艺术家，都应该有一颗“中国心”，只有本民族的音乐文化强大了，中国的语言才会在世界音乐舞台上得到讲述的机会。

传统文化与音乐相结合，要怎么样才能抓住现在年轻人的心？

其实我没想过要抓住“年轻人”，我可以不作曲，但不能不教书，我喜欢和年轻人打交道，新人、新事物一直影响着我和我的创作。不同时代的音乐特点可能不一样，种类也很多，音乐不分年龄，也不分国界，不在于迎合谁，关键在音乐是否出于本真。音乐是做不得假的，言不由衷就打动不了人。

近年来，艺术教育广受诟病。今天的年轻人成才的条件比过去好多了，像乐谱学习、音像制品流通完全没有障碍，但为什么难出优秀的青年音乐家，难出优秀的作品？

我认为，现今的艺术教育浮躁且浮夸。社会不能过分宣传一夜成名的浮躁心性。美育作为素质教育的一部分，应该减少功利性，培养有独立思想、能够独立判断的艺术家，而不是匠人、乐工。而中国音乐想在世界上持续发挥影响力，建立文化自信，有赖于我们源源不断地培养出青年人才。北京现代音乐节力推的“青年中国计划”，就是想要在文化深度和精神气质层面催生出新生力量。

总有人问，怎样用西方的语言讲述中国的故事，同时还要让西方观众接受？

我的理解是，一是要用他们理解得了的表现方式，比如交响乐，是西方的表达方式之一，简单说，就是他们的看家本领，用这种方式来表达，他们容易理解；二是要立足国际定位，不能先闭门造车，再扒门缝看看能不能走出去。这要求对中国文化有深厚的积淀，要掌握世界最新艺术潮流的方向，有超强的把控能力和精益求精的态度。

音乐讲究技术，没有技术就没有艺术。比如《喜马拉雅之光》这部作品，我把音乐计算到了每一分钟，像好莱坞出产的电影一样，每个情节、每个动作、每个节奏都是精心设计过的。我不停地在谱上试，但凡有一秒钟觉得多余，立马砍掉。对于音乐的可听性以及吸引度，要比过去更加注意。就像造汽车一样，如果不是顶尖水平，你到国外去就是卖不掉。

推广中国文化，方法论很重要。纽约是多民族聚居的大都会，所以我在排演《大地之歌》时就选用了黑人女歌唱家。她的艺术成就很高，但在纽约露脸次数并不多，所以会引起市场期待。我还起用台湾小提琴家林昭亮，就是考虑到纽约有大量的中国台湾地区移民。今年我去德国开音乐会，就会找当地最有名的德国歌唱家来表演。

还有一些小窍门、小技巧。比如《喜马拉雅之光》里面我特意使用了古筝，这个音色在整个表演中显得非常突出、很有力量，在国外演出时非常受欢迎。文化走出去，就得考虑别人能接受的方式，就得抓住他们的兴趣点。这是方法，更是谋略。

事实上，中国文化在世界上不属于强势，“走向世界”是个艰难的命题。近些年来，西方一流的乐团一旦来华，价钱几十倍地翻，这其实就是文化弱势的表现。如果有一天，全世界的艺术家都争先恐后要来北京演出，那才说明，我们的文化真正强大了。

（此文发表在2014年7月16日《中国艺术报》）

国民感性教育亟待加强

感性素质的培养与教育，是我国国民教育中尚未涉及的重要内容。所谓感性教育，是指培养人的感官感受、直觉、想象和形象思维能力，主要包括感知力教育、情感教育和想象力教育。感知力教育培养人对感性信息的接受和体验能力，情感教育培养人的情感感受、体验和表达能力，想象力教育培养人的想象和形象思维能力。倡导实施感性教育，完善国民综合素养，具有积极的现实意义。

举个例子：科学和艺术，是对双生子，都是人类非凡想象力和创造力的杰出体现，象征人类思维的桂冠。科学的创新犹如走林中路，理性经验是前人走过的路，创新始于路的尽头。路的尽头不再有路，再依靠理性只能在原地徘徊。只有发挥人的形象思维和想象，通过理性逻辑思维，积极探索，最后才能开辟出科学创新之路。

对于艺术而言，想象是创作方式。通过想象，发挥形象思维能力，将瞬间感受、内心情感、思想观念、人生态度用感性材料（比如声音、颜料、形体等）表现出来，用掌握的技能和理性思维加工，最后创造出可以与人沟通和分享的艺术品。

科学和艺术造就人类文明，科学是人类把握物质世界的一种方式，艺术是人类把握精神世界的一种方式。虽然两者文化内涵相差甚远，但科学创新与艺术创新有共通性，都离不开想象。在理性和感性思维方面二者虽各有倚重，但在最后关键阶段，都离不开双方的鼎力支持。

我之所以提出这个命题，是因为我们国家最缺乏创造型人才。钱学森先生提出疑问：为什么我们的学校总培养不出杰出的创造型人才？钱老的发问至今令人深思。如何解决这个问题？钱老已经给出了提示：创新需要大跨度形象思维。如何获得大跨度形象思维能力？我认为，首要是培养和提高人的感性素质。而当前，我国人才选拔和评估出现的问题是倚重理性素质，缺少感性素质培养与考察。

所以，全社会有必要提高和统一对国民感性教育的认识，确立感性教育在国民教育中的地位，把感性素质教育提到关乎国家文化建设发展大局的战略高度。另外，建议成立国家美育中心，因为美育是感性教育实施的主要途径，但感性教育对于国民教育和美育而言都是新课题。只有成立相关的研究与实践机构，理论与实践相结合，不断进行学术研究、科学实践，才能建立和逐渐完善国民感性教育理论与实践体系。

（此文发表在2012年3月12日《光明日报》）

推进海峡两岸暨港澳地区文化交流

作为音乐家，限于个人的专业和视野范围，关于如何推进海峡两岸暨港澳地区文化交流的问题，我的思考可能不够全面，所以，只能挂一漏万谈谈自己的见解。

交流，辞海的解释为："交"是相互，"流"是运转，所以，交流应是相互运转之意。其内容分为两个层面：一是交往，二是运转，其目的是合作运营、共赢发展。现在我就从这两个层面具体谈谈自己的看法。

提高交往的有效性

其实海峡两岸暨港澳地区的交往状况是从藕断丝连到今天的日益频繁、不断加速、逐步升温。海峡两岸暨港澳地区交往的主要问题是两岸关系。因为澳门、香港回归祖国后，几乎没有任何来往屏障，只要持有签证，就可以自由出入。现在我们来看看海峡两岸：1987 年以来，到大陆探亲旅游、就学和从事商务、交流活动的台湾同胞已达 1860 万人次。其中 2000 年 1 月到 11 月就有 241.6 万人次；其间，大陆同胞赴台 6 万多人次，其中赴台交流的有 11962 人次。台湾 2300 万人口中到过大陆的已超过 400 万。2008 年，海峡两岸关系更是取得重大突破，开通空运直航、海运直航与直接通邮，两岸同胞盼望了 30 年的"三通"得以实现。所以，我对海峡两岸暨港澳地区目前交往状况的第一个判断是，渠道已全面开通，障碍已基本消除，人员可自由来往。

然而，可以自由往来并不代表海峡两岸暨港澳地区人们交往不存在需要加强的问题。比如，我们每个人可以和身边的任何人都交往，但实际上能够保持联系的不过 150 人，这就是“一五〇定律”，原因很简单，人的生命有限，每天的时间有限，这对任何人都是公平的。所以，真正和我们联系密切的不过几十人，能够相互信任、敞开心扉、促膝长谈的人就更有限了。这就提出来一个问题：如何提高海峡两岸暨港澳地区人们交往的有效性。

当然，来往频繁本身就是有效的。它会给各地带来交通运输业、旅游业、服务业、制造业的发展繁荣，会扩大内需，加速货币流通。然而，这只是商业的层面。对于文化而言，交往的有效性体现在文化传播和文化创造两个方面。当然，从文化传播的方面，也会带来积极的影响。目前，两岸文化交流已从早期的人员互访、召开研讨会等，发展至新闻交流、交换出版物、艺文展演、技艺观摩、传习教学等，其交往的密切频次，交流的范围、数量或层级，均日益提升，交流结构也从过去精英取向的民俗技艺、体育和学者交流活动，逐步推广到以基层民众为主体的宗教、科技和青少年活动。仅仅 2008 年，就先后举办了“海峡两岸民间艺术节暨歌仔戏展演”、“放歌海西——中国福州海峡两岸首届合唱节”（台北合唱团摘得“金茉莉”奖）、“海峡两岸李时珍医药文化与产业发展研讨会”，成立“海峡茶叶交流协会”等大量的文化交流活动。但从文化创造的方面来看，目前却成果寥然。大家想一想，这些年，海峡两岸暨港澳地区有哪些大的文化产业合作项目在运转，有哪些学术研究合作课题在进行？所以，我对目前海峡两岸暨港澳地区交往情况的第二个判断是，文化传播力度加强，文化创造，特别是文化产业合作亟待加强。

如何加强文化合作

要回答如何加强文化合作的问题，我先回答为什么要加强合作。

为什么要加强合作？理由有很多，但最关键的就是国际环境要求我们必须加强合作。大家知道，冷战后世界各国的军事联盟已纷纷瓦解，取而代之的是欧盟、东盟等地域利益共同体。这种利益共同体的效益价值已经彰显。比如欧盟的经济总量 1993 年为 6.7 万亿美元，到了 2002 年就发展到 10 万亿美元；人均国内总产值 1997 年为 1.9 万美元，仅仅两年后就上升到 2.06 万美元。地域利益共同体的产生就是社会全球化进程的一个阶段性标志。其次，文化更需要加强合作。姚明加入 NBA 后，2006 年，NBA 在中国总收入就上升到 5000 万美元，成为其来自海外的最大一笔收入；而有人计算，如果姚明在 NBA 打球到 38 岁，那他的工资总收入，按目前商品价格计算，就相当于向美国出口小麦 102 万吨，或者钢材 46 万吨，或者电视机 239 万台。盛大网络创始人陈天桥从韩国花了 300 万元买入网络游戏《传奇》后，曾创下每天收入 1000 万元的纪录，3 年创收 126 亿元。这就是合作带来的价值。

如何加强合作？我认为要做到五点。

一是要相互信任。目前，影响海峡两岸暨港澳地区文化项目合作的主要问题是族群意识下的排他心理。族群意识产生大概是由于海峡两岸暨港澳地区人们在过去相当长的一段时间内生活的相对独立造成的断裂。断裂下的生活使族群在发展中逐渐产生了语言、地域、经济、文化上的差异，尤其表现在各自不同的风俗习惯和思想意识方面。这种排他心理的结果就是通过交往，人与人之间的距离虽然近了，但心与心之间的距离却相隔甚远，表现在合作上，就是不信任。

二是要加深了解。合作的心理基础是彼此信任，彼此信任的前提是相互了解。只有相互了解对方，才能消除心中的猜忌和防范心理、消除误会、化解分歧。过去，海峡两岸暨港澳地区的人们在各自的社会体制和政治意识形态下断裂生活，彼此已有些陌生，香港、澳门的回归和海峡两岸的“三通”，为海峡两岸暨港澳地区的交流和沟通提供了便利。然而，仅仅利用便利，通过观光旅游来实现了解是远远不够的，要拉近人与人之间的距离，就要拉近心与心之间的距离，就要共域同时地融入、体验对方的生活，了解和理解对方的生活，从而了解未来的合作伙伴。因此，我建议，海峡两岸暨港澳地区应加强学界互访，加强交换教授、学生、专家等的交流工作，既让他们得到学习、成长，同时加深彼此的了解。

三是要求同存异。彼此了解也不代表相互信任，要做到相互信任，就必须遵守契约、达成共识。的确，在断裂发展时期，海峡两岸暨港澳地区都形成了各自的文化特点，比如，台湾不仅有原住民文化，也有中原文化，还有海洋文化的融入；中国香港文化表现得更明显，仅市民语言就有多种，有英语还有粤语和中国普通话。这些文化上的差异带来思想观念的差异，加上政治制度的差异，继而带来行为方式的差异，然而这些差异，与美国文化、韩国文化相比，可以说是微不足道了。比如，港台使用繁体字，大陆使用简化字，虽然有区别但还可以辨认；而姚明要融入美国文化，则要练就流利的美式英语，还要习惯于喝可乐，讲幽默的笑话等，几乎要从头改到脚。那反过来说，为什么海峡两岸暨港澳地区没有很好的合作呢？那就是少了点包容。海纳百川，有容乃大，有了包容心，我们才能求同存异，发现更多的共同的利益和共同的愿望；才能以提高各地区人们的物质与精神生活水平为要旨，摒弃政见的不同，观点的分歧，全面整合信息资源、人才资源、物质资源，强强联手，协力合作。值得一提的是，20 世纪中国共产党领导下的人民政府制定了“一国两制”政策，承诺并践行了香港特别行政区“港人治港”、澳门特别行政区“澳人治澳”，从而顺利实现了中国香港和中国澳门平稳过渡和政权交接，并保持了港澳地区的稳定繁荣。这不仅提供了可靠的经验，也显示出兼容并蓄的包容心，从而让我们为今后海峡两岸暨港澳地区文化交流、合作发展的前景充满了信心和期待。

四是要平等共赢。合作还要做到平等共赢，不是我来帮助你，也不是你来施舍于我，而是互通有无，资源优化重整。然后就是要做到共赢，共同进步，共同发展。比如，在艺术的层面，海峡两岸暨港澳地区信息资源共享、师资资源共享，合作研究课题、合作文化产业项目，共同投资动漫产业、影视产业，共同编写彼此均适用的教科书、文艺读物等。要做到文化交流中的平等共赢，一定要摆脱麻将博弈中的狭隘的竞争意识和利己主义，不是盯着上家，看着下家，防着对家，我不赢，也不能让你赢，你不赢，就是我没输；而是学习桥牌中的博弈意识，共同合作，协力共赢。因为，当前海峡两岸暨港澳地区的人们要赢得的目标不再是对方，而是时代。所以，在文化的交流中要摒弃意识和观念上的纷争，通过平等的交流、通力的合作、共同的发展，使人们的生活水平、社会发达水平走到时代的前列，这才是海峡两岸暨港澳地区人们最大的福祉和共同的心愿。

五是要以点带面。海峡两岸暨港澳地区的文化交流的目的是协力合作、共同推动当今中华民族的文化繁荣和社会发展。协力合作是交流的目的，面对现实存在的政治体制的不同和意识观念的差异，最切实的工作措施是循序渐进，以点带面，多点进行，加快做好具体文化项目的合作工作。印刷有种技术是丝网印刷，其在一个个网点上仅仅填充四色，就可以印刷出五彩斑斓的图画。相信，海峡两岸暨港澳地区只要广泛、深入、全面开展好诸如民间艺术、学术研究等具体项目的交流合作，不久便会和丝网印刷一样印出五彩斑斓的美好画卷。当然，日益繁多的合作交流呼唤更多稳固高效的从事行业工作对话协调的中介机构出现，从而更加稳健有力地推动海峡两岸暨港澳地区的文化交流、合作发展。

我们只要坚持一个中国的原则和立场，海峡两岸暨港澳地区文化交流合作就将有着无限的发展空间；海峡两岸暨港澳地区人民，同属中华民族，文化同根、血脉相连，通过我们共同努力、协谐合作，必然能绘出中华民族时代文化繁荣昌盛的壮美画卷。

（此文发表在2009年3月3日《中国艺术报》）

中国故事，心中的故事

用音乐向祖国献礼

党的十九大正在召开，我作为无党派人士代表列席开幕大会，见证了这一历史时刻，心情是很激动的。

在十九大召开之前，我也作为无党派人士代表，出席了 8 月 30 日在中南海召开的党外人士座谈会。这次座谈会主要是中共中央就十九大报告向各民主党派中央、全国工商联领导人和无党派人士征求意见，表明了中央对我们意见的重视。那么，在这次会上，关于文化艺术，我也提了一些建议，比如，如何增强中国文化走出去和如何加强美育教育以及尽可能地扶持中国当代文化艺术的创作攀登艺术高峰等。习近平总书记对各民主党派的建议分别做了详尽的回应和指示，让我倍感鼓舞。

对于文艺的发展和繁荣，习总书记就提过很多次，对于我们的文艺创作都有指导意义。从理论上说，三年前习总书记在文艺工作座谈会上的讲话，以及去年总书记在第十次文代会、第九次作代会开幕式的讲话等，不仅是文艺界进行文艺创作、繁荣文艺的纲领性文件，也为我国文艺的发展指明了方向和道路。在习总书记的指示和讲话精神的鼓舞下，近年来，我国有一批接近高峰之作不断涌现。我个人的创作也是这样。近几年，我创作的表现北方民族从古到今的浩瀚历史及其变迁的《草原之歌》和展现中国伟大文学家、思想家的交响乐《鲁迅》等，都得到较大的反响。理论指导实践，这些成绩，我想跟习总书记在文艺工作座谈会上以及在文代会、作代会上的讲话精神的指导是分不开的。

我刚刚从国外演出回来，这次是将“中国故事·大地之歌”搬上了欧洲的舞台，并取得了很大的成功，受到了国外观众的好评。令我记忆深刻的，特别是在德国，演出一结束，观众掌声持续，我只能将首席指挥拉走，否则不知谢幕要多少时间。究竟是什么原因让外国的观众如此着迷？德国的古典音乐在世界都占有重要的地位，而且我喜欢的瓦格纳也是德国人，更别说人人熟知的贝多芬、门德尔松了。后来我想，演出虽然以中国当代音乐的形式讲述的是中国故事，但表达的情感却是世界人民共通的。不仅如此，近年来，我们国家综合实力增强的情况下，国家的软实力也不断增强，吸引了更多的外国人来关注、学习中国的文化。而我的“中国故事·大地之歌”所演出的曲目，都包含着中国优秀的历史文化及传承，和当代中国音乐界、思想界、文化界的风貌，这可能都是吸引他们的主要原因。令我感动的是，有些观众为了看这场演出，专门从外地赶来买票观看。他们对中国的音乐很震惊，观看也很踊跃，评价也很好，这让我有所触动，因为它不仅说明了中国的文化在国外的影响，也说明我们当代音乐文化作品的水准与西方相比一点不差，这令我们备受鼓舞。

与音乐对话，可以感受到它吸引人的地方；与音乐交谈，可以聆听它叩击心灵的声音。音乐中可以感受到艺术的伟大更持久、更广阔；音乐中可以瞭望到思想的崇高更深邃、更辽远。

正值十九大召开，我想用音乐向祖国献礼，谱写最美的乐章；我想以歌声向党和人民汇报，聆听最新的希望。

心中的故事

习近平总书记曾指出，中国不缺少生动的故事，而是缺少讲故事的能力。我国地大物博、文化根基深厚，历朝历代都有优秀的人物和故事涌出，即使我们身边也有很多故事，这些都属于我们自己的故事——中国人的故事。

我的“中国故事”系列开始于几年前，每年都进行多场演出，每到一个城市或者一个国家，就深深感到我的音乐就是我心中的故事，它能包含、概括、抒发、展现、传达“中国”的一切。

就拿刚刚在国外演出过的“中国故事·大地之歌”来说吧！这次的演出一共安排了《大地之歌》《峨眉》《锦绣天府》《悲欣之歌》《冬》《青杠果香》六首曲目，它们都讲述着我们中国人自己的故事。其中，《大地之歌》主要描述我国唐代诗人对国家、对历史、对中国大地的一种高尚情怀。而这种情怀是从我国古代一直传承到今天的，音乐中古人的情怀也就是我们今天的情怀的一部分。我对中国优秀的传统文化情有独钟，也一直有为每个朝代的诗歌作曲的想法。在唐代，诗歌是当时文化艺术繁荣发展最具代表性的一种文体，诗人也最多，他们也都怀有某种对家国的深厚情感，而这种情感至今都仍具有着强大的生命力，于是就有了《大地之歌》。《峨眉》写的是我国四川的风土风情、宗教道义，从中弥漫着人们生活在祖国大好河山下的一种浓郁深厚的人文情结；《锦绣天府》更是直接地描绘四川秀丽的景色了。四川是著名的人文故地，有很多地方是古代文人笔下抒情达意的意象与传递者，而众多的名胜古迹汇集着国内外观光、考察的人们。我也曾很多次到过四川，去那里考察调研、体验生活，对那里的风土人情、文化理念很感兴趣，就想用音乐把这种体会和感受留住，把转化为情结的那部分表达出来。《悲欣之歌》是由李叔同的诗谱成的曲。李叔同是我国近代文化传承中的一个重要人物，他不仅是中国话剧的开拓者之一，还是一名著名的音乐家，他善诗词歌赋、懂音节音律，年轻时写的诗对中国当代文化特别是近现代都有着重要的影响，且诗即曲。现在，我就把他的诗直接谱成了曲，拿到国外演出，让国外的观众也能领会到中国近代以来仁人志士那忧国忧民的情怀、那为国民奔走呼号、呼唤美好家园而做出的努力。这是近现代以来的中国故事，承载着中国的文化和人文精神，我要把它以今人之艺表现、表达出来。

中国故事承载着中国文化，中国文化赋予中国故事精神与灵魂。艺术作为讲述中国故事、传播中国文化的重要载体之一，它具有春风化雨、润物无声的不可替代的作用，而我们——艺术工作者最重要的任务就是将中国故事和中国文化与艺术合而为一，形成能够浸润心灵的艺术作品。

关于中国传统文化的作品，我写得也比较多。《大地之歌》描述的是唐代文化，《临安七部》讲述的就是由唐朝的白居易和北宋的欧阳修都钟情于临安一带的故事，当然，着力点不光在于杭州，主要在于借古现今，传达中国古代优秀文化与思想。当然，还有一些宏大的交响乐也是如此。比如，今年在国内演出的《长城》交响乐。长城，本身就是一个中国名词，在古代，它是重要的军事防御工程，而今成为世界的长城，是中国文化的一个标志与符号。交响乐《长城》从嘉峪关一直写到老龙头，从历史上修建长城一直到今天，详细地描绘了长城文化和历史传承。这里面的“长城”已经不仅仅是一种地理边界和具有地理防御功能的建筑，更是一种文化的“长城”，不仅蜿蜒于祖国的北方，更是从古至今绵延不断的文化血脉。这样的故事和题材我写过很多，除此之外，还有表现西藏文化题材的，如《喜马拉雅之光》《西藏之光》《五色经幡》《拉姆拉错》《玛旁雍错》《羊卓雍错》等。我曾多次前往西藏，那里的人们给了我很多感动和触动，他们对待生死的态度、看待人生的意义给我丰富的创作灵感，于是就有了很多表现西藏主题的曲目。如《喜马拉雅之光》不仅表现了喜马拉雅自古以来就是中国的一部分，还对人们的风俗民情和精神追求进行了展示，意在探究人类生命本源的终极意义和对现实生活的思考以及对人类精神家园的观照。

说到这里，不得不说我从年轻时代就非常敬仰的一位文化大师——鲁迅。在我年轻时的那个特殊年代，市面上并没有其他书卖，只有鲁迅的，我就买来天天看，看得多了对鲁迅的作品也就熟了，就像对鲁迅本人熟识一般，便萌生了把他变成音乐作品的愿望。

就在今年，一次偶然的机会，得到鲁迅基金会和有关部门的邀请，让我写关于《鲁迅》的音乐，我欣然同意，于是就有了今年 9 月 25 日在鲁迅诞辰之日于国家大剧院上演的交响诗《鲁迅》的演出。把文学形象转化成音乐形象，最难的可能就是尺度的把握和艺术的表达，尺度的把握在于如何撷取鲁迅丰富的人生和著作中表达其重要思想的作品并进行编排，艺术的表达就是音乐本身的事情了。于是，我大部分选取了大家耳熟能详的作品进行创造，将男高音、男中音和男低音以及女高音相结合，配上《野草》的朗诵，构成乐、唱、颂为一体的交响诗。这不仅得到了鲁迅先生家属的好评，还赢得了观众的掌声，这也让我信心倍增，因为我知道这种认可是一件很难得的事情，特别是得到了鲁迅先生家属的满意，这说明我的创作方向和着力点是对的，其艺术表达也是恰如其分的，我想这和我多年研究鲁迅也有关吧。

当然，创作之初，除了对自己于鲁迅先生作品的熟知度有很大的信心外，我还做了一番实地考察，去过绍兴，到过上海、广东等鲁迅曾经生活过的地方，感受鲁迅及其本身的文化影响力。从毛泽东同志到习近平总书记不仅都提及或引用过他作品中的名句，甚至对其思想也有着高度的评价。鲁迅是中国知识分子的脊梁，是我们文化的符号，为他创作相当于我站在巨人的肩膀上，往前迈了一步。

鲁迅是中国的人物，是著名的文学家、思想家，鲁迅的故事自然也就是中国故事，交响诗《鲁迅》就是承载着中国故事、传播着中国文化的有效例证，这也是我对鲁迅的理解的表达，是我心中的故事。把鲁迅变成“世界的鲁迅”，音乐可以很好地做到。

音乐的对外传播

中国故事每天都在发生，我的“中国故事”系列也在继续。

曾在我出生的地方——上海演出的《敦煌》，是以丝绸之路悠久的历史文化为灵感，将中国元素与西方技巧相融合而进行的创作；因为杭州是李叔同出家的地方，在浙江杭州上演《悲欣之歌》正是表现中国近现代人物思想和历史的所在；而无锡江阴，又是阿炳刘天华的故乡，我也到那里寻访先辈的足迹，创作了21世纪的《光明行》。悠久灿烂的中华文明为音乐家、艺术家提供了取之不尽、用之不竭的创作素材，这需要我们去发现、挖掘，再根据观众的需求创作出接地气、与人产生共鸣的好作品。

如何把中国故事与音乐这种艺术形式相结合，这是我一直不断实践并不停探索的事情。就像交响乐《鲁迅》的创作，“鲁迅”本身就是一个地地道道的中国故事，而创作交响乐的过程，就是一个把中国故事深刻于艺术家心中，艺术家将故事融入他所从事的艺术工作的过程。比如，作品中使用的朗诵形式，它能适时有效地抒发创作者的心境，表达作品的思想感情。当然很多作品中也都出现过这种形式，我之前的作品——李白的《将进酒》就是将朗诵和唱结合在一起，因为朗诵有伴奏，朗诵作为音乐表达的形式之一，它和乐音、语言都是组成一首好作品的重要因素。鲁迅是中国近现代文化的一座高峰，站在巨人的肩膀上，感受鲁迅伟大的精神思想和人格魅力才是音乐中所要表达的。这就是中国音乐的内核所在。

我的“中国故事”系列，大部分都来自我的个人体验。可以说，我见证了中国当代音乐发展的时代，我的故事也是中国的故事，我的创作都来自于自然的表露、真情的流露。于是，我作品的题材比较多元化，风格是我自己的风格，但不拘泥于哪一曲目或题材，只是表现方式不同，就像《青杧果香》涉猎的是环保领域，这也是一首非常个人化的作品，描绘的是南方的自然环境，表达了中国绿色发展的和平理念。它跟森林覆盖、保持水土有关，对当下社会的发展具有时代感和警示性，所以在国外演出的时候，这种警示就能引起国外观众的共鸣。就如电影音乐的作曲方式以及其他舞台艺术（歌剧、舞剧等）也都有自己的表现方式，我只是各种表现方式掌握得较好一些。

当代音乐要讲好中国故事，立场和方法很重要；但我觉得，立场问题是最重要的。这是因为，立场决定一部作品的深度和广度，创作者要把立足点放置在弘扬中国音乐、传承中国文化、传播正能量上来；而方法作为一种艺术手段，自然也不能忽视，它的高低决定了艺术作品的质量，质量越高，呈现出的效果越好，因此，对创作者来说，对自身的创作要求也要高才行。

因而，我认为，中国音乐、中国文化的对外传播和“走出去”，是一件水到渠成的事儿。只要有足够的艺术水平，只要牢固掌握音乐的各种题材、形式，将中国故事和中国文化通过相应的题材和形式进行融合，深入挖掘人类共同的情感，不断夯实根基，不断实践创新，就能以优者的姿态站在世界人民面前，让国外的观众真正看到我们国家的软实力和文化的力量。

（此文发表在 2017 年 10 月 23 日《人民政协报》）

对话叶小钢：文化促交流，音乐谱新篇

尚　道

记者：第三届北京现代音乐节刚刚落幕，请您谈谈现代音乐节对推动现代音乐在大众中的认知具有的意义是什么？

叶小钢：所谓大众的概念或范围我不太知道，但我觉得更重要的意义是，首先让一些普通的音乐爱好者知道，现代音乐不是像他们印象中的那种完全关在房间里冥思苦想想出来的东西。我们所说的现代音乐其范围是非常宽泛的，我认为现代音乐就是存在于社会的每一种状态的音乐。我们把这些存在于我们社会中的音乐放到音乐节这样一个平台上来，让我们的音乐爱好者能够了解和欣赏到这些可能并不为我们所知的音乐。现代音乐一方面可以是学术性很强的，或是实验性很强的，也可以是很普及的，或者说是普通的。其次还有那些存在于各个国家、各个民族中间现今还流传着的还不太为我们所了解的音乐。我们也把这些根植于一个国家或者一个民族的音乐带到了北京现代音乐节的舞台上。像伽美兰音乐我们中国的听众可能就不太了解，它在印尼流传了上千年；还有福建的南音音乐也存在了一两千年，安徽的黄梅戏作为地方剧种也有几百年的历史，内蒙古的四胡音乐从忽必烈时期就开始流传存在，也都有上千年的时间。这些音乐都实实在在地存在于我们不同民族的生活中，但或许还并不为我们所知，北京现代音乐节就是要提供这样一个平台，让更多的音乐家、学者、音乐爱好者、青年学生、普通大众，让他们知道我们的社会是多元化的，我们所生活的社会中还流传、保留着的各种还不为我们所知的音乐类型。从这点来看，北京现代音乐节让广大音乐爱好者了解这些音乐的目的就达到了。

记者：您觉得现代音乐在中国面临什么样的问题？

叶小钢：我觉得我们现在面临的问题就是还不够发展，我觉得现代音乐节还应该做得更大，影响更大，现在只是苦于经费、条件、场地等种种限制。事情总是要慢慢发展，我们的条件还不是说特别优秀，但是现代音乐节到今年已经成功举办了三届，可以说北京现代音乐节不论是在演出曲目的选择还是演出规模都是一年比一年好。遗憾的是我们还没有把它做成一个国家级的项目，目前来说还只是学院性质的，或者说是民间性质（比如说由音乐家协会来主办），中央音乐学院主要还是作为教学、科研单位，北京现代音乐节还没有上升到一个国家级音乐节的概念。我希望能在以后可以把北京现代音乐节做大，做成在国际、国内较有影响的音乐节，来更好地推动现代音乐在中国的发展。在今年的曲目选择上面，我们也更加重视青年作曲家的作品，未来是青年人的，要给青年人一个平台来展现他们的才华，为他们以后的事业做个基础。所以本届音乐节也推广了很多年轻作曲家的作品，中国现代音乐的未来发展寄希望在这些年轻人身上。

记者：我们看到在本届现代音乐节上还邀请了台湾旅奥作曲家施捷先生，并且前段时间台湾东吴大学 25 名师生也来到中央音乐学院交流演出。请您介绍一下两岸的交流活动以及未来的合作。

叶小钢：不仅在本届现代音乐节我们邀请了台湾旅奥作曲家施捷先生来参与，而且在今年我们还打算做一个两岸四地的音乐会，到时台湾地区的一些音乐家、演出团体将会和大陆、香港、澳门的音乐家共同演出、交流和研讨。我希望明年的北京现代音乐节台湾地区可以有代表团来参与我们的活动，可以是台湾民间的戏剧，也可以是现代音乐的演出团体。目前我们的交流还不是很多，但是我们一直期盼能与台湾的同行一起交流、合作。像本届现代音乐节演出的传统福建南音音乐，相传在 300 多年前（约公元 1661 年）郑成功入台的时候，随福建军民子弟而带入台湾，当时为了和锣鼓乐的“北管”有所区别，便将弦管称为“南管”，所以说现在被台湾称为南管的音乐和福建泉州的南音音乐都是同根同祖的音乐。像我和很多台湾地区的作曲家如潘皇龙等都是非常要好的朋友，我也希望在明年的北京现代音乐节上可以听到更多来自台湾作曲家的作品和台湾音乐团体的演出。

记者：纵观您的艺术生涯，我们可以看作三个阶段，1987 年出国留学前阶段，1987—1994 年的留美阶段和 1994 年后回国阶段，您怎样看待这三个阶段对您艺术创作的影响？

叶小钢：我认为 1987 年所谓的第一个阶段，可能还是年轻人，所以创作的作品中实验性、探索性的东西还更强烈一些。那时我还在通过各种风格的创作找寻自己的艺术定位。其实我现在的很多音乐作品中一些风格和旋律在那个时期已经显露端倪，我想那个时候是一种积淀，已经是在慢慢地形成我自己独特的音乐语言。1987 年以后我到了美国，接触了更多的西方音乐，也听了很多类型的音乐，或许在国内创作时会有一种传统上的约束，到了美国之后在创作的类型上可能会更无所畏惧一些，在风格上也更加多元化一些。1994 年回国后，我接触到了生活中更多的层面，加之到全国各地去采风，交际生活也很广泛，创作的方向也宽广了许多，阅历也增长了，书读得更多了，选择表达的方式更容易被人理解。所以我们认为回国后我的作品实际上比我 1987 年之前那段时期有了更深层次的积累、更深层次的反省，创作风格上也有了多方面的发展。比如我现在也有创作一些比较前卫的作品，是长笛和钢琴的作品，这次没有在音乐节上演出。也有一些“委约”作品，像《长城交响乐》《大地之歌》都是应一些部委委托所创作的。在这些作品中我兼顾了作品学术性和可听性，我认为这是我的强项，所以我的作品会和其他作曲家的作品都不太一样。我的作品听者会觉得很好听，很现代，也会感到前卫。在我的创作中我并没有回避在其中运用我们民族音乐的一些旋律或元素，只是我会把一些民族音乐的元素内化成我自己的音乐语言融入我的作品中来。现在我的风格已经逐渐定位，也许以后大家听到某一段音乐的时候，会说这就是叶小钢的音乐，可能这也就是我音乐的标记，一种符号。我常常和别人形容我的作品就如同一幅人文画卷，从中能感受到那种人文关怀。我不太清楚这是不是和我的性格相关联，但也许这正是我音乐的特点。

记者：您父亲叶纯之先生是20世纪二三十年代著名作曲家，他给了您怎样的影响？

叶小钢：我觉得父亲给予我的影响实质上更多的不是来自音乐上而是生活上。人生上，他教会我一种对人生的思考，比如怎么样把自己的情感更好地融入自己的作品中，让自己的作品更加人文化。我从我父亲的音乐中可以听到很人性的东西，不仅仅是旋律非常好听，还有那种感动人的力量存在于他的作品中。可能我的音乐也受到了父亲的影响，我的很多作品都是我自己有感而发所创作，不是那种故意把自己关在房间里苦苦思索所创作出来。像我写过的很多的影视音乐作品，大多都是以我自己作为第一人称的感受创作出来的，很多时候人们会把影视音乐创作得很客观，但我会站在整个影视作品的角度上来创作这个作品，我也会和导演、演员进行多方位的交流，把自己融进影视作品的意境中去，来把握其中的情感来创作出那些充满着真情实感的音乐。

记者：您的人生充满了坎坷，这种对生命的历练，使您创作的一些作品凝重、充满了人文关怀。您认为作为一个艺术家最本质的是什么或者说最重要的是什么？

叶小钢：我想应该是自我的真实是第一位的，在我的作品中我所要表现的是我的真实状态，真实的情感，我不去过多地修饰它。我的音乐作品是真实的、毫无修饰的，没有任何的渲染和刻意扩张，它是什么样就是什么样，如果你的本真确实能打动人，那你的作品会感染别人，别人也能从你的作品中感受到你的善良、同情心、内心的美好和那种悲天悯人的情怀，对社会大众的人文关怀，对世间的普照甚至同情心。我觉得这是作品中很重要的东西，或者可以说是作品中的一种哲学思辨。像BRAHMS（勃拉姆斯）的音乐，从他的音乐作品中能听到那种宏大的对全人类的关怀，他的作品是站在一个很高的角度来纵观人类，对生命、爱的理解和诠释。而这种情感恰恰是中国当代作曲家所欠缺的，可能恰恰就是这点和我的作品中所要阐述和表达的情感是相通的，也就成为我音乐作品中的一个优势。也许还是和我的性格与生活阅历息息相关。

记者：生活中您是个怎样的人？我知道您酷爱读书，也知道您目前也在写一本关于自己的书。

叶小钢：我觉得我还是一个很随和的人，喜好读书，"文革"的时候没有其他书籍可看，那时候看了很多鲁迅先生的书，像鲁迅、余秋雨都是我个人非常喜欢的作家。目前在写一本书，一本关于我的父亲、我的家庭、我的音乐之途的书，我用它来感念我的父亲和我 50 年来的感悟和成长。虽然我不是写书人，但我会很在意文中的用词造句，不过由于平时各种创作工作、社会事务都比较繁忙，这本书可能要明年才能出版。

记者：古人常说"五十而知天命"，您已经迈入中年，回顾走过的路您的感悟是什么？

叶小钢：或许可以说是一种轮回，一种生命的轮回。50 岁过后，我思索过我把它看成生命的重新开始，人们常说"四十不惑，五十而知天命"，过了 50 岁，就当所有的一切再重新来过，于我看来那是很美好的。50 年走过的路、经历的人生种种让我体会至深，我把这 50 年的心路和感慨写在我的作品中，我的音乐创作不可能再重新来过，回到那种很原初的状态了。但是我 50 岁以后的音乐会更加朴实、泰然、凝练。

（原文刊载于 2006 年第 7 期《台声》）